# 国企混改
## 实战100问

刘斌 ◎ 著

中国人民大学出版社

<<< **推荐序一**

# 活力、效率与创造力

中国海洋石油集团、中国石油化工集团原董事长　傅成玉

国有企业改革是我国经济体制改革的一项重要内容。改革开放四十多年来，中国经济社会发展发生了翻天覆地的变化，我国的国有企业也在改革开放中坚持市场化的改革方向，实现了质的大幅提升和量的快速增长，成为当今国际经济社会发展中的一道亮丽风景线。

中国的国情和发展阶段的不断演进，决定了中国国有企业的改革将是一个持续不断的过程。从计划经济到改革开放初期的承包制，从产品的计划内和计划外两种价格的双轨制到企业经营的自负盈亏，从产权改革到资产重组，从减员增效、职工待岗再就业到行业主体业务整体股改上市，从厂长负责制到企业股份制改造、现代企业治理结构和现代企业制度建设，国有企业的改革一直没有停止过。

四十多年来，国有企业始终沿着党和国家铺设的中国特色社会主义道路的轨道，坚持市场化的改革方向持续不断地改革，持续不断地发展。然而国有企业的改革和发展不可能超越国家经济社会改革发展阶段的限制，一些涉及国有企业长远发展的深层次的体制机制改革尚未完成，一些领域甚至尚没有触碰，这就成为党的十八大以来国有企业深化改革的重大课题和重要内容。2013年党的十八届三中全会明确了新时代国企改革的总体目标和重点任务，在重点任务中包括了发展混合所有制经济这项内容。发展

混合所有制经济，进行混合所有制改革，成为当下社会议论的一个热点和对国企改革热烈期盼的重要内容之一。其实，党中央早在1997年党的十五大上就提出了发展混合所有制经济。1999年党的十五届四中全会明确要求国有大中型企业发展混合所有制经济，尤其是优势企业要通过中外企业参股等形式改造为股份制企业并通过规范上市，来发展混合所有制经济。

2002年党的十六大把发展混合所有制经济的重点放在积极推行股份制上。2003年党的十六届三中全会则更进一步明确，要大力发展国有资本、集体资本和非公有资本等参股的混合所有制经济，实现投资主体多元化，使股份制成为公有制的主要实现形式。2013年党的十八届三中全会又明确提出，国有资本、集体资本、非公有资本等交叉持股、相互融合的混合所有制经济，是我国基本经济制度的重要实现形式，有利于国有资本放大功能、保值增值、提高竞争力，有利于各种所有制资本取长补短，互相促进、共同发展。可见，发展混合所有制经济，是党中央对国有企业改革的一贯要求，不同的是在不同发展阶段强调的侧重点不同。

党的十八届三中全会以来，特别是2015年9月份之后，党中央、国务院和有关部委出台了一系列关于国有企业改革和发展混合所有制经济的文件，简称为"1+N"文件。1是指中央颁发的《中共中央、国务院关于深化国有企业改革的指导意见》，N是指国务院及有关部委颁发的关于混合所有制改革的政策规范，以及在各相关领域改革的操作办法及要求等。

应该说，这些指导意见、政策规范、操作办法以及具体的规定和要求覆盖非常广泛，所涉内容十分浩繁，无论是管理部门还是企业的领导都非常难于全面了解和把握这些内容。令人高兴的是，我有幸看到刘斌同志所著的《国企混改实战100问》一书，这本书是他《国企混改实战100例》的姊妹篇，是迄今为止我所看到的对党的十八届三中全会以来党中央、国务院及国家有关部委关于国企改革和混合所有制改革方面出台的文件，在指导思想、总体要求、重点任务、政策规范、意见要求和操作办法等方面，归纳得最全面、梳理得最清晰，同时又对文件精神进行了深入浅出阐释的论著。这对企业领导者和改革者，甚至对不同的管理部门都是巨大的帮助。《国企混改实战100问》既能对人们理解中央精神起到提纲挈领的作用，又包含了在具体改革事项上中央和国家规定的要求和办法。这本书除了对政策进行全面解读外，还就混改战略、股权结构设计、投资者选择、混改定价、长期激励、混改管控、市场化机制这些混改所涉及的方面进行了全面深入的研究、论述和探讨，并用近年来我国混合所有制改革的实践和鲜活案例进行了理论与实践的分析探讨和归纳总结。此书是一本关于国企混合所有制改革的专著，也是一本工具书，值得认真一读。相信这本书对想进行混合所有制改革的国有企业、企业领导和政策研究者、改革实践的操作者会有很好的启迪、参考和借鉴作用。

刘斌同志有20年企业研究和咨询服务的经验。其间他为众多大型国有企业集团重组上市提供了咨询和服务。早在2003年我就认识了刘斌同志，那时中海油正准备开展"用工与薪酬制度"的改革，刘斌同志作为咨询顾问公司的项目经理直接参与了中海油的这项改革。

这项改革使中海油在当年就实现了直到今天绝大多数国有企业想达而达不到的效果。这项改革的重要内容包括：取消了公司各级领导干部（包括集团公司领导）的行政级别；全体干部员工转换身份，全体员工实行劳动合同制，绝大多数员工合同期为1年至3年，少数资历长、岗位级别高的人合同期为8年；全部岗位实行内部重新竞争上岗，所有岗位对内公开，允许员工在不同单位参加竞聘；实行行政干部、技术干部、操作工人三条线管理，分别实行不同的工资薪酬和福利待遇及不同的考核晋升机制。可以说，这项改革基本解决了国有企业干部能上不能下、薪酬能高不能低、职工能进不能出的老大难问题。这项改革为中海油后来不断提升国际竞争力和可持续发展能力，奠定了重要的制度基础。

经过多年环境变迁，中海油的此项制度在当下央企和国企中仍然具有比较强的市场竞争力。这项改革在当时的情况下是非常超前的，也是非常艰难的。如果没有咨询顾问公司和以刘斌为项目经理的团队所开展的全球化企业竞争发展趋势研究，没有对打造中海油国际竞争力的分析和论证，没有设计出参与国际竞争所需要的用工与薪酬制度的改革方案并极力坚持和推荐，完成那么大力度的改革在当时是不可想象的。

一个时代有一个时代的主题，一代人有一代人的使命。国有企业是建设中国特色社会主义制度历史课题的一部分，是中国特色社会主义基本经济制度的重要内容。国有经济是实现"两个一百年"目标、实现中华民族伟大复兴中国梦的重要经济基础和保障。发展好国有企业，推动国有经济不断发展壮大，是我们的重要责任。改革是国有企业发展的最重要动力，通过深化改革，不断提升国有企业的活力、效率和创造力是当代国有企业家的光荣使命。

是为序。

<<< **推荐序二**
# 做好国企混改，发挥国企优势

中国人民大学商学院教授、《华为基本法》起草者　杨杜

国有企业混合所有制改革是国企改革的深层进展，也是未来几年国企面对的一项战略任务。知本咨询的刘斌董事长很早就敏锐感知到了国企混改的重要性，在该领域进行了系统的、创新性的研究，并主持了大量国企混改方案的咨询工作。《国企混改实战 100 问》和《国企混改实战 100 例》两本书的出版，非常及时和重要。

◎ **四个导向**

我认为这两本书秉承着四个导向：一是问题导向，二是实战导向，三是目标导向，四是结果导向。

《国企混改实战 100 问》就是问题导向。理清核心问题，不断寻找解决关键问题的方法，这样才能抓住混改的落脚点。

100 问分为国企混改政策解读、混改战略、股权结构设计、投资者选择、混改定价、长期激励、混改管控、市场化机制八个方面，贯穿了混改的全过程，并且做到了"外有政策，中有解读，内有对策；上有战略，中有原则，下有操作；前有目标，现有行动，后有管控"的混改问题逻辑化设计。

《国企混改实战 100 例》就是实战导向。根据 100 个企业实战案例，系

统设计国企混改方案，为计划和混改中的企业树立标杆。参考这 100 个案例，可以达到三个目的：一是吃人一堑，长己一智；二是学人一招，成己一措；三是承人一激，创己一新。

问题导向带有一定的研究性质，可以是对企业可能遇到的所有核心问题进行系统性的梳理和解答，但具体到一个企业，往往不会涉及所有核心问题，而是需要针对企业实际情况进行问题的筛选和组合，形成实用、有用的混改方案。做个比喻，一个医院需要能够了解和解答相关医疗领域的所有问题，但对于具体病例，则只需要给出针对性的有效治疗方案。100 问和 100 答是模块，100 例则会给我们提供 100 个问题的具体解答的模块组合。企业可以根据 100 问和 100 例，再结合自己的实际情况，做出适合自己的新模组。

提出问题、回答问题并分析案例，最终是为了实现国企混改的目标。本书提出了混改目标实现的三大衡量标准：一是经营活力有激发，二是企业业绩有提升，三是股东回报有增加。我觉得可以再加上一个标准，四是发展潜力有保障。国企混改应该是一个系统的机制再造过程，不仅要经营有活力、业绩有提升、股东有回报，还必须是企业长期、持续、健康发展的核心竞争力培育过程。

这两本书就是为了帮助我们实现国企改革的战略竞争力提升的整体目标。国企改革之路不仅要走得对，还要走得远，但最终证明的是走得到！经过混改，中国企业做强、做优、做大了，就是走到了。一切要以混改的结果说话！

## ◎ 从抓管理到抓治理

国企混改本质上是企业治理问题。

相对于多数民企，国企的管理水平是不错的，比如组织力，比如执行力，比如规范化，等等。国企的核心问题不是管理问题，而是治理问题，也就是所有制以及与所有制相关的价值分配原则问题。国企混改就是要进行原有治理机制的创造性破坏，建立一种"新所有制"和"新分配原则"。

党的十九届四中全会报告表明，中国在国家治理体系和治理能力现代化方面已经摸索和找到了适合自己的有效模式。其核心点之一就是所有制：坚持公有制为主体、多种所有制经济共同发展。其核心点之二就是分配方式：按劳分配为主体、多种分配方式并存。

企业所有制问题的核心是所有权、经营权和收益权问题。所有权分为私有、公有和混有。不怕私有，不怕公有，不怕混有，就怕没有！国企混改的终极目的是使企业高质量成长，这是检验国企混改是否成功的核心指标之一。

在所有制上，我们坚持的是"发展混合所有制经济，增强国有经济竞争力、创新力、控制力、影响力、抗风险能力，做强做优做大国有资本。深化国有企业改革，完善中国特色现代企业制度。形成以管资本为主的国有资产监管体制，有效发挥国有资本投资、运营公司功能作用。……营造各种所有制主体依法平等使用资源要素、公开公平公正参与竞争、同等受到法律保护的市场环境"。

我们认为，在国企混改中，建立"新所有制"，就是要按照知本逻辑，对所有权、经营权和收益权的获得分别赋予不同的资格。传统的所有制模式遵循的是资本逻辑，即所有权决定经营权、所有权决定收益权。"新所有制"模式遵循的是知本逻辑，即三权不一定是对等的。比如，有资金不一定给予投资权，要看投资者的企业战略符合度和企业愿景追求的一致性等；再比如，有股权不一定有经营上的同等发言权，要看经营能力和责任结果参与经营；又比如，有所有权不一定享受同等比例的收益权，可实行按贡献分配原则而不是按投资比例分配原则。

党的十九届四中全会报告指出："坚持按劳分配为主体、多种分配方式并存。坚持多劳多得，着重保护劳动所得，增加劳动者特别是一线劳动者劳动报酬，提高劳动报酬在初次分配中的比重。健全劳动、资本、土地、知识、技术、管理、数据等生产要素由市场评价贡献、按贡献决定报酬的机制。"传统的按劳分配原则，分配的只是进入成本的那部分，而新创造价值即剩余价值——可分配利润那一部分，似乎和劳动（包括体力劳动和知识劳动）没有关系。为鼓励员工更多地创造价值，尤其是鼓励高科技企业的员工更多地创造新知识、新技术，要提出按价值贡献分配的新原则。

"新分配原则"，就是落实党的十九届四中全会报告中关于"健全劳动、资本、土地、知识、技术、管理、数据等生产要素由市场评价贡献、按贡献决定报酬的机制"的国企混改模式的新探索。我们把贡献分为三类：一是资本贡献，二是劳本贡献，三是知本贡献。在按资本贡献分配的基础上，强化按劳本贡献和知本贡献分配，特别是按知本贡献分配的比例。根据华为等公司的成功经验，核心员工报酬包中，资本、劳本和知本的合理比例是1：1：1。

## ◎ 企业价值管理模型

国企的传统价值机制是：全民所有，政策导向，以员工为中心，按劳分配。混改之后的国企新价值机制是：混合所有，市场导向，以客户为中心，按贡献分配。

这里的关键是价值管理模型。中国人民大学教授、华为公司高级管理顾问吴春波提出了一个包括三个要素的企业价值管理模型，即价值创造、价值评价和价值分配。价值创造是目的，价值评价是基础，价值分配是手段。其运用原则是"全力创造价值，正确评价价值，合理分配价值"。这个模型是对企业价值管理理论的重大创新。

全力创造价值，正确评价价值，合理分配价值，决定于你持有什么价值观念假设。它们之间的简要相关关系是：观念→评价→分配→创造→观念……也就是：价值观念影响价值评价，价值评价影响价值分配，价值分配影响价值创造，价值创造影响价值观念……

价值观念是主观的，因此有正确不正确之分。企业要选择自认为正确的价值观念假设，这就是企业文化建设。把正确与否的判断嵌入前面的简单相关关系，就是如下表述：有正确的价值观念，才有正确的价值评价；有正确的价值评价，才有正确的价值分配；有正确的价值分配，才有正确的价值创造；有正确的价值创造，才能证明价值观念假设的正确。假设不正确，就要修正这个假设。

比如，企业治理权是以资本为中心，还是以贡献为中心？企业经营是以股东为中心还是以客户为中心？这是两个基本的价值观念。每个实施混改的企业，都要对这种两难的价值观念做出假设和选择。

有的企业认为，企业建立靠的是股东投资，但企业能活下去靠的是客户认可，于是做出客户第一、股东第二的排序；还有企业重视员工中的奋斗者，其价值观排序是客户第一、奋斗者第二、股东第三。不是谁投资比例大谁说了算，而是谁给企业做的贡献大谁说了算。也就是"由市场评价贡献、按贡献决定报酬"的排序。

## ◎ 继承发扬国企优势

国企混改的成功，要继承发扬优势，要改良改进，不能闹革命，不能玩休克。党的十九届四中全会报告提出了我国国家制度和国家治理体系具有的十三个方面的显著优势,借鉴这个思路和观点,我们认为,中国经济和国企发展的优秀业绩表明,国企制度和治理体系具有如下十大优势。

(1) 坚持党对企业的集中统一领导,保持政治稳定,确保企业始终沿着社会主义市场经济方向前进的优势。

(2) 坚持全面依法治企,建设社会主义法治企业,切实保障企业经营行为的法律遵守、法规遵从的优势。

(3) 坚持全公司以至全产业一盘棋,调动各方面积极性,集中力量办大事的优势。

(4) 坚持发展职工民主,密切联系群众,紧紧依靠员工推动企业发展的优势。

(5) 坚持产业链共同体意识,实现共同奋斗、共同繁荣发展的优势。

(6) 坚持弘扬中华优秀传统文化、革命文化、社会主义市场经济先进文化,促进全体员工在思想上、精神上紧紧团结在一起的优势。

(7) 坚持科学管理理论,组织力、执行力、规范化强的优势。

(8) 坚持改革创新、与时俱进,善于自我完善、自我发展,使企业始终充满生机活力的优势。

(9) 坚持德才兼备、选贤任能,聚天下英才而用之,培养造就更多更优秀干部人才的优势。

(10) 坚持独立自主和合作开放相统一,积极参与全球化和行业治理,为构建人类命运共同体、事业共同体和利益共同体而不断做出贡献的优势。

衷心希望这两本书能为国企混改做出巨大贡献,衷心希望中国特色的国企混改取得巨大成功!

# 目　录

引　言　站在国企改革的时代潮流中

第 1 章

## 国企混改政策解读

1. 国企混改相关政策有哪些？相互关系是什么？ / 009
2. 如何理解《关于深化混合所有制改革试点若干政策的意见》？ / 016
3. 在员工持股方面有哪几个核心的政策文件规定？ / 018
4. 《改革国有资本授权经营体制方案》有哪些核心议题值得关注？ / 021
5. 广大国有企业应该如何利用好《改革国有资本授权经营体制方案》？ / 024
6. 《国务院国资委授权放权清单》（2019 年版）的特色和作用有哪些？ / 027
7. 如何理解"双百九条"里反映的国企改革政策底线？ / 030
8. "双百九条"里推动"法无禁止即可为"，其中的创新空间在哪里？ / 034
9. 科技型企业长期激励政策如何活学活用？ / 037
10. 上市公司股权激励政策有哪些关键要点？ / 040
11. 如何理解混改当中容错机制的政策规定？ / 044
12. 深圳国资国企改革政策有哪些新特色？ / 048
13. 上海国资综合改革政策有什么突破？ / 053
14. 如何理解《中央企业混合所有制改革操作指引》？ / 057
15. 如何理解"双百工程"的目的和政策空间？ / 064
16. 全国各省份的混改政策都有哪些新进展？ / 068

第 2 章

## 混改战略

17. 混改设计和实施的整体蓝图是什么？要考虑哪些因素？ / 075
18. 混改为什么需要从战略规划开始？ / 079
19. 混改能够帮助国企达成哪些战略目标？ / 082
20. 混改可能带来何种问题和挑战？ / 085
21. 混改的基本模式有哪些？ / 088
22. 国企应该选择哪些业务或者下属企业开展混改？ / 093
23. 上市公司还能推动混改吗？ / 097
24. 上市公司的下属企业如何推动混改？ / 101
25. 重资产和亏损性企业推进混改有何难点？如何解决？ / 106
26. 如何通过新设企业方式推动混改？ / 111
27. 混改方案应该如何制定？ / 116
28. 混改方案的审批程序如何遵循？ / 120
29. 如何推动混改中的"职工安置"平稳进行？ / 123
30. 衡量混改成败的标准是什么？ / 130

第 3 章

## 股权结构设计

31. 混改股权结构设计要重点考虑哪些问题？ / 137
32. 在国资控股条件下，什么股权结构是最优的？ / 142
33. 在国资参股条件下，什么股权结构是最优的？ / 146
34. 如何通过联盟型混改来建设产业生态圈？ / 150
35. 国有资本投资公司和运营公司可以混改吗？ / 155
36. 哪些类型的混改股权结构设计有风险？ / 159
37. 混改中国有股权比例有底线限制吗？ / 163
38. 混改后国有资本参股，还要解决哪些配套问题？ / 166

第 4 章

**投资者选择**

39. 理想的国企混改投资者应该有哪些特征? / 173
40. 现实中的投资者有哪几类? / 176
41. 在投资者眼中什么样的企业是混改"靓女"? / 181
42. 为什么一些企业引入投资会失败? / 185
43. 投资者如何更好地做混改企业积极股东? / 189
44. 投资者引进的条件如何设定? / 193
45. 投资者开展尽职调查过程中有哪些关键事项? / 198
46. 提升投资者引进成功率有哪些有效方法? / 202
47. 外资可以参与混改吗? / 206
48. 混改投资者可以用哪些资产进行投资,是否可以分期付款? / 209
49. 拟混改企业通过哪些方法可以顺利找到理想的投资者? / 212

第 5 章

**混改定价**

50. 混改股权定价的基本原则是什么? / 217
51. 混改中有效展开审计工作有哪几个核心要点? / 221
52. 混改中资产评估涉及哪些基本的政策规定和操作重点? / 226
53. 混改中如何选择资产评估方法? / 230
54. 如何有效利用产权交易机构的平台? / 234
55. 所有的国有股权交易都必须挂牌吗? / 238
56. 如果交易公示期结束没有找到合适投资者怎么办? / 241

第 6 章

**长期激励**

57. 国企开展员工长期激励有哪些政策允许的主流方式？／247
58. 推进员工长期激励有哪些认识误区？／251
59. 员工持股中的"股权"有什么特点？／255
60. 哪些员工可以参与持股？／258
61. 怎么样合理确定员工持股比例？／261
62. 员工持股的对价如何确定？／265
63. 如果员工持股实施中出现不愿买、买不起的现象，怎么办？／269
64. 员工持股方案设计要避免哪些雷区？／272
65. 哪些公司需要谨慎开展员工持股？／277
66. 员工持股法律形式有哪几种？有何优劣势？／282
67. 员工持股过程中如何进行身份转换？／286
68. 项目跟投的形式和方法是什么？／289
69. 项目跟投和员工持股有何区别与联系？／293
70. 科技型企业岗位分红方案有哪些要点？／297
71. 限制性股票激励方案要注意哪几个关键要素？／301
72. 管理员工持股平台的组织形式是什么？／305
73. 对员工持股平台的管理要解决哪些核心问题？／308

第 7 章

## 混改管控

74. 为什么有些混改企业的管理"换汤不换药"？ / 315
75. 混改企业管控出现的核心问题在哪里？ / 320
76. 如何破解混改企业的管控困境？ / 324
77. 混改企业如何组建实质性董事会？ / 328
78. 混改企业党建如何推进？ / 333
79. 国有控股混改企业如何开展党建工作？ / 339
80. 国有参股混改企业如何开展党建工作？ / 344
81. 如何推动授权机制的作用发挥？ / 350
82. 国企混改过程中，国企集团总部如何扫除"机关化"障碍？ / 356
83. 管资本模式下可能会有哪些新热点？ / 362
84. 混改中国有资本投资公司和运营公司组建可能面临的问题是什么？ / 367

第 8 章

## 市场化机制

85. 国企推进职业经理人制度需要什么配套机制？ / 373
86. 国企职业经理人制度有何借鉴模式？ / 377
87. 国企职业经理人选拔有哪些有效做法？ / 381
88. 国企职业经理人需要什么样的契约？ / 385
89. 国企职业经理人实践中的三种误区是什么？ / 388
90. 契约化经理人与职业经理人有哪些差别？ / 393
91. "三项制度"是什么制度？ / 398
92. 为什么二十年来三项制度改革一直是一道难题？ / 401
93. 三项制度改革的核心内容和要点有哪些？ / 404
94. 有效推动三项制度改革的方法和步骤是什么？ / 409
95. 市场化机制改革中的"对赌机制"如何落地？ / 415
96. 市场化机制改革中如何推进"赛马机制"创新？ / 419
97. 市场化机制改革中的奋斗者机制如何实施？ / 424
98. 市场化机制改革中如何利用"企业基本法"？ / 428
99. 市场化机制改革中如何运用好"契约化管理"？ / 432
100. 如何设计本企业综合机制改革蓝图？ / 437

# 引 言

## 站在国企改革的时代潮流中

虽然是引言，却是这本书我最后完成的部分。

今天是 2020 年 1 月 31 日，虽然家中显得十分平静，但中国正面临几十年来未经历的特殊情况，新型冠状病毒肺炎疫情让我们整个社会进入全面应急状态。

我始终相信自然的规律，也相信人类改造自然的力量，更对中国人战胜困难的能力永远有信心。历史经验反复说明了一点：任何社会阶段的风浪险阻，只是为帮助其发展而设置的短暂场景；在时间长河里，这些随机事件都将成为一滴滴离散的水珠，终究会被时代前进的洪流所裹挟，化作记忆中的故事篇章。

这段不平常的时光，正好让每个人有机会慢下来、静下来、坐下来，对自己、对组织、对社会进行细细品味，看看我们做了什么，还有哪些目标要实现。

我也终于可以完成过去两年的一个心愿，将《国企混改实战 100 问》和《国企混改实战 100 例》这两本书写完，为正在战斗的国家做一点贡献。

◎ 为什么要写这两本书？

虽然从事了 20 多年企业咨询实践工作，但在大部分时间里面，我更觉得自己是一个学者，应该利用自己的思考、研究、实践为中国企业做些有价值的工作。

知本咨询这些年来把最多的时间花费在为很多国有背景的企业和机构提供智力服务上。这就给我们提供了一个难得的机会，用更深入的互动、更系统的方法，寻找国企客户面临的新时代问题的解决方案。

党的十八届三中全会以来，国家推动混合所有制经济的发展，国资监管机构推动混改政策落地，国有企业开始通过混改的方式来寻求新一轮成长的突破口。我们认识到，这个历史性改革进程将带给广大国企崭新的发展机遇，同时，也必然提出大量的理论问题、策略问题、方案问题和数据问题。所以，如何通过知本咨询的整体能力，为国有企业混改提供更有价值的知识和服务，成为我们战略的中心议题，国企混改研究院也在国内较早成立起来。

我们认为，国企混改需要系统方法论，这个方法论不能基于现成模型，而需要针对本轮混改的实际状态进行创新性研究，并通过体系设计和分解，变成每一个混改国企可以参照的操作指南。所以，从2017年开始，我们就不断将"国企混改七大关键领域，十八个核心环节"的体系优化、细化，通过各种各样的方式，变换成一段段小篇幅的文字，持续推送给广大企业家，获得了他们的认可和应用；反过来，这些创新成果得到了实践的验证和纠偏。

我们相信，国企混改需要全面的数据支撑。进入大数据时代，国企混改不仅是对几个政策做做解读，对几个案例做做点评，再做几个企业咨询就能搞好的。知本咨询利用多年积累的商业数据分析能力，建立以涵盖全国范围的改革政策、动态资讯、产权交易为基础的数据模型，以日为中心持续跟踪和量化分析，从全国混改数据的高度，审视国企混改趋势和最新特点，总结混改实战案例，并运用到改革咨询实践当中。

我们希望，知本咨询这些基础性工作，能够帮助到更多中国企业，让大家可以在思考混改问题时，更加系统、更加从容、更有把握，减少不必要的弯路和失利，也有机会在短时间内对优秀的案例进行更加全面、更加深入、更有价值的借鉴。所以，我们开始写《国企混改实战100问》和《国企混改实战100例》，分别在方法和案例这两个核心领域，给国企混改提供实践层面的总结和借鉴。

《国企混改实战100问》以搭积木的方式，将国企混改实践当中可能面临的关键节点，用提问和回答的方式进行总结，力求在国企混改政策解读、混改战略、股权结构设计、投资者选择、混改定价、长期激励、混改管控、市场化机制等核心内容里，分门别类帮助企业定位自己的问题，快速找到解决的方案。

《国企混改实战100例》可以说是一个具体的案例帮手。我们的混改研究员们，将2014年以来，特别是发生在2018—2019年的代表性混改案例进行了深入梳理和分析，一并贡献出来，方便大家在不同的混改重点内容中查询参考。

## ◎ 国企混改全景分析图谱

混合所有制改革，正在从概念走向案例、从政策走进实践，改革的大幕正在拉开，必将为中国国有企业改革深化带来时代的回响。

那么，混改在实操层面有没有系统方法指导？知本咨询混改方法论指出，必须对七大关键领域的十八个核心环节依次进行回答，才能取得对于企业混改的系统把握。

混改是战略问题，这一点必须反复强调，因为它总是被忽视。一些混改企业改革出现波折，很多是由于前期顶层战略思考不足。因而，我在混改战略这一章里，通过对14个小问题的解答分析，帮助大家理解混改战略的目标和风险、模式和路径、混改业务选择，以及关于上市公司等多种企业主体类型的混改实践问题。我们也将员工安置问题放在这个部分进行分析解读。

股权结构设计关系混改成败。我们要解释的核心问题是：对于一家国企而言，什么样的混改股权结构设计更优？在这一章里，我们用8个答案分解回答了在国有控股、国有参股等多种股权结构下的混改结构优化问题。

混改中，投资者引入是重中之重。什么样的投资者是理想的？如何选择投资者？现实中的投资者是什么状态？投资者引进过程中的核心难题有哪些？针对这些问题，我们划分了11个模块，通过对相应小问题的解答提供参考。

混改无论是采用增资还是采用股权转让，国有股权定价都需要高度关注。我们在这个章节里切分了7个问题，帮助大家理解混改国有股权定价的原则、方法、程序和误区。

长期激励问题是本轮混改中的一个重要亮点。我们在本章中一共用17个问题，对长期激励所涉及的核心团队持股激励、岗位和项目分红激励、上市公司股权激励以及包括跟投等在内的其他长期激励方式进行了讨论。

国企混改，既要混，也要改。产权结构优化是企业改革的重要方面，我们用两章的内容，分别从混改管控和市场化机制两方面提供系统性思考方法。

混改管控一章，通过对11个问题的回答，重点说明了混改国企管控的核心难题和解决方案、董事会治理模式，特别是对很多国企关心的混改企业党建问题进行了分类型的分析。

市场化机制一章，通过对于契约化管理、职业经理人制度创新、新三项制度改革、激励约束机制创新等实践内容的分析，用16个问题相对完整地提供了一个可操作的混改企业机制改革逻辑。

国企混改，是在政策指导下推动的改革工程。如何深刻、全面、有效地理解国家已经出台的各项改革政策呢？我们根据自己的认识，通过16个问题对近年来主要的改革政策进行了梳理，作为研究机构和第三方机构提出一些观点，请各位国企朋友参考。

国企混改是一个崭新的领域，又是国企改革历史大潮中的一个有机组成部分。我们在本书中力求通过上面各个部分的分析，把这个复杂问题分解、简化，进而找到有效的答案，之后再将其组合、装配，从而形成一个国企混改的全景分析图谱。期待朋友们可以从细节上找到解决各自企业困惑的钥匙，从整体上找到优化各自企业混改设计的蓝图。

## ◎ 站在国企改革的潮流中

我们生活在一个伟大的时代，这是中国公司蓬勃发展的时代，也是国企不断改革创新的时代。作为研究者、咨询者、参谋者，我们身处其中，感到兴奋，感到骄傲。

国企混改，无疑给新时代国企成长注入了升级的力量。2019年，我们见证了大量改革政策的出台，见证了数以千计的混改企业的诞生，见证了一批具有典型意义的混改案例成为标杆。

2019年，国企改革经历了从春播到夏长的季节更替，正在不断蕴蓄能量。我们也相信，在不远的未来，在国企改革三年行动计划的时代新任务下，国企混改一定能迎来丰收的季节。

在这样的时代洪流里，我们没有理由停步观望，只有奋力向前，不忘初心，不负韶华，为国企改革的美好未来，继续攀登。

第1章

# 国企混改政策解读

## 1. 国企混改相关政策有哪些？相互关系是什么？

党的十八届三中全会确定的国企改革方向，一般来说都用"1＋N"的政策体系来概括。在这个体系框架内，哪些法律和政策关系到混改的核心实践操作呢？

知本咨询梳理了一张体系图（见图1-1）。图1-1分为左、中、右三个部分。居于中间位置的，是本轮国企混改指导思想、基本思路、操作规范、机制改革依据的法规；左边一列是国企混改涉及的几部重要法律和规章，它们是混改中需要依据的基本法规，一共有四项；右边一列是本轮国企改革核心的国资监管法规，也有四项。

### ◎ 四大基本法规

第一，《公司法》。企业混改，大量环节都在《公司法》规定的范围内，企业法律地位、治理结构、股东责权利、股权转让、注册登记等各项混改涉及的内容，都要遵照《公司法》基本规定。

第二，《合伙企业法》。国企混改之所以关系到《合伙企业法》，是因为在许多实行员工持股的企业改革中，员工持股的平台载体都选用合伙企业模式注册登记，将涉及合伙人身份条件、合伙协议制定、合伙企业的管理、合伙企业财产和分配、合伙人变更等诸多问题。

第三，《外商投资法》。国企混改，也是扩大改革开放进程的一个有机组成部分。在这个过程中，于2020年1月1日生效的《外商投资法》，将对

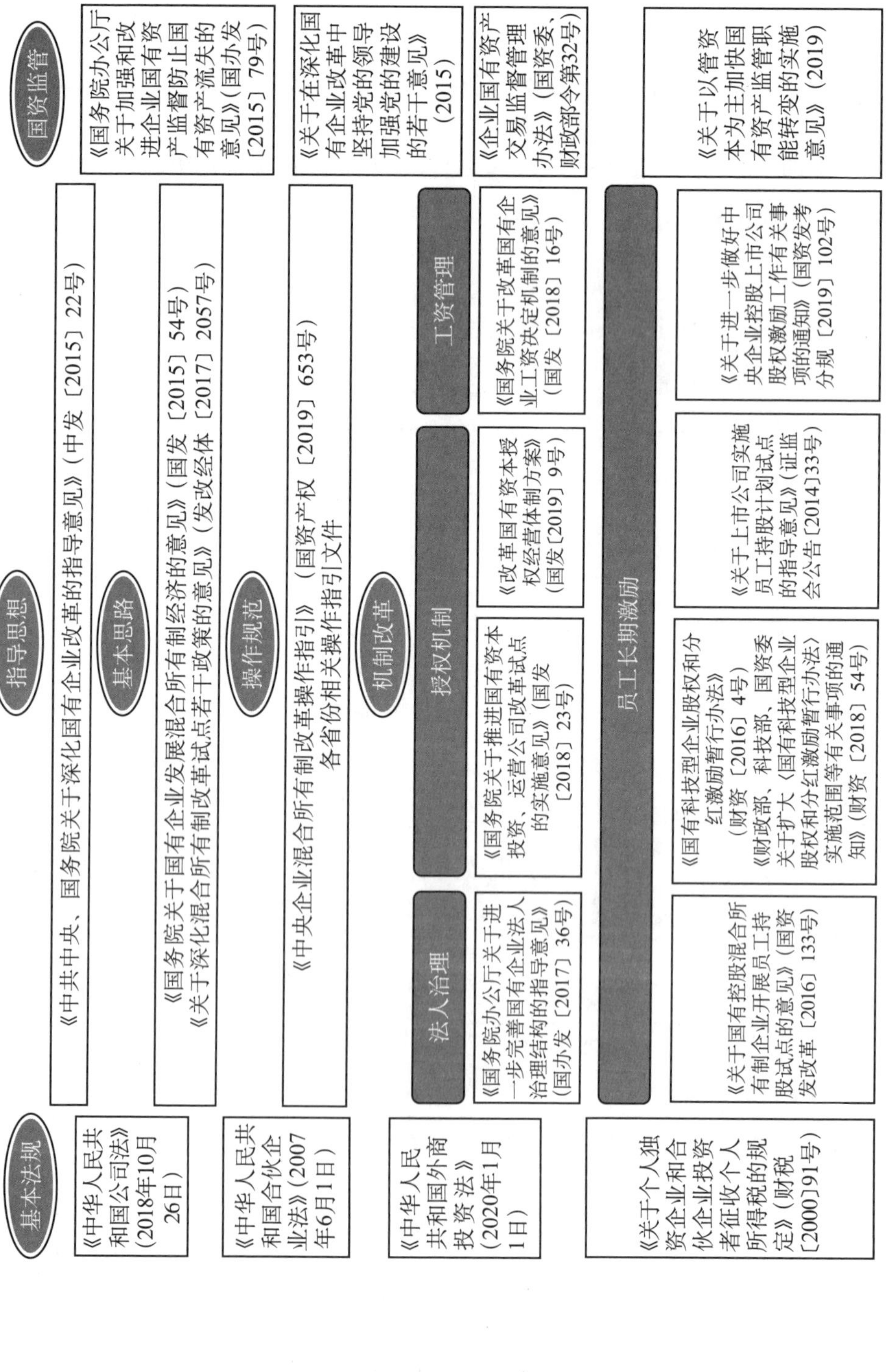

## 图1-1 国企混改法规

**基本法规**
- 《中华人民共和国公司法》(2018年10月26日)
- 《中华人民共和国合伙企业法》(2007年6月1日)
- 《中华人民共和国外商投资法》(2020年1月1日)
- 《关于个人独资企业和合伙企业投资者征收个人所得税的规定》(财税[2000]91号)

**指导思想**
- 《中共中央、国务院关于深化国有企业改革的指导意见》(中发[2015]22号)

**基本思路**
- 《国务院关于国有企业发展混合所有制经济的意见》(国发[2015]54号)
- 《关于深化混合所有制改革试点若干政策的意见》(发改经体[2017]2057号)

**操作规范**
- 《中央企业混合所有制改革操作指引》(国资产权[2019]653号)
- 各省份相关操作指引文件

**国资监管**
- 《国务院办公厅关于加强和改进企业国有资产监督防止国有资产流失的意见》(国办发[2015]79号)
- 《关于在深化国有企业改革中坚持党的领导加强党的建设的若干意见》(2015)
- 《企业国有资产交易监督管理办法》(国资委、财政部令第32号)
- 《关于以管资本为主加快国有资产监管职能转变的实施意见》(2019)

**机制改革**

*法人治理*
- 《国务院办公厅关于进一步完善国有企业法人治理结构的指导意见》(国办发[2017]36号)

*授权经营机制*
- 《国务院关于推进国有资本投资、运营公司改革试点的实施意见》(国发[2018]23号)
- 《改革国有资本授权经营体制方案》(国发[2019]9号)

*工资管理*
- 《国务院关于改革国有企业工资决定机制的意见》(国发[2018]16号)

*员工长期激励*
- 《关于国有控股混合所有制企业开展员工持股试点的意见》(国资发改革[2016]133号)
- 《国有科技型企业股权和分红激励暂行办法》(财资[2016]4号)
- 《财政部、科技部、国资委关于扩大《国有科技型企业股权和分红激励暂行办法》实施范围等有关事项的通知》(财资[2018]54号)
- 《关于上市公司实施员工持股计划试点的指导意见》(证监会公告[2014]33号)
- 《关于进一步做好中央企业控股上市公司股权激励工作有关事项的通知》(国资发考分配[2019]102号)

外商投资混改股权所涉及的行业范围、外商投资后的股权安排和产权保护等内容进行规范。在国企混改中吸引外资参与时，需要严格按照本法规定执行。

第四，《关于个人独资企业和合伙企业投资者征收个人所得税的规定》中涉及的相关问题。伴随混改而来的股权转让、股权收益分配等经济行为，不可避免地涉及企业所得税、个人所得税等问题。同时，混改中也将面临资产评估增值后的税收处理，以及土地等资产权属变动时产生的税收问题，对于这些问题，需要熟悉税法各个相关细则的规定。

## ◎ 三大主力篇章

### 指导思想

2015年9月，《中共中央、国务院关于深化国有企业改革的指导意见》印发。这是新时期指导和推进国企改革的纲领性文件，从总体要求、分类推进国有企业改革、完善现代企业制度、完善国资管理体制、发展混合所有制经济、强化监督防止国有资产流失等八方面提出国企改革目标和举措。

### 基本思路

2015年9月24日，《国务院关于国有企业发展混合所有制经济的意见》（共29条）印发，鼓励非公有资本参与国企混改，有序吸引外资参与国企混改，鼓励国有资本以多种方式入股非国有企业；分类、分层推进国企混改；在电力、石油、天然气、铁路、民航、电信、军工等领域改革，开展放开竞争性业务、推进混改试点示范。

这个政策文件，具体明确了在国企市场化改革的大方向下，混合所有制经济的发展方式，在顶层设计上对混改进行了原则性架构搭设。

2018年9月18日，国家发改委对外发布了《关于深化混合所有制改革试点若干政策的意见》，针对混合所有制改革试点中遇到的国有资产定价机制、职工劳动关系、土地处置和变更登记、员工持股、集团公司层面开展混合所有制改革、试点联动、财税支持政策、工资总额管理制度、军工企业国有股权控制类别和军工事项审查程序等相关政策问题提出意见，以便更加卓有成效地推动混合所有制改革。

**操作规范**

原则规定有了，具体操作步骤如何呢？

2019年11月国资委颁布的《中央企业混合所有制改革操作指引》用9 000多字进行了系统说明，给国企改革的核心文件增加了一个十分关键的部分。

《中央企业混合所有制改革操作指引》从混改的原则出发，进一步落地到混改的六大核心步骤，以及每个步骤中的核心政策问题，特别是在混改的方向性、规范性、操作性和创新性等四大方面，为国企混改实施落地铺好了道路。

同时，包括北京在内的多个省份也出台了本地国企混改操作指引，在操作规范这一层次提供了政策依据。

通过上述三个主力篇章，国企混改的核心主力政策文件相对齐备，下面需要的是各个企业根据自身情况，"一企一策"，充分实践和创新。

◎ 九个机制文件

机制改革是本次国企混改的核心组成部分。与股权改革不同，机制改革涉及的领域和内容更多，所以政策也更多、更具体。具体来说，有四个方面九个基础政策文件：

首先是混改中的法人治理问题。就此，《国务院办公厅关于进一步完善国有企业法人治理结构的指导意见》（国办发〔2017〕36号）进行了规范。提出"根据功能分类，把握重点，进一步健全各司其职、各负其责、协调运转、有效制衡的国有企业法人治理结构"。

其次是国企改革中的授权机制改革问题。《国务院关于推进国有资本投资、运营公司改革试点的实施意见》（国发〔2018〕23号）、《改革国有资本授权经营体制方案》（国发〔2019〕9号）两大文件对国有资本管理体制和授权模式进行了明确规定，突出国有资本投资公司、国有资本运营公司的重要地位和作用。

再次是国企改革中的工资管理问题。《国务院关于改革国有企业工资决定机制的意见》（国发〔2018〕16号）对多年来广受关注的工资总额管理模式进行了优化调整，明确提出"建立健全与劳动力市场基本适应、与国有企业经济效益和劳动生产率挂钩的工资决定和正常增长机制，完善国有企业工资分配监管体制，充分调动国有企业职工的积极性、主动性、创造性"。

最后是员工长期激励问题，出台的政策最多，也最细，截止到2019年末，一共有五项核心的政策。目前，政策鼓励和允许的长期激励措施一共分成三类，在五项政策中分别进行了说明。

第一类长期激励是员工持股。《关于国有控股混合所有制企业开展员工持股试点的意见》（国资发改革〔2016〕133号）是解答员工持股实践问题最基础的政策指南。

第二类是科技型企业长期激励。《国有科技型企业股权和分红激励暂行办法》（财资〔2016〕4号）以及《财政部、科技部、国资委关于扩大〈国有科技型企业股权和分红激励暂行办法〉实施范围等有关事项的通知》（财资〔2018〕54号）文件，明确规定了在国家认定的高新技术企业和转制科研院所，可以选择使用岗位分红、项目分红以及其他股权激励方式开展长期激励，并规定了操作实施规范。

第三类是国有控股上市公司股权激励。《关于上市公司实施员工持股计划试点的指导意见》（证监会公告〔2014〕33号）和《关于进一步做好中央企业控股上市公司股权激励工作有关事项的通知》（国资发考分规〔2019〕102号），对国有控股上市公司授予限制性股票、股票期权、股票增值权等股权激励措施做了政策性规定。

◎ 四项监管法规

国企混改必须同时加强监督管理。推动国企改革中的国资监管有四项基础性政策。

《国务院办公厅关于加强和改进企业国有资产监督防止国有资产流失的意见》（国办发〔2015〕79号），分总体要求、着力强化企业内部监督、切实加强企业外部监督、实施信息公开加强社会监督、强化国有资产损失和监督工作责任追究、加强监督制度和能力建设六部分18条，说明了"全面覆盖，突出重点；权责分明，协同联合；放管结合，提高效率；完善制度，严肃问责"等国有资产监管原则。

《关于在深化国有企业改革中坚持党的领导加强党的建设的若干意见》（2015），提出坚持党的建设与国有企业改革同步谋划、坚持党管干部原则、严格落实国有企业党建工作责任制、把加强党的领导和完善公司治理统一起来等七点核心意见。

《企业国有资产交易监督管理办法》（国资委、财政部令第32号）正式明确了国有控股企业在进行包括股权转让、增资、资产转让等行为时，需要通过公开的国有产权交易市场进行市场化交易，并就交易的流程、方法进行了详细规定。

《关于以管资本为主加快国有资产监管职能转变的实施意见》（2019）在转变监管理念、调整监管重点、改进监管方式、优化监管导向等四个方面，具体规定了国有资本监管系统的重大变革方向和内容。

## 2. 如何理解《关于深化混合所有制改革试点若干政策的意见》?

2018年9月18日,国家发改委对外发布了《关于深化混合所有制改革试点若干政策的意见》(发改经体〔2017〕2057号)(简称"2057号文件"),这份文件开始成为中国国企混改的一项新政策指引。我们可以从哪些内容进行更深层的解读呢?

### ◎ 改革方向:"卓有成效"地推动混合所有制改革

2057号文件,与之前颁布的其他国企改革文件不同,它不是顶层设计性政策,也不是一项具体操作规范,而是对于国企混合所有改革试点中的关键问题进行总结的文件,承上启下。这个文件的重要意义有两个:一是对中央和地方的国企混改试点企业实践进行了政策定位。二是有针对性地对一些关键性、共性混改政策领域发展方向进行了政策描绘。

2057号文件虽然是针对国有企业混改试点范围企业实践过程中的政策问题的解释,但是从全文政策来看,突出反映出两个特点。

首先是积极推动混改试点企业在国有资产价值评估、员工持股安排、税收支持、工资总额管理等核心问题方面,向着市场导向、激发活力、政策引导、着力支持的基本点发力,提出了解决问题的思路。

其次是对未来混改政策的扩大和发展延续性进行了铺垫。比如,"为有效指导混合所有制企业员工持股工作,有关部门要抓紧研究制定重要领域混合所有制企业开展员工持股试点的意见,明确相关政策,加强规范引导",以及"积极支持各地省属国有企业集团公司开展混合所有制改革"等政策规定,分别在员工持股和集团公司整体混改层面对未来新的改革领域进行了安排。

### ◎ 改革动力：混改三个核心领域有"政策突破"

在国有企业混改过程里，国有资产定价、员工持股和企业薪酬市场化管控是影响混改顺利与否和决策的核心，2057号文件在这三个方面给出的方向指引都有一定"突破"意义。

在国有资产定价方面，2057号文件首次提出"对于按规定程序和方式评估交易的国有资产，建立免责容错机制，鼓励国有企业推动混合所有制改革"。容错机制的详细定义对于国企决策层来说，是重要积极的政策信号。

员工持股是国企混改的基石之一。2057号文件指出，"坚持依法合规、公开透明、立足增量、不动存量、同股同价、现金入股、以岗定股、动态调整等原则，积极推进混合所有制改革试点企业员工持股，有效实现企业与员工利益和风险绑定，强化内部激励，完善公司治理"。

混改企业需求的另一项重要政策，就是有关如何突破工资总额管理，实现企业薪酬市场化管控。2057号文件就此提出，"有关部门要加快研究制订改革国有企业工资决定机制的意见，支持符合条件的混合所有制改革试点企业实行更加灵活的工资总额管理制度"。之后，相关部门又发布《国务院关于改革国有企业工资决定机制的意见》。工资总额管理事关员工切身利益，政策的市场化导向是明确的。

## 3. 在员工持股方面有哪几个核心的政策文件规定？

我国企业中推行的员工持股，曾经在改革开放过程中有过不同版本的试验。本轮国企改革将核心员工持股作为一项重要的长期激励政策，有哪几个核心文件需要了解呢？截至 2019 年，国企改革涉及员工持股的政策规定，集中体现在四个文件里（不含上市公司股权激励政策）。

◎ **科技型企业员工持股：财资〔2016〕4 号文件**

《国有科技型企业股权和分红激励暂行办法》（财资〔2016〕4 号）是科技部、国资委、财政部、国家发改委等多部委联合发布的一份文件，这份文件详细规定了国家认定的高新技术企业和转制科研院所在一定条件下，可以通过员工持股（5%～30%）的模式，推动长期激励体系的建立。

2018 年补充出台的财资〔2018〕54 号文件，实实在在地扩大了科技型企业员工持股激励政策的适用范围。

◎ **混合所有制企业员工持股：国资发改革〔2016〕133 号文件**

《关于国有控股混合所有制企业开展员工持股试点的意见》（国资发改革〔2016〕133 号），是第一个从国家层面单独规定国有混合所有制企业进行员工持股的政策文件。

133 号文件有几个第一次：第一次明确规定员工持股的比例和个人最高持股比例；第一次明确确认员工持股平台的作用和形式；第一次明确了员工持股的范围，必须与本企业签订劳动合同，否定了母公司人员上持下的可能性；等等。这些原则性规定，对于正确建立员工持股操作方案，有重要意义。

## ◎ 积极推动员工持股：2057号文件

2017年秋国家发改委正式公布的2057号文件，是在总结混改和员工持股经验基础上进一步确定政策推动方向的一份重要文件。

2057号文件，用32个字完整地总结了员工持股的基本原则：依法合规、公开透明；立足增量、不动存量；同股同价、现金入股；以岗定股、动态调整。

## ◎ 中央企业员工持股：国资产权〔2019〕653号文件

2019年末出台的《中央企业混合所有制改革操作指引》（国资产权〔2019〕653号），对员工持股又进行了进一步规范，再次明确和强调了几项基本原则，我们认为是近期政策的口径统一，对于指导未来一定时期核心层持股实施具有明确规范意义。

首先，明确了133号文件仍是核心政策依据。653号文件指出："员工持股应按照《关于印发〈关于国有控股混合所有制企业开展员工持股试点的意见〉的通知》（国资发改革〔2016〕133号）稳慎开展。"

其次，指出推动员工持股的基本原则，共32个字，那就是"依法合规、公开透明，增量引入、利益绑定，以岗定股、动态调整，严控范围、强化监督"。

再次，明确了员工持股的四个前提条件。653号文件对这四个前提条件的规定，在规范性方面突出了两个重点：一是规定混改企业中非公资本要达到一定比例，以防范少数企业通过极少金额的"假混改"来蹭取员工持股政策的擦边球行为；二是再次明确员工持股企业必须是市场化程度高、独立市场收入占90%以上的企业。

最后是员工持股的股权设置。653号文件再次明确，"员工持股总量原则上不高于公司总股本的30%，单一员工持股比例原则上不高于公司总股本的1%"。

总体来看，国企混改中的员工持股政策，正在随着改革的不断深入而细化、深化。国有企业朋友们还需要与时俱进、不断更新，才能与时代同步。

## 4.《改革国有资本授权经营体制方案》有哪些核心议题值得关注？

2019年4月28日，国务院正式发布了《改革国有资本授权经营体制方案》，文件编号"国发〔2019〕9号"。这个文件对于中国国有企业改革具有里程碑式的意义，我们有必要对这个改革方案进行深入研读，细细琢磨其中的要义。

◎ 议题一：国有企业改革要向哪个方向改？

就此问题，9号文开宗明义，简单直接地指出："政企不分、政资不分的问题依然存在，出资人代表机构与国家出资企业之间权责边界不够清晰，国有资产监管越位、缺位、错位的现象仍有发生，国有资本运行效率有待进一步提高。"

文件指出，要"打造充满生机活力的现代国有企业"。这是本次改革要实现的终极目标，如果经过几年努力得以实现，必将有力推动中国经济在新常态下实现高质量发展。

◎ 议题二：我国将通过什么方法实现国有企业系统整体上放开、搞活？

中国经济体系高度复杂，中国国有企业的情况也千差万别，如何通过一项全国性的政策来实现整体激活呢？9号文给出的答案是简单的，那就是进行"国有资本分类授权经营改革"。我们认为这项改革有两个层面的含义：

第一个层面是政府层面：坚决地、科学地给自己的职能界定边界，同时保证所监管国有企业的责权利清晰，有充分的自主权。"政府公共管理职能与国有资本出资人职能分开，依法理顺政府与国有企业的出资关系，依法确立国有企业的市场主体地位,最大限度减少政府对市场活动的直接干预。"

第二个层面是企业层面:得到授权的国有企业将拥有完整的企业法人财产权和经营自主权。但正是由于企业的差别很大,所以9号文制定了一项有弹性的原则——"一企一策"。"按照功能定位、治理能力、管理水平等企业发展实际情况,一企一策地对国有企业分类授权,做到权责对等、动态调整。"

## ◎ 议题三:国资监管模式和方法会发生哪些重要变化?

改革国有资本授权经营体制,推动国资管理系统放权和授权后,如何转变国有资本监管模式,一方面推动国有企业焕发活力,另一方面又保证国有资本的持续健康发展呢?

就此,9号文明确指出:"出资人代表机构以企业功能分类为基础,对国家出资企业进行分类管理、分类授权放权,切实转变行政化的履职方式,减少审批事项,强化事中事后监管,充分运用信息化手段,减轻企业工作负担,不断提高监管效能。"

这段话的核心要义,我们认为有三点:

第一,国资委对所属国有企业的管理,从行政化审批式管理,调整到资本化纠偏式管理。按照这个逻辑,国企有诸多经营管理事项可以自主独立决策,但整个过程要公开透明,国资委可以随时进行信息掌控,并进行事后的纠偏纠错。

第二,国资委对监管的国有企业进行持续的分类,并在此基础上制定放权清单,可以一企一策,可以分类授权放权。核心是"监管权力责任清单"制度的实行,这一制度是"负面清单"政策的创新性应用。国资委今后的重要工作将是动态维护和调整不同企业的清单内容,动态管理授权放权。

第三,有望在不远的将来形成全国联网统一的"国有资本大数据"系统。9号文明确指出,"出资人代表机构要加快优化监管流程、创新监管手段,充分运用信息技术,整合包括产权、投资和财务等在内的信息系统,搭建连通出资人代表机构与企业的网络平台,实现监管信息系统全覆盖和实时在线监管。建立模块化、专业化的信息采集、分析和报告机制,加强信息共享,增强监管的针对性和及时性"。

◎ **议题四:与之前的国资改革文件相比,《改革国有资本授权经营体制方案》有什么新亮点?**

从具体内容来看,9号文的很多原则和规定,都是在过去多年实践经验基础上的再次提炼和总结强化,肯定了董事会建设、国企职业经理人、国企核心层长期激励、国企市场化独立经营等成熟和先进的做法,重申了政企分开、政资分开的基本原则,这些都是在全国范围内加以推广的基础性规定。

有一点值得注意,文件明确指出,"支持国有创业投资企业、创业投资管理企业等新产业、新业态、新商业模式类企业的核心团队持股和跟投"。这项原则是在相关文件描述中第一次出现,是一项重要的政策创新。由于创投企业、新兴科技公司、产业基金等新类型公司已经成为不少国有企业发展新业务的助手和工具,所以,这样一项政策性规定必定使国有企业通过创投性公司驱动新发展的速度大大加快!

## 5. 广大国有企业应该如何利用好《改革国有资本授权经营体制方案》？

9号文的重要内容，是强调了对国有资本投资公司和国有资本运营公司进行充分授权，同时对其他国有企业落实经营自主权。那么，广大国有企业应该如何行动来落实这些政策？我们认为有两个方面：

◎ 利用授权

9号文指出，对于国有资本投资公司或者运营公司，"授权放权内容主要包括战略规划和主业管理、选人用人和股权激励、工资总额和重大财务事项管理等"，并就这三个方面分别进行了比较详细的说明和解释。

我们认为，上述授权内容，实际上是针对国有资本投资公司或运营公司而制定的在业务权限、财务权限、人事权限三个方面的基本放权原则。

从业务权限来看，文件规定国有资本投资或运营公司可以独立制定发展规划，并自行安排投资计划，实际上是把主业的投资权限充分授予企业进行决策。

从财务权限来看，"授权国有资本投资、运营公司自主决策重大担保管理、债务风险管控和部分债券类融资事项"。

从人事权限看，9号文进行了比较大力度的授权，明确提出了五项授权改革：

第一是明确国有资本投资公司、运营公司董事会负责经理层选聘、业绩考核和薪酬管理（除中管企业）。

第二是探索董事会通过差额方式选聘经理层成员，推行职业经理人制度。

第三是授权国有资本投资、运营公司董事会审批子企业股权激励方案，支持所出资企业依法合规采用股票期权、股票增值权、限制性股票、分红权、员工持股以及其他方式开展股权激励，股权激励预期收益作为投资性收入，不与其薪酬总水平挂钩。

第四是支持国有创业投资企业、创业投资管理企业等新产业、新业态、新商业模式类企业的核心团队持股和跟投。

第五是实行工资总额预算备案制。

9号文中，也说明那些没有成为国有资本投资公司或运营公司的国有企业如何获得授权、有哪些新的权力。

通过分析，我们认为，虽然9号文文字不多，但已经明确说明了几个授权的边界：

● 国资委监管界面只涉及一级企业集团，不再纵深管理到下属的重要二级或三级子企业。

● 加快建设国有企业的董事会，并将之做实，使之成为授权经营的决策主体。有理由相信各地国资会加快推进国企现代董事会的落实工作。

● 董事会能够决策的事项包括重大经营决策、选人用人、薪酬分配等人权和业务权，促进国有企业更加按照公司法确定的法人权力进行经营。

无论是对于"两类公司"，还是对于其他国有企业，都应该首先明确改革带来的权限变化，理解好、应用好这些改革的政策机遇。

◎ 做好行权

9号文在"加强企业行权能力建设"一个部分中专门讲到，不是所有的企业都能享受这项改革的好处，也不是企业一成不变就能利用好这项政策。国有企业必须"进一步完善公司治理体系，强化基础管理，优化集团管控，确保各项授权放权接得住、行得稳"。

在这部分的论述中，9号文对于上述几点意思分别进行了详细展开，我们分析后，将这几点归纳为国有企业要进行"四好企业"改造：

首先是"治理好"。其中最为关键的步骤是将国有企业董事会的建设作为重中之重。董事会的职能要健全，董事会的决策机制要深化，董事会和经理层的关系要清晰，这样的董事会才能承担起国有资本授权经营的重大责任。

然后是"制度好"。国有企业的制度体系总体来说是完整的，但焕发活力的国有企业需要实现人事制度的市场化，也就是充分推行三项制度改革，我们很难想象一家没有市场化能力和机制的国有企业在得到授权后能够直接赢得市场竞争，所以，制度好，最重要的是实现内部机制的市场化。

再后是"管控好"。9号文区分不同类型的国有资本平台，分别使用了战略控制型、财务控制型、运营控制型等几种国际通用的集团管控模型进行描述，是希望国有企业能够根据自身战略和业务特点，选择合适的管控模式和组织形式，实现组织效率的最大化。

最后是"资本运作好"。这是9号文中点出混合所有制改革的部分，指出要提升国有资本的效率，增强资本流动性，放大国有资本功能。通过清理退出一批、重组整合一批、创新发展一批，实现国有资本形态转换，变现后投向更需要国有资本集中的行业和领域。这一部分，再次明确了国有资本可进可退的基本战略、强化的资本流动性，为各地国资委推动国有企业的改革和国有资本的进退又指明了方向。

"四好企业"是9号文中对于能够充分行使国有资本授权的国有企业提出的要求，我们认为，更是中国国有企业需要市场化改革的重要方向性指引。只有这样的企业，才可能通过国资的改革获得自己的新生。

## 6.《国务院国资委授权放权清单》(2019年版)的特色和作用有哪些?

2019年6月5日,国务院国资委正式颁布了2019年版的授权放权清单,在春夏相交之际,给祖国大地上的国企改革又增加了一抹浓浓的色彩。

本年的授权放权清单,从内容上看,确有真材实料,确有创新突破,如国资委就清单答记者问时的回答一样有力:国资委坚持"刀刃向内"、自我革命,按照精细严谨、稳妥推进的工作要求,将激发微观主体活力与管住管好国有资本有机结合,最大限度调动和激发企业的积极性,重点选取了5大类35项授权放权事项列入清单,包括规划投资与主业管理、产权管理、选人用人、企业负责人薪酬管理、工资总额管理与中长期激励、重大财务事项管理等。

◎ **对国有企业的战略意义和长期价值**

必须说,这份清单好!好!好!

一好,推动改革。授权清单改革导向明显。从第一条开始,"中央企业审批所属企业的混合所有制改革方案……",我们就进入了改革时间。继续向下看,关于产权的部分,在谈中央企业如何利用上市公司和非上市公司进行国有股权的重组;关于人力资源和干部的部分,在谈工资改革、激励改革、职业经理人改革;关于投资与主业的部分,在谈业务优化和产业创新;关于财务的部分,在谈给企业财务与融资松绑。这是一份授权文件,更是一份改革召集令。

二好,实操落地。制度好不好用,关键看落地难度。这份清单,边界清楚，文字准确，没有很多形容词和副词，落地成功系数将会很高。"清单的每项授权都务求条件明确、程序细化、权责清晰，确保授权放权在实际工作中能够操作，切实把授权放权真正落下去。比如，清单全面取消了事前备案的程序，要求在实践过程中，除干部管理外，不能再有'事前备案''事前沟通一致''备案同意后实施'的情形。"

三好，承上启下。清单明确指出一个必须干好的工作："集团公司要对所属企业同步开展授权放权，做到层层'松绑'，全面激发各层级企业活力。"

国资监管部门把权力交给 90 多家中央企业，每家中央企业又是从总部机关开始的一个五六层甚至更多层次的法人股权和业务体系。如果这个中央企业总部不是市场导向，而是行政化、官僚化的半商半官"四不像"机关，权力下放到这一层，对国有企业可能起到了副作用。所以，关键是层层松绑，承上启下。这句话虽然不长，但十分关键。

## ◎ 改得好，才用得好

清单出了，权力来了，全松绑了，那么所有央企都能拨云见日、展翅高飞了？非也。

清单是改革的催化剂，但是没法把它当煤烧。要想利用好国资委的授权，有两件配套事情要做到前头。

干部要担当。无论权力授到哪个层次，总有人必须拍板。决策者得到这个授权，是好事，更是巨大的考验：是不是一心为公？是不是敢于担责？功成不必在我，功成必定有我？这些问题将考验国企接到授权的每个"一把手"。如果没有建立一个有担当、能进取、能拼搏的干部队伍，而是习惯性假动作，这样的企业得到授权，可能风险更大。

改革要提速。这次清单基本是改革专属授权清单，就是要催促和激发中央企业深入改革、全面改革。那么，我们需要什么样的改革？是为了争取享受松绑政策，自己设计一套花拳绣腿的改革招数？还是真正面对企业集团的实际问题和发展出路，对症下药地系统推进改革呢？

战略错乱的企业，是先进行产业改革，还是申请授权，在主业和投资上授权放开？

管控脆弱的企业，是先完善组织能力，还是放开各下属企业自主发展？

人浮于事的企业，是先集中精干人员，还是追求在工资薪酬上放开？

效能下降的企业，是先提升产出水平，还是争取开展长期激励？

所以说，开展授权的前提是推动改革，推动改革的目标是提升绩效。授权只是管理的阀门，具体如何开关、在哪里开关，必须目标明确，真抓实干。

## 7. 如何理解"双百九条"里反映的国企改革政策底线？

2019年8月，国务院国企改革领导小组印发了《关于支持鼓励"双百企业"进一步加大改革创新力度有关事项的通知》（国资改办〔2019〕302号）（简称"302号文件"或者"双百九条"），在盛夏之际，给正在进行的国有企业改革增加了新的热度，注入了强大的能量。

### ◎ 两大特点

我们这里选用"强大"一词，是因为这份被广泛称为"双百九条"的文件，相比于之前的改革文件，有两个突出个特点。

第一，明确提出"法无禁止即可为"的创新改革精神。当很多"双百企业"和国有公司都在为寻找当前政策和自身实际的衔接落地细节而不得，苦闷、苦恼的时候，这七个字可谓及时、解渴、精准。它告诉各位企业家，未来的改革不是照着条文去做，而是远离政策禁区大胆创新，实操空间大大拓宽。

我们认为，"法无禁止即可为"就是底线思维、高压线原理，只要明确政策底线和改革红线，可以做出重要的改革创新。

第二，给"双百企业"带来新政策细节。回顾"双百工程"之初的基本思路，是通过"双百企业"的示范，全面落实"1＋N"国企改革政策；通过"五突破、一加强"的落地，来进一步推广到更大范围的企业层面上。

302号文件，虽然在政策上没有出台更多新内容，但是更加明确、更加细致地指出了"双百企业"在混改审批权限、市场化机制改革、正向激励、容错机制、员工持股等改革方面的政策边界。特别是在第六款中规定:"双百企业"及所出资企业属于科研、设计、高新技术企业的,其科技人员确因特殊情况需要持有子企业股权的,可以报经集团公司批准后实施,并报同级国有资产监管机构事后备案。这个内容是对于既往员工持股改革中"上不能持下"规定的明确优化,这种政策细节的提出,将有效力地帮助"双百企业"推升改革动力,优化创新改革方案。

## ◎ 三条政策底线

302号文件,彰显了国务院国有企业改革领导小组对于加快深化推动"双百企业"改革的意志,我们认为将会在未来一定时期内带来良好的改革推动作用。下面的问题是,"法无禁止即可为"确定了一个广阔的创新空间,那么对于"双百企业"而言,最重要的事情就是知道在国企改革中哪些是明确禁止的。这可以总结为"三条政策底线",具体表现为"九个不能做"。

国企改革、"双百工程"实践一定会百花齐放、姹紫嫣红,不过,我们认为,无论如何,绽放的改革成果都不能脱离三条政策底线(见图1-2)。

图1-2 三条政策底线

政策底线一：党的领导。党的十八大以来，在全国企业范围内加强党的领导作用，正在持续深化和推进。国企改革和"双百工程"的基本内容之一，就是加强党的领导，所以，在设计的"双百企业"改革方案里，弱化或变相弱化党的领导作用都是不可取的。具体表现可能是：董事会的权限和决策设计与党的领导机制产生不协调，使董事会替代或者局部替代党组织角色；党管干部体制和职业经理人机制设计矛盾，职业化的经理与党组织管理脱节；党组织在"双百企业"改革特别是混改之后的企业里被弱化、边缘化，成为一种摆设。

政策底线二：国有股权设置。"双百企业"改革中的另外一条政策底线，我们认为是混改或者股权多元化过程中，国有股权的结构设置和比例框定。

自党的十八届三中全会以来，国企混改和股权多元化改革的政策，可以总结为"分层分类"，也就是将国有企业划分为充分竞争的商业一类、部分竞争的商业二类以及难以市场化的公益类三种类型。对于不同类型的企业，有关文件明确规定在国有股权的设置上采用不同的政策，实际上，也是为国有企业和本次"双百企业"改革中的国企股权结构设置标定了明确的边界和底线。如果出现下面这些现象，可能就超出了政策允许的范围：商业二类的国企下属企业，将国资股比降到非控股地位；讨论国有资本投资公司和运营公司的股权多元化和混改问题；公益类国企非市场化的股权改革或者长期激励。

政策底线三：国有资本定价。国企的股权多元化和混改过程，涉及国有资本对应的增资、转让等国有股权交易，在这个敏感问题上，我们需要清晰地指出，国有资产评估、挂牌、交易的相关政策和流程规定是基本的政策底线，必须严格遵守。如果出现了以下情况，就触及了政策底线，踩了红线：在股权设计和方案当中，通过包装将优良业务进行混改和推进员工持股，剥离非优良业务，导致国有资本整体收益降低；没有严格按照资产评估和国有股权公开挂牌交易的规定进行股权价值评估和转让；在国有资本定价中存在局部利益输送。

## 8. "双百九条"里推动"法无禁止即可为",其中的创新空间在哪里?

在明确了三条"双百企业"改革的底线之后,我们就能够在这样的改革政策边界范围内进行大胆的管理创新和机制设计。那么,"双百企业"能够大有作为的基层改革创新,可以在哪些方面思考并实践呢?图1-3展示了可以进行基层改革创新的四个方面。

图 1-3 改革创新的四个方面

（图中标注：01 战略发展创新改革；02 组织治理创新改革；03 市场机制创新改革；04 人才激励创新改革）

◎ **战略发展创新改革**

"双百企业"改革虽然不是直接针对企业发展和业务的改革,但是我们可以将股权多元化等改革内容和企业的长期发展模式结合起来考虑,这样的管理创新将很有意义。

比如,中央企业的"双百企业",可以在自己的产业拓展过程中,寻找地方国资或者行业内的其他企业进行股权多元化的整合,不仅把自己当作一个准备引入战略投资人的改革对象,也可以将自己作为参与其他企业股权改革的投资者，从而建立企业发展必需的产业链和产业生态。

再比如，可以充分借助于市场化的基金、债转股机构，将国企降低杠杆、供给侧结构改革、退出辅业等战略行动与自己的改革结合和联系起来，实现一箭双雕或者更多的战略目标。

### ◎ 组织治理创新改革

加强党的领导，与公司董事会治理模式有效结合，同时把职业经理人机制全力推动下去，是"双百企业"改革方案的重要内容之一。在这个领域里面，国有企业的创新改革空间是有的。

党的决策程序前置于董事会，这一点已经在广大国有企业中实践并推广。但是仍有很多课题需要"双百企业"在改革设计中进行突破创新，比如：

"双百企业"改革中，如何与国资委授权放权清单要求相匹配，获得必要的授权和经营独立性？

"双百企业"董事会发挥实际作用的过程中，如何将专业委员会的专家咨询功能和企业职能体系相结合？

"双百企业"推进职业经理人体系建设，如何解决"花瓶效应"，将个别职业经理推广到公司整体"岗位职业化"？

### ◎ 市场机制创新改革

在"双百企业"内部真正建立起外部市场和内部市场相结合，以市场为基本出发点的价值创造、价值评价和价值分配体系，是一项需要系统思考的工作。从我们的角度来看，"双百企业"的市场机制改革有很多文章可做：

首先，可以从企业的创新创业机制入手考量。通过建立或者重构企业的运营组织模式，构建更多的创业型团队，推动所有的组织单元建立盈利中心模式，发现并选拔更多的小CEO，建立内部的组织赋能和考核激励保障措施。

其次，可以强化企业内部不同业务、不同部门之间的竞争，广泛开展对标、比赛，在经营体系中推进赛马机制，通过竞争来实现内部市场化管理，有效优胜劣汰。

最后，可以优化企业内部价值链，建立内部市场体系和价值增值评价过程，以客户为中心，引导所有人员对客户负责，推动市场竞争力的提高。

## ◎ 人才激励创新改革

本次"双百企业"改革的中心内容之一，是关于国企人才体制机制的改革，核心是激活组织，激发人才动力。"双百企业"改革政策中，关于正向激励、长期激励等相关政策已经有了非常多的描绘。企业要做的创新，就是探索如何根据自身情况，利用好这些政策，推动本企业人才激励创新改革的进程。

人才激励创新改革，我们建议在市场化、差异化的薪酬体系上进行突破。随着工资总额管理方式的优化改革，"双百企业"将有机会建立面向市场的薪酬系统和绩效考核兑现能力，这就需要通过新三项制度改革来推动企业的薪酬系统改革。

人才激励创新改革，可以在增量利润分配方面，结合国内外实践进行大胆的设计。无论是高科技企业的分红激励，还是超额利润分享计划，或者其他可能的分配方式，都可以进行尝试。

人才激励创新改革，可以综合考量长期激励和员工持股的细化落实。对于长期激励改革，上市公司和非上市公司都已经有了明确的措施和方向，其中员工持股的能力、范围、评定、流动等问题，都可以通过创新的方式去设计和实施。

302号文件，是"双百企业"改革乃至本轮国企改革的重要指向性文件。如何理解好、使用好现有的政策，发挥企业创新特色，树立基层创新的标杆，我们期待"双百企业"给出漂亮的改革答案。

## 9. 科技型企业长期激励政策如何活学活用？

《国有科技型企业股权和分红激励暂行办法》于 2016 年 3 月 3 日正式实施。作为这个文件的重要补充，两年之后，又下发了《财政部、科技部、国资委关于扩大〈国有科技型企业股权和分红激励暂行办法〉实施范围等有关事项的通知》，从顶层设计角度，对于科技型国有企业开展长期激励进行了系统规定。总体来看，文件条文不少，激励目标导向也清晰可见。如何正确解读这项新政？如何充分利用这项政策的新空间为科技企业核心人才的激励设计优质方案？

我们首先要对政策的特点有所理解。第一个突出点是，科技企业的定义十分广泛。按照现在政策规定的三类企业标准，有大量的企业可以纳入政策的范围。有了国家高新技术企业的认定，就能够享受开展核心员工股权和分工激励的权利。

第二个突出点是，明确可以奖励股权。之前的规定，要么是上市公司的期权，要么是等价购买股权；这次政策明确了企业可以向核心员工奖励股权的方式，正式承认了知识劳动的资本价值，这也算是"知本经济"的重要进步吧。

第三个突出点是，分工激励力度大。本次新政明确了进行科技成果转化交易的收益激励额度不少于交易总收入的 50%，岗位分红的总额度达到企业当年利润总额的 15%，每年每人的激励额度可以达到当年收入总额的 2/3，可以连续三年进行，且可以作为人工成本税前列支，并且不计入工资总额管理。

综合分析以上政策，我们发现，企业可以在充分研究这个政策的基础上活学活用，进而为充分激励人才、推动企业发展服务。

◎ 股权激励和分工激励适用于不同阶段的企业

如果你是一家成立时间不长、净资产不高、业务规模不大的企业，那么建议你尽早采用股权激励的方式。有几个好处：一是能够分配的股权比例较高，因为按照规定，"中型企业的股权激励总额不超过企业总股本的10%；小、微型企业的股权激励总额不超过企业总股本的30%"，这是一个非常大的股权比例差距；二是政策对成立和经营时间没有严格的要求，成立一年经过审计就可以实施，能够更早地激励创始型的核心人才；三是股权转让价值不高，更有利于个人出资购买。

同理，如果你是一家有一定的经营规模、资产总量较大并且人数较多的企业，采用分工激励的模式更加有利于企业的发展。原因有三：首先是股权激励的比例只有5%，但是分工激励的比例可以达到15%；其次是资产评估的难度加大，并且购买股权的金额将因为净资产过大而对个人产生重大压力，特别是政策明文规定企业不能代员工融资；最后是分工激励可以采用项目分工，还可以采用岗位分工，形式灵活，并且可以持续进行，更有利于企业的管理。

◎ 有效培育高科技种子业务

有条件的科技型企业可以采用三步走的方法，培育高科技种子业务，激发科技人才动力，实现真正的"知本经济"。

第一步，国有企业可以分拆自己有一定技术含量的业务，用现金投资成立一家子公司，争取认定成为高新技术企业。在成立的时候，用一个较小的注册资本，让核心技术和管理人员出资占有一个股比。

第二步，经营一段时间后，申请作为小微企业开展科技企业人才股权激励，获得核心人才激励政策，包括15％的股权奖励。

第三步，积极做大种子业务，争取在多种层次的资本市场上进行股权交易，实现科技核心人才股权的增值和流动。

## ◎ 充分利用分工激励

本次政策在企业分工激励方面进行了突破性的规定，也给那些有一定规模的科技型公司带来了激励的空间。

首先是项目分工。对于一个体系内的企业来说，重要的事情就是实现科技成果的研发和转化，通过合理的途径实现转让，找到合适的科技成果交易对象，使自己的科技成果实现交易成功。

其次是岗位分工。本次政策是在核心岗位年度激励的基础上，给了一种连续三年用税前成本的方式再次进行核心人才激励的方法，这是有较大力度的政策工具。各家科技企业可以利用这样的政策，对核心员工的薪酬实行"特别待遇"，提高激励的效果。

## 10. 上市公司股权激励政策有哪些关键要点？

2019年11月11日，《关于进一步做好中央企业控股上市公司股权激励工作有关事项的通知》出台，中国国有上市公司的长期激励建设，开始进入一个崭新的推动期。

预则立，不预则废。在各位企业领导人积极为股权激励政策红利跃跃欲试的当口，我们还是需要对这种大家还不太熟悉的长期激励方式，进行一些框架性的学习和思考。

### ◎ 上市公司股权激励的基本逻辑是什么？

股权激励通过什么样的奇妙机制，就能对上市公司的战略发展和股东利益产生长期正向的作用，以至于从美国到日本、从发达国家到发展中国家，都在积极学习和应用这个60年前由美国辉瑞制药发明的"stock option"（股票期权）呢？

简单来说，就是利用两个因素：一是"价格预期"，二是"时间"。现在流行的上市公司股权激励工具类型有很多，但其基本逻辑是一样的：

假定企业的股票价格和公司业绩是紧密相关的，业绩越好，股票价格增长就越多；给予公司认为重要的干部和员工一种特权，可以在未来某个时点，用比股票价格更优惠的条件获得股票并赚取差价；未来这个能够赚取价格差的时间点，通常都在3年以上，甚至可以长达10年；同时，干部和员工赚取的价差收入价值比较高，通常对于公司高层而言都数倍甚至20倍于其工资奖金收入。所以，在长期利益驱动下，公司的管理层和员工就受到了"激励"，会通过更加努力地工作提升企业的业绩，以求达到股权激励的标准。同时，业绩提升也确实推高了企业股票价格，最终公司股东由于市值增加而满意，管理层也由于激励兑现而满意。委托—代理两方在这段时间内的利益一致。

这就是上市公司股权激励的基础性作用机理。几十年过去了，股权激励在全球范围内推广开来，事实说明这一激励工具的整体设计是有效的。

◎ **国有控股上市公司股权激励可选的工具有哪些？**

根据本次通知的内容，国有控股上市公司股权激励工具箱充分放开，有三种模式可选：股票期权、股票增值权、限制性股票。

实际上，并不是三种模式，而是 2.5 种模式，因为按照中国证监会 2018 年修订的《上市公司股权激励管理办法》，纳入文件管理的股权激励工具只有两个，分别是限制性股票和股票期权。股票增值权，由于本身并没有涉及上市公司股票的交易，只是一种虚拟收益的算法，更像延期支付的奖金，所以没有纳入这个股权激励管理办法。

股票期权、限制性股票都有什么特点？各个国企上市公司在选择运用时如何考虑取舍呢？

股票期权，简单说来，是基本按照一家上市公司现行的股票市场价格，给管理层和核心员工一个特权，允许他们在 3 年或者更长的时间到期的时候，用今天的价格去买公司一定比例的股票。当然，如果那时公司股价高于今天，有期权的员工就获得了盈利；如果未来的股价低于今天，员工可以选择放弃期权。

限制性股票则有所不同，是现在让管理层和核心员工用一个大致相当于股价的 50％的价格买公司股票，未来 3 年或更长时间到期的时候，如果公司要求的目标达到，他们可以用市场价格去卖掉股票，进而获得盈利。

有些朋友，喜欢称其为"半价股票"。

如果对比这两种方式，会发现激励的效果是有所差别的。股票期权，对于管理层和核心员工来说，是没有风险和成本的；限制性股票，是需要他们真正支出现金的，这种方式的激励约束程度更高。

同时，按照现行规定，限制性股票可以用市场价格的50%去购入，实际已经给激励对象一项不错的入门收益了，从收益的确定性来说，也更受人欢迎。

所以，我们观察到，近两年来国内实施股权激励计划的上市公司，更多是采用限制性股票的方式。

## ◎ 国有控股上市公司股权激励需要注意什么问题？

在每家公司推进自己的激励方案设计时，能不能产生预期激励效果，需要认真思考两点。

### 股权激励不一定会导致股价上涨

股权激励的核心，是上市公司的股票价格。理论上假定只要有了股票期权或者限制性股票这样的激励工具，就会促使管理层尽可能提升业绩并推高公司市场价值。这个假设在现实中有时不成立。

股票价格一定要在一个成熟的市场中，才会反映公司业绩的变化。在不成熟的资本市场里，影响股票价格的因素难以琢磨，也很难控制。各家准备进行股权激励的企业，一定要把自己的股票价格走势特点搞明白，以免辛辛苦苦搞方案，最后竹篮打水一场空。

### 激励效果与国企特点匹配难题

上市公司股权激励是一项横跨多年的长期计划，要想对管理层和核心岗位人员产生强烈的激励效果，需要提升预期值，具体体现在每个激励对象的授予股份规模要达到一定程度，占到每年薪酬总收入的一定比例才行。否则，比较低水平的激励，可能起不到重要的激励作用。

不过，对于国有上市公司而言，激励规模的确定需要进行更深度的思考：

第一，长期激励是国有上市公司管理层和核心员工总体薪酬的一部分，目前我们还是以年薪为基本方式，采用相对稳定的薪酬模式。如果这个体系不优化调整，于其上又增加一种限制性股票或者股票期权激励，就会造成失衡、失稳。因而，对于国有企业集团中高级管理层的薪酬体系结构进行系统优化，是十分必要的事情。

第二，股权激励还需要统筹考虑国有企业集团干部管理中的流动、平衡两个问题。国外上市公司，通过股权激励是要稳定管理层，给他们戴上金手铐；但在我们很多国有控股上市公司层面，情况是不同的。一家中央企业集团或者地方国企集团，无论其拥有一家下属核心主业上市公司还是拥有多家不同的上市企业，公司的中高级管理层都会进行轮换、调动，有的时候这种变化可能还会比较快，在2~3年内就会发生干部的重要变化，这时涉及激励股份的变化衔接问题，需要充分考虑处理。

第三，从平衡角度来看，由于行业不同和公司规模差异，一家国有企业集团内部二级、三级公司，有的上市，有的没有上市，不同的上市公司股价差别也很大。在公司干部管理一盘棋的时候，如果完全执行市场化的股权激励，这些内部差异就会带来干部管理和激励的严重失衡，好的上市公司调不动，其他企业谁都不去之类问题更加突出。因而，国有企业在推动上市公司股权激励时，这些与系统性干部管理有关的问题需要先做思考、先做筹划。

## 11. 如何理解混改当中容错机制的政策规定？

国企混改是国家大事、企业大事，同时敏感性和原则性都很强。

混改政策鼓励基层创新，支持一企一策，但是面对数以千万计或者亿计的国有企业股权资产，如何能把握好改革方案细节，不会在日后形成历史问题，是很多国企领导人进行决策时不得不考虑的关键问题。

我们欣喜地看到，在国家推出的改革配套政策中，在不同的部分，都描述和强调了对于"容错机制"的表述。

我们就此问题展开一些讨论。

首先，出现了"错"，才能谈到"容错"。在改革的过程当中，依据政策规定进行的改革部署，特别是那些在改革探索过程中，根据企业实际情况进行的创新性设计，对国有资本整体收益提升、对企业市场化经营有帮助的改革行动，哪怕是涉及重新划分奶酪造成局部人士不舒服、不高兴，也属于改革的正常现象，根本不需要用容错机制来解释。

如果在改革过程中，对环境判断有失误，操作过程有瑕疵，造成了改革结果与预期有较大偏差，这时才出现所谓"容错"的问题。

在这个时候，什么样的错是能容的、什么样的错是不能容的呢？

◎ 禁区：三种原则性错误

判断容错空间，要回到相关政策描述上来。在现行的各项改革政策中，2057号文件、《中央企业混合所有制改革操作指引》、"双百九条"等几个文件中，分别对容错进行了说明。我们认为，目前比较全面说明容错的政策表述，来自北京市 2019 年颁布的《市属国有企业混合所有制改革操作指引》:"对于按照规定履行民主决策、方案制定、审计评估、资产交易、办理交割登记、审核上报等程序,未发现牟取非法利益的混合所有制改革项目,可视为履行勤勉尽责义务,给予免责容错"。

根据这个规定,有三种原则性错误是不能容的!

原则性错误1:重大程序存在不合规行为。混改当中面临诸多决策程序。按规定,在企业内部决策环节、混改方案审批环节、国有企业产权价值确定环节、公开市场交易环节等四大核心程序里,都要严格按照政策规定进行。如果由于各种原因,出现了以上环节的程序不合规行为,这样的错误就属于原则性错误,是要追责的。

原则性错误2:方案内容出现重大偏差。混改的起点,是国有股权的多元化结构设计,有些伴随着核心层的长期激励设计,终点是企业的市场化机制改革。在这些领域里,虽然可以允许"法无禁止即可为",但是不能出现方向性的重大偏差。比如,国有股权设计方案里,对于商业二类企业,不恰当地使国有股权失去控股地位;再比如,在核心层持股方案里,造成对应的国有股权利益明显受损;等等。因而,混改的方案设计十分重要,必须避免类似的方向性问题出现。

原则性错误3:牟取非法利益行为。这个错误很明显。在国有股权的混改中,涉及公允定价问题,涉及关联交易产生的利益输送可能性问题,也涉及核心层持股中可能存在的国有资产收益权和控制权不恰当损失问题。

就此,《中央企业混合所有制改革操作指引》有明确的描述:"防止暗箱操作、低价贱卖、利益输送、化公为私、逃废债务,杜绝国有资产流失。"

这些情况后面,反映出来的是个别企业管理者的"侥幸心理"和"擦边球思想",希望利用政策的空隙,或者利用手里的职权,多牟取一些利益。

我们接触的实际情况是,多数最终出现"非法牟取利益"的追责案例,在开始和过程中,当事者都没有认识到问题的严重性,有时被改革的激情、利益的驱动和政策的空间所迷惑,最终导致不可逆反的后果,得不偿失。

◎ 容错区:三种伴生性问题

在上述混改三类原则性错误之外,我们就能讨论:如何为广大的国有企业家和管理者开辟改革的有利空间,激励大家不断创新变革?结合政策表述和我们的实践感受,混改当中的容错空间主要体现在以下这些方面。

**市场波动**

在国有资产定价方面,2057号文件首次提出,"对于按规定程序和方式评估交易的国有资产,建立免责容错机制,鼓励国有企业推动混合所有制改革"。

如果市场波动、行业变迁等各种不确定因素使国有企业资产在若干年后发生价值增长变化,与当年资产评估价值出现偏差,只要混改当时的企业估值程序和方式符合规定,就要免除企业决策者的后顾之忧。

**改革绩效不及预期**

改革总是要承担风险的,混改更是如此。我们反复强调过,一混就灵从不存在。一个设计初衷非常好的混改方案,在实施过程中会出现各种各样的影响因素。

有的时候,混改完成之后,由于市场和管理等因素,企业的业绩并没有像预期那样快速增长;有的时候,混改投资者与国企股东的合作并不像预期那样水乳交融,还时不时产生矛盾;有的时候,开展了核心层激励后带来新的矛盾和问题,比如对分红收益不满、对管理现状不满等。

这些问题，只能通过继续改革来解决，而不是通过推翻当初的混改设想来解决，所以是容错空间里重要的组成部分。

**改革过程中的细节安排不到位**

混改是一个系统工程，每一个步骤都涉及大量的利益平衡，也涉及广大国企员工的基本利益。同时，企业管理者又不是神仙，可以样样精通，有时在有限的改革时间里进行决策，势必对一些问题估计不足、对一些矛盾预判不够，事后造成新的改革问题。

比如，从混改方案的角度来看，详细的股权比例、股权多元化节奏和顺序考虑不周全，会导致未来的发展受到影响。

又比如，在混改企业的治理结构和市场化机制设计方面，出现新的矛盾和问题。

为了鼓励改革，这些问题都需要改革空间充分包容，给予理解和支持。

我们系统深入地分析"容错机制"这一混改的核心政策领域后，就能明白，什么样的错误可容，什么样的错误不能容，什么样的行为根本不属于错的范畴。我们只有划分清楚改革"禁区"和"容错区"，才能更好地推动混改前进。

## 12. 深圳国资国企改革政策有哪些新特色？

《中共中央、国务院关于支持深圳建设中国特色社会主义先行示范区的意见》赋予深圳这座中国改革之城、开放之城崭新的定位。

正当其时，《深圳市区域性国资国企综合改革试验实施方案》（简称"方案"）2019年由国务院国有企业改革领导小组第二次会议审议通过。这份纲领性文件，集中透视出深圳本地国资监管模式和国有企业集团发展路径的基本构想，值得细细品读。

区域性国资国企改革，是国家选择在东北、上海、深圳这三个典型区域，开展适应于本地、本土国有经济布局特点和国企发展情况的深化改革试点，是进一步推动国资监管和国有企业改革的重要组成部分。

深圳本次推出国企改革39条，正式完成了对本地国资国企改革的蓝图设计。这一整体蓝图的核心思想，可以用一个"金三角"来概括。这个"金三角"一共有三个边，代表深圳改革的三条主线（见图1-4）。

图1-4 深圳国企改革"金三角"

## ◎ 一体两翼

国资国企改革中面对的一个焦点性问题就是：一个地区的国有资本发展重点是什么？如何体现战略性聚焦，如何体现公共价值，如何推动地方经济？就此，深圳国企的答案是"一体两翼"。

所谓"一体"，是指"以基础设施公用事业为主体"。这和很多其他地区的国有经济布局是不同的。在东北地区，国有经济布局的核心领域是采掘、钢铁、装备等行业；在河北、山东地区，化工、钢铁等行业的经济成分较多；在重庆地区，也分布着众多细分行业的制造性企业。深圳的"一体"直接指明为"基础设施公用事业"，这标志着深圳国有经济特点和发展方向的差异性。

在深圳市国资委监管的 21 家一级企业集团中，主业分布于基础设施公用事业的企业达到 9 家，占接近一半的比例。这些深圳国企直接承担了飞机、港口、地铁等交通设施运营，水、电、热等基础产品供给，以及其他的公用事业职能。

深圳将基础设施公用事业作为未来国资布局的主干，充分说明深圳认为国有资本应该首先在市场失灵的公共产品领域发挥作用，发挥基础性和保障性功能，不是直接参与市场的竞争，而是为市场的发育提供一个良好的平台。这一点，值得我们深入思考。

所谓"两翼"，是指深圳要打出两个面向未来的拳头。其中，左翼是金融，右翼是战略性新兴产业。从发展的角度审视，金融和战略性新兴产业，又是深圳国资不可缺少的产业基石。

深圳是中国几个有规模的金融中心之一，特别的地缘优势使得这一特点十分鲜明。但是仔细观察，在这一金融中心里，中央部委主管的金融基础设施较多，中央企业的金融机构较多，新兴金融科技企业的金融产业延伸较多，但是本地国有的金融力量显得不足，这个短板需要深圳加快速度补上。

同时，作为科技和创新之城，深圳可以聚集全球的资源进行先进技术的研发和创造，在本地区内也大量存在着电子、通信、互联网、大数据、高端制造等产业集群，这也要求深圳国资有力量引导产业结构的发展和转型，在战略性新兴产业上做好导航员和孵化器。我想，这就是将战略性新兴产业作为深圳国有经济发展另一翼的原因。

一体两翼，比喻的是一只鸟。这种结构是能够起飞的基本配置。深圳的"一体两翼"，能够充分展现出市场化的导向，有所为、有所不为的国有资本定位思想，以及充分结合本地特点的实事求是作风。

◎ 1+1+X

说完国资布局问题，再来看国资监管模式。从国发〔2018〕23号文件开始，到国发〔2019〕9号文件，国家不断指明通过国有资本投资公司和国有资本运营公司等两类公司的建设，来推动国有资本监管体制的优化和完善。这一政策在各个省份正在落地当中。本次深圳改革，在这个领域进行了整体规划，简单来说，就是深圳版的"1+1+X"模式。

第一个1

深圳明确提出，以深圳市投资控股有限公司（以下简称"深投控"）为平台打造国有资本投资公司。深投控成立于2004年，是一家以科技金融、科技园区、科技产业为主业的国有资本投资公司和科技金融控股集团，现有全资、控股企业62家，主要参股企业32家。

深投控是比较典型的投资持股型集团企业，具有一定规模，产业涉足比较宽广，正好是国有资本投资公司的特点。未来，这家企业将加强国有股权投资、运作与管理，推动国有资本做强做优做大，目标是到 2020 年，力争成为世界 500 强企业、控股 10 家以上上市公司。

## 第二个 1

深圳市远致投资公司成为深圳第一家国有资本运营公司，目标是"打造全国国有资本运营公司标杆"。这家公司 2007 年 6 月由深圳市国资委主导发起成立，成为全国地方国资系统首家专业化国有资本运作平台。

根据本次改革方案，深圳远致投资公司将以并购重组、培育战略性新兴产业、战略性市值管理、发展产业基金为重点，推进市场化股权运作，全面提升参与市属国资整体资本运作的深度和广度，推动业务模式创新走在全国前列，赢利能力居全国领先水平。到 2020 年，公司力争总资产突破 1 000 亿元，新增 2~3 家控股上市公司。目标还是很有挑战性。

## 深圳的 X

深圳改革方案明确提出：到 2022 年，深圳国资国企系统将培育更多具有全球竞争力的世界一流公司，深圳市属企业总资产达到 4.5 万亿元，资产负债率保持在 65% 以下，全年实现营业收入 6 000 亿元，利润总额达到 1 000 亿元，净资产收益率位居全国领先地位。如果和 2018 年底相比，深圳国企整体收入规模提高 20%，资产规模增长 50%，还处于一个投入期和成长期。

深圳的目标是，打造一批国有大型骨干企业，力争形成 1~2 家世界 500 强企业，6~7 家资产规模超 1 000 亿元、2 家市值超 1 000 亿元的优势企业集团。谁能成为深圳国资的第一家世界 500 强企业？哪家上市深圳国企可以市值超过千亿？深圳的环境机遇是不少，就要看国企的行动力了。

## ◎ 上市公司

另一个国企核心问题，是关于国企改革方向。深圳国企改革方案，有一个反复提到的主题词——"上市公司"，它指明了深圳国企的改革未来是围绕资本市场展开和演绎的。

方案的内容说明，深圳要"依托国内外多层次资本市场，综合运用股权、基金、资金等运作方式，推进资源资产化、资产资本化、资本证券化，大力推动国有企业上市，创造条件实现集团公司整体上市，加大市场化并购上市公司力度，推动国有资产向上市公司集中，使上市公司成为深圳国有企业主要组织形式和管资本的重要载体"。"到 2022 年，每家市国资委直管企业原则上控股 1 家以上上市公司。"

深圳把国企改革和上市公司紧密连接，有历史基础。深圳市属国资资产证券化率已经达到 55%，深圳市国资委控股了 26 家上市公司，同时，深圳本地的各类上市企业多达 300 家，使深圳成为中国上市公司最集中的城市。这一点，我想很多内陆城市是无法效仿的。

深圳国企改革"金三角"模式，从国有资本的分布，到国有资本监管的格局，再到国有企业改革的方向，比较完整地阐述了深圳作为建设中国特色社会主义先行示范区，其国有企业改革发展的总体布局。

## 13. 上海国资综合改革政策有什么突破？

2019年9月初，在《深圳市区域性国资国企综合改革试验实施方案》正式披露后不久，另一个中国国企改革先锋城市上海全文公告了《上海市开展区域性国资国企综合改革试验的实施方案》（沪府规〔2019〕33号）（简称"上海33号文"）。一股新生的力量从黄浦江边涌来，加入这一轮持续深化国企改革的大潮。

在方案里，我们除了看到国资基本改革方向外，更看到在几处国企改革的核心政策领域，上海市做出了四项崭新的突破，充分体现出"改革试验"的意味。

◎ **政策突破1：员工持股政策**

上海33号文指出："扩大员工持股试点范围，允许整体上市或核心业务资产上市的企业集团经营管理团队和核心员工参与员工持股。适度调整员工持股企业与所在企业集团交易限制，在科技型、创新型企业适度放宽单一员工持股比例限制。积极探索员工以科技成果出资入股。"

我们认为，这是一项在员工持股方案上进行系统创新突破的政策。其核心是四个关键性问题。

首先是把员工持股的可行范围，从目前的国有企业集团下级单位、非上市公司，扩大和提升到有上市公司或者整体上市的国有企业集团，而不只是在三、四级公司进行，这大大扩大了员工持股在上海市核心国有资本布局产业的应用范围，也会有力增强这些企业核心层的活力。

其次是关于内部关联交易的前提条件得到优化。之前颁布的员工持股政策规定，可以设计和实施员工持股机制的企业，在本集团内部的关联性收入必须低于10%。这次上海提出"适度调整"这一比例限制，可以帮助更多、更好的国有企业借助于本集团的支撑，进一步游到市场竞争的海洋中。

再次是放宽单一员工持股比例。规定混合所有制企业开展员工持股试点的国资发改革〔2016〕133号文件，明确了进行员工持股，每个员工持股比例不得超过总股本的1%。本次上海市的新政策，将适度放宽这1%的持股上限规定，我们认为可以更大地激发管理层的积极性。

最后是探索员工以科技成果出资。员工持股在实践中不时产生企业需要的核心技术人才或者团队由于自身资本不够、融资能力有限等原因"买不起、投不起"的问题。上海的新规定，提到可以用科技成果出资，这就大大放宽了员工持股的对价空间，有利于国有科技型企业与核心技术骨干一同长期成长。当然，如何来对科技成果进行价值评定，是能否实施这一政策的关键后续问题。

## ◎ 政策突破2：上市公司股权激励

上海33号文规定："鼓励国有控股上市公司实施股权激励，依据行业特点合理设置业绩考核指标和条件，放开股权激励收益水平限制。遵循中央关于完善国有金融资本管理指导意见的精神，在上海地方国有金融上市公司探索股权激励试点。"

我们先来说一下什么是"股权激励收益水平限制"。2006年国资委和财政部颁布的《国有控股上市公司（境内）实施股权激励试行办法》规定，"高级管理人员个人股权激励预期收益水平，应控制在其薪酬总水平（含预期的期权或股权收益）的30%以内"。

根据这个规定，上市公司进行股权激励，高级管理人员获得股权增值的收益，应该是在年度总收入的1/3以内，客观地说，这样的股权激励从长期而言，效果是有限的。因而，本次上海政策放开了这一限制。

◎ **政策突破3：创投企业国有资产**

上海33号文有这样一段："在完善国有创业投资企业市场化跟投机制前提下，优化评估管理，允许采用估值报告，实行事后备案制度；优化交易方式，允许事前约定股权退出。"

创投企业，作为一种新的投资孵化模式，正在大量的国有企业集团中不断成长，但是在业务执行过程中，确实遇到一些从前国有资产管理和国有资本交易规定里没有涉及的新问题。

比如在资产评估方面，根据国有资产评估的相关规定，一家企业需要利用重置成本法和收益现值法等方法进行评估，综合选择定价。这种规定对于成熟的大企业、传统企业有效，但是创投企业要面对大量的创新创业企业、高科技公司，这类企业目前净资产虽然很少，但未来预期增长很快，对这类企业这样的评估方法就显得不是很适用。这一次，上海33号文明确提出创投企业如果实施了跟投对赌机制，就可以依靠市场通行的"企业估值报告"，进行国有资本的投资活动，这是向前迈进了一大步！

事前约定股权退出，也是对目前国资交易规定的突破。目前的规定是，国有股权转让，需要经过国有产权交易市场挂牌竞价，之后再优先选择股权受让方。这样的规定对保护正常流转的国有资本有效，但是对于国有创投公司实现资本流动和股权风险控制就不太适用。所以，上海这次的政策突破也很及时。

### ◎ 政策突破 4：技术产权转让

上海 33 号文在技术成果转让方面，也做出了创新性规定："实施企业国有技术类无形资产交易制度改革，开展非公开协议转让试点。探索建立知识产权归属和利益分享机制，约定职务发明中知识产权权益归属"。

技术创新越来越成为中国社会发展的基础推动力，在此背景下如何推动国有技术资产的交易和流动，是政策制定时面临的一大课题。当下政策存在的"估值难度大、挂牌交易时间长、交易成本高、允许协议转让范围小"等问题，需要通过政策创新来解决。就此，上海本次提出"开展非公开协议转让试点"，能够帮助寻找有效的解决方案。

总的来看，上海最新公布的 33 号文件，四大政策突破描述细致清晰，政策着力点明确，点穴准、力道够，期待能够打开国有企业改革一片新天地。

## 14. 如何理解《中央企业混合所有制改革操作指引》?

2019年11月8日,《中央企业混合所有制改革操作指引》(下文亦简称《指引》)正式颁布,为正在改革春天忙碌的广大中央企业和下属公司,乃至全国的国企改革,带来了一份系统、深刻、可实操的政策文件。广大国企改革朋友如何深入理解其中的核心要义?又如何把握中央政策和本公司改革实践之间的钩稽关系呢?

《中央企业混合所有制改革操作指引》系统传递了四方面的改革基本精神,就像四盏航标灯一样,是广大国企改革方案设计、落地以及长期成败的重要方向定位,它指明航路,帮助企业顺利抵达彼岸。

◎ "引导"航标

《中央企业混合所有制改革操作指引》是一份具有引导力的指引文件,这也是《指引》这类政策的应有之义。混合所有制改革,涉及国有资本和民营资本、集体资本、外资以及其他市场化混合资本的股权结合、产业结合和管控结合,对具体的国有企业来说,涉及"我能不能改?""我如何设计改革方案?""改的时候核心边界在哪里?""改的程序是什么?""改了之后如何衡量成败?"等等基本问题。《指引》给出了详细的答案。

**混改的基本原则是什么?**

概括起来叫作"三因、三宜、三不"。三因,是指"因地施策、因业施策、因企施策"。三宜,是指"宜独则独、宜控则控、宜参则参"。三不,是指"不搞拉郎配,不搞全覆盖,不设时间表"。

以上 39 个字，是国企混改的基本要求和基本原则，这些要求和原则背后的共同点是什么呢？那就是四个字——实事求是。

混改原则 39 字告诉我们：一是要充分认识到混改要面对的地区差异、行业差异和企业特点差异，没有放之四海而皆准的方案，只能个性化思考和设计；二是要充分认识到本次改革中国有股权的比例设置具有多种选择，有的企业适合国有独资，有的企业适合国有参股，要根据不同的产业特点和企业战略需要进行混改股权设置；三是要充分认识到国企混改是一次市场化过程，不是行政指令型的安排。混改的"婚姻"要市场来定，混改的比例要市场来定，混改的进程也要市场来定。

**混改的核心步骤**

对于混改的步骤，之前有很多不同的解读，《指引》明确，混改有六个核心步骤，中央企业需要严格执行。

这六个核心步骤包括：可行性研究（战略筹划），制定混合所有制改革方案（顶层设计），履行决策审批程序（行为认可），开展审计评估（价值评定），引进非公有资本投资者（战投寻找），推进企业运营机制改革（市场改革）。

六个核心步骤的提出，再次告知国企决策者，混改是一个系统化、长周期的改革过程，也是一个要从战略思考、顶层设计，到规范权限、法定认可，再到市场估价、市场"联姻"，最终通过机制改革、绩效提升实现落地的全过程。混改不是一个行政指令、随性而为、简单股改、换汤不换药的试验。

**混改的中长期激励作用**

《指引》再次明确地指出了推动企业增强活力中，正向激励特别是中长期激励的政策价值："统筹推进上市公司股权激励、科技型企业股权分红、员工持股等中长期激励措施，用好用足相关政策，不断增强关键核心人才的获得感、责任感、荣誉感。"

"用好用足"，是给广大国企的明确引导词。

什么是"用好"？就是充分考虑本企业的行业特点、资本特点、人力资本特点，选用不同的中长期激励政策。从目前已经实行的中长期激励政策来看，上市公司及下属企业可以选择限制性股票、股票期权，科技型企业有分红权激励，其他未上市企业还能够考虑核心层持股。

什么是"用足"？这说明目前阶段中央企业下属公司层面，还有很多可用的激励性政策没有用起来，还有一些可以推动中长期激励创新的企业没有行动起来。"用足"就是要鼓励这些企业积极思考，大胆探索和实践。

◎ "规范"航标

《中央企业混合所有制改革操作指引》整体是一份规范性政策文件，从混改各个核心步骤的操作规范，到几个重大问题的执行规范，都给出了清晰的边界说明，做到了"规则公开"。

混改中面临的首要问题是国有股比如何界定。就此，《指引》给出了"分类推进混改"的明确边界，即指出商业一类和商业二类的股权区别，以及市场竞争和战略产业的区别。

这里包括四种情况：

- 充分竞争行业和领域的商业类国有企业，也就是商业一类，国有资本宜控则控、宜参则参。

● 重要行业和关键领域的商业类国有企业，也就是商业二类，保持国有资本控股地位，支持非公有资本参股。

● 公益类国有企业，具备条件的，有序推进。

● 国有资本投资、运营公司，自身是全资国企，所属企业积极推进混改。

同时，《指引》也明确，混改属于"三重一大"决策范围，需要按程序和授权报批。

"拟混改企业属于主业处于关系国家安全、国民经济命脉的重要行业和关键领域、主要承担重大专项任务子企业的，其混合所有制改革方案由中央企业审核后报国资委批准。""其中需报国务院批准的，由国资委按照有关法律、行政法规和国务院文件规定履行相应程序。""拟混改企业属于其他功能定位子企业的，其混合所有制改革方案由中央企业批准。"

◎ "实操"航标

混改是一项政策性和实操性都很强的改革工程。《指引》利用很多篇幅，具体地说明了在一些实操方面的解决方案，充分体现了这是一份有高含金量的"操作指引"。

### 混改方案制定有哪些核心要件

混改企业前期的中心工作，就是要完成混改方案。那么，一个科学、规范、可获得批准的混改方案包括哪些核心内容呢？

《指引》给出了标准答案，说明混改方案核心要件一共有 13 项："拟混改企业应制定混合所有制改革方案，方案一般包括以下内容——企业基本情况，混合所有制改革必要性和可行性分析，改革基本原则和思路，改革后企业股权结构设置，转变运营机制的主要举措，引进非公有资本的条件要求、方式、定价办法，员工激励计划，债权债务处置方案，职工安置方案，历史遗留问题解决方案，改革风险评估与防范措施，违反相关规定的追责措施，改革组织保障和进度安排等。"

这个核心要件的提纲，会给企业改革部门带来很大的操作便利。

### 混改时如何进行资产和业务的重组、剥离和整合

国企由于历史发展中的综合因素，在进行包括混改在内的股权改革时，或多或少都涉及业务梳理和整合、资产边界和权属、组织体系和人员调整等三大结构性优化问题。这时，就出现一个问题："能不能像 IPO 上市工程那样进行资产和业务的整合？"

就此，《指引》给出了明确的操作答案："企业实施混合所有制改革，应合理确定纳入改革的资产范围，需要对资产、业务进行调整的，可按照相关规定选择无偿划转、产权转让、产权置换等方式。企业混合所有制改革前如确有必要开展清产核资工作的，按照有关规定履行程序。"

这段规定说明，国企混改过程中，能够并且应当根据战略发展需要进行业务调整和资产优化，这个调整应该是"合理的"。具体的模式，可以是国有企业内部资本运作中常用的无偿划转或者是市场化交易常用的产权转让，或者复杂一点是涉及多项资产和业务的产权置换等形式。

### 混改中的增资和股权转让两种方式如何进行配合

通常的观点认为，国企混改是一个增量改革的过程，具体体现在方案上，那就是通过增资的方式，吸引新的投资者来做大增量。

实际操作过程中，国有股东产生一个新问题，那就是：能不能一方面

增资，另一方面把一部分股权转让？这样做，可以做大混改企业资本规模，同时可以帮助国有股东实现部分投资的回报和增值。

《指引》就此问题给出了操作答案："企业增资与产权转让同步进行。企业混合所有制改革后继续保持国有控股地位的，如增资过程中国有股东拟同步转让其所持有的少部分企业产权，统一按照增资流程操作，产权转让价格应与增资价格保持一致。"

## ◎ "创新"航标

《中央企业混合所有制改革操作指引》不但是一个规范的新航标，而且是一个创新的新航标。我们欣喜地看到，《指引》在混改企业管控模式等方面提出了崭新的思路，这些新思路为国有企业正确思考混改后的企业管理方法提供了重要的方向。

### 观念贡献

先改观念，再改行动。

《指引》指出，"中央企业要科学合理界定与混合所有制企业的权责边界，避免'行政化''机关化'管控，加快实现从'控制'到'配置'的转变。国有股东要在现代企业制度框架下按照市场化规则，以股东角色和身份参与企业决策和经营管理，不干预企业日常经营"。

从控制到配置，这是一个重大的概念性创新。要提倡市场化的规则，提倡公司治理上的优化，减少或者避免"行政化""长官化"。

### 股比贡献

没有股比的扩大，就难有治理上的制衡，就很难有市场的管控。这一点得到了《指引》的充分响应。

《指引》指出，"制定方案过程中，要科学设计混合所有制企业股权结构，充分向非公有资本释放股权，尽可能使非公有资本能够派出董事或监事"。

这个政策规定，是从混改企业发展的角度，得出需要在混改股权设置中充分释放股权，让其他投资者通过更大的股比来实现管控权力的行使，并且明确鼓励这些外部投资者参加企业董事会，进行决策。

**模式贡献**

《指引》在混改企业管控模式方面，提出了一些富有新意的思路。

比如，把章程放到一个新的重要高度上，改变这个文件之前只是标准注册文本的局面。"混合所有制企业要完善现代企业制度，健全法人治理结构，充分发挥公司章程在公司治理中的基础性作用，各方股东共同制定章程，规范企业股东（大）会、董事会、监事会、经理层和党组织的权责关系，落实董事会职权，深化三项制度改革。"

再比如，提出"派出股权董事"概念，明确国有股东在混改企业管控权力的边界和约束。"转变混合所有制企业管控模式，探索根据国有资本与非公有资本的不同比例结构协商确定具体管控方式，国有出资方强化以出资额和出资比例为限、以派出股权董事为依托的管控方式，明确监管边界，股东不干预企业日常经营。"

2019年是国企改革的春播年，我们相信，有了《中央企业混合所有制改革操作指引》这份政策文件，未来几年的国企改革会从春种顺利转向秋收，在高质量发展的国家新征程中产出丰盛的果实。

## 15. 如何理解"双百工程"的目的和政策空间？

"双百工程""双百企业"，从 2018 年 8 月份开始，逐渐成为国企改革的热词。在国务院国资委的整体推动下，以这批企业的综合改革为基础的国企改革工程，正在成为新时期国企竞争力提升的代表性事件。

大家关注"双百工程"，因为这是一项由国务院国企改革领导小组审议通过、由国资委牵头组织推动落实的全国性改革试点，既有自上而下的顶层设计，又有数百家入选企业个体创新。这样的改革工程，从历史上看，在过去十多年时间里是第一次；从范围上看，也具有典型代表意义。我们要做好"双百企业"改革，学会"双百经验"，就需要先深刻理解这项工程的政策环境，透视政策空间。

### ◎ 双百政策空间

#### 双百没有单独政策

"双百企业"有新的优惠改革政策吗？"双百企业"要进行的是综合性改革，在政策层面，基本意图是将党的十八届三中全会以来的"1+N"国企改革相关配套文件的内容落实好，充分用起来。"要努力使国企改革各项政策要求'一竿子扎到底'，打通改革推进的'最后一公里'，让好政策发挥倍增的效用"。

所以，和其他顶层设计的改革相比，"双百工程"不是政策设计阶段的改革，而是政策落实细化并观察效果阶段的改革。

### 双百政策指向性明确：现代化、市场化、有活力

虽然如此，"双百企业"改革作为一种改革的顶层设计，本身却具有强烈的试点意味和示范效应。本次改革明确指出在入选企业里推动"五突破一加强"，充分说明了国家力推国有企业在这些方面步子更大一些，力度更大一些，进而增进中国经济发展，并助推经济转型和结构调整。

"双百企业"的综合性改革，并不是"花开两头，各表一枝"，而是具有明显改革导向性。我们认为，这种导向性与1990年代以来的国有企业市场化改革和股权多元化建构一脉相承，是持续推进中国国有企业的现代企业制度建设，推进和提升国企的市场化水平，以及从内部有效激活以干部职工队伍为目标的综合性改革工程。所以，凡是符合这个基本指向的改革方案，都应该是综合性改革欢迎的改革思路。

### 双百政策落地：鼓励基层创新

就此，各级国资领导分别在不同场合强调，"要支持鼓励'双百企业'大胆探索、锐意创新，充分激发企业改革发展的内生动力，充分调动广大干部职工的积极性、主动性"。

"要指导'双百企业'根据各自功能定位、行业特点、发展阶段和竞争程度等实际情况，将自身存在的问题、改革的目标与我们的'政策包''工具箱'以及其他企业的成熟经验做法实现精准对接、系统集成，从而实施个性化、差异化、多样化的综合性改革。通过开展'双百行动'，要让'不想改'的主动作为、投身改革，让'不敢改'的卸下包袱、迎难而上，让'不会改'的对标先进、学习借鉴，彻底打破'抱残守缺'思维，彻底解决'沉疴痼疾'。"

通过这些讲话文字，我们能够清晰地感受到，尊重"双百企业"和其

他国企的基层一线创新和实际情况，设计有针对性的改革措施，是本轮"双百工程"的又一政策特征。

## ◎ "双百企业"改革走向

全国范围的"双百企业"改革，目前才处于起步的阶段，未来"双百企业"将通过个性化改革方案设计和审批、改革实施和监测等不断优化与检验改革的成果。那么，未来的"双百企业"改革将可能有哪些趋势呢？

**示范和推广**

已经入选的450家"双百企业"，总数仅占国有企业的极小比例。未来，随着双百经验的总结和完善，双百的标杆企业经验也会帮助更大范围内的国有企业推动市场化机制改革。同时，包括任期制与契约化管理、职业经理人制度、市场化激励约束机制、股权多元化等在内的单项优秀改革实践，也在试点基础上具有进一步推广的空间和条件。

**从下级企业推向集团性公司**

目前，多数开展"双百企业"改革和混合所有制改革的试点企业都是国企集团二级、三级或类似的企业，而且通常是那些资产包袱不重、业务居于辅助地位或者新兴领域的部分。这些下属企业搞改革难度不高，又迫切需要市场化改革，所以将其第一步拿出来总结经验。这是管理逻辑所在。

如果中国的国有企业都要学习"双百企业"改革的成功经验，我们认为，必然面临如何将下属"双百企业"的实践推广到整个集团公司层面，同时在核心主业的部分进行改革。新的问题和挑战会出现，但改革的路径当不能改变。

### 产权改革和机制改革将更紧密结合

"双百企业"改革强调机制突破和产权改革同等重要。

"双百工程"里谈到了很多机制变革,比如治理机制的现代化、市场化激励模式、职业经理人制度体系等,如果没有在股权结构上的多元制衡,可能就没法让"双百企业"从整个大国企的垂直管控体系中脱离出来,从而导致改革的初衷落空。所以,"双百工程"未来更需要实现产权改革和机制改革相统一。"双百行动"发展基金,正体现了强化股权改革和机制改革结合的趋势。

## 16. 全国各省份的混改政策都有哪些新进展？

伴随着中央改革政策体系的系统性完备，各地在贯彻落实中央国企改革政策的基础上，根据各地实际情况逐步完善国企改革政策内容，并形成具有地方特色的政策体系。从地方国企改革的区域特点来看，上海、广东等地是国企改革先行区域，国企改革政策制定实施步伐较快；而北京、天津、山西、辽宁、浙江、江西、山东、陕西等地正加快国企改革进程，是国企改革动作突出区域。各地政策难以——列举，这里简单说明几个典型省份的政策进展。

◎ 北京

国企改革顶层设计发布以后，北京基于大量优质国有资产，循序渐进地健全改革政策，引导国企改革深入进行。

第一，以混改为起点，改革政策体系持续健全。北京国企改革依次在推进混合所有制改革、完善国有资产管理体制、健全企业法人治理结构等方面进行重点推进。

第二，积极探索集团层面混改。在推进混合所有制改革方面，北京国企改革重点引导各级子公司层面混改，并探索推动集团层面混改。

第三，在完善国有资产管理体制方面，重点在于引导国有企业确立市场主体地位，保障企业经营自主权。

第四，在健全企业法人治理结构方面，重点在于健全国有独资公司董事会运行机制。

第五，国企混改更加注重国有资本效率提升，而不是混改数量。未来将在更深层次、更大范围推动市属国企的高质量改革。

◎ 天津

2014年以来，天津加快国有企业改革的步伐，市委、市政府不断设计和健全顶层政策。目前，天津"1+N"配套文件体系已基本建设完成，为进一步加速推进国企改革提供政策基础。天津国企改革政策体系的主要特点有以下几个方面：

第一，以健全市场化经营机制为重点，国企改革政策体系基本健全。天津市国企改革政策体系形成过程依次是完善市场化经营机制、推进混合所有制改革、健全激励约束机制、解决历史遗留问题、健全企业法人治理结构。

第二，职业经理人和市场化选聘政策方面突出。在完善市场化经营机制方面，重点在于推行职业经理人和市场化选聘经营管理者。

第三，积极推进集团层面混改。在推进混合所有制改革方面，重点在于推动集团层面混改。

第四，在健全激励约束机制方面，重点在于企业业绩考核和收入分配以及国企工资决定机制健全等。

第五，在健全企业法人治理结构方面，重点在于规范董事会建设。

◎ 山西

山西国有企业资产占到了全省企业的2/3，其中煤企的比重又占国企的1/3。因此，根据山西国企发展特点，其国企改革在顶层设计方面也具有特殊性。

第一，国企改革政策体系基本明确。山西明确了国企改革的政策体系框架，包括完善国有资产管理体制、推进混合所有制改革、健全企业法人治理结构、完善市场化经营机制、健全激励约束机制、解决历史遗留问题、加强党的领导等方面。

第二，以健全企业法人治理结构为起点，国企改革政策体系持续健全。主要在健全企业法人治理结构、完善国有资产管理体制、推进混合所有制改革、解决历史遗留问题、加强党的领导等方面完善政策体系。

第三，近年来，逐渐加大推进混合所有制改革、完善国有资产管理体制、健全激励约束机制等方面的落实力度。

## ◎ 上海

从国企改革的历史看，上海在我国国企改革中一直充当先行者的角色，上海国企改革政策较为完善与系统，具有较强的引领作用和示范作用。

第一，以完善国有资产管理体制为起点，国企改革政策体系基本完备。从上海主要政策的发布时间顺序来看，政策体系主要包括完善国有资产管理体制、推进混合所有制改革、健全激励约束机制等方面，并具有创新性的探索与实践。

第二，国企深层次混改是重点。推进混合所有制深度改革是上海国企改革的重点工作，尤其是在混改顶层设计及实际操作方面，以及员工持股方面进行了更为明确的规定。

第三，未来，国企综合改革是趋势。未来国企改革的落脚点之一是推动国企综合改革，进一步放大改革效应。

## ◎ 山东

山东是我国国有资本大省，国企改革制度设计起步早、任务落实进展快，且始终坚持探索创新。山东国企改革政策特点有以下几点：

第一，以完善国有资产管理体制为起点，国企改革政策体系主次明确，基本完备。山东国企改革政策，主要以完善国有资产管理体制、推进混合所有制改革为重点，同时关注健全企业法人治理结构、解决历史遗留问题等方面。

第二，国有改革政策建设快，政策效果逐渐显现。尤其是在组建改建国有资本投资和运营公司、规范董事会管理、推进经营层人员契约化管理、国有资产统一监管等方面已经取得显著的政策导向效果。

## ◎ 广东

在国企改革的浪潮中，广东一直走在全国国企改革前列。广东通过健全完善国企改革的政策体系，以政策促进改革，取得了明显的改革成效。广东国企改革政策体系主要特点有以下几点：

第一，以问题为导向，完善国企改革政策体系。广东省国有企业具有总体规模庞大、企业数量众多、单个企业规模相对较小、外部竞争压力大等特点。在国企改革政策上，广东结合当地实际情况，在出台政策时以问题为导向，健全完善国企改革政策体系。

第二，以健全激励约束机制为重点，国企改革政策体系基本完备。广东依次在健全激励约束机制、推进混合所有制改革、完善国有资产管理体制、加强党的领导等政策方面进行健全完善。

第三，着力推动国企综合改革，通过国有资本投资、运营公司建设，促进国有资本产业结构优化。2019年，广东明确了国企改革的重点方向是综合改革，重点强调完善国有资产管理体制，尤其是国有资本投资、运营公司改革工作的顺利推进。

第 2 章

# 混改战略

## 17. 混改设计和实施的整体蓝图是什么？要考虑哪些因素？

混改不同于一般的国企改革。它突出的特点是系统性强，涉及企业发展、投资与股权、财务与资产、管控和管理、组织和人才等方方面面。一项成功的混改，应该是一个系统设计、体系化实施的完整过程。

每家企业在设计自身改革框架时，有没有一个可以参考的整体思考框架或者改革蓝图？在这个架构中有哪些必须解答的问题需要给出答案呢？

知本咨询有一套国企混改系统论（见图2-1）。

**混改战略** （A）
为什么要混改？
混改要防范何种风险？
选择什么业务进行混改？
员工安置重点是什么？

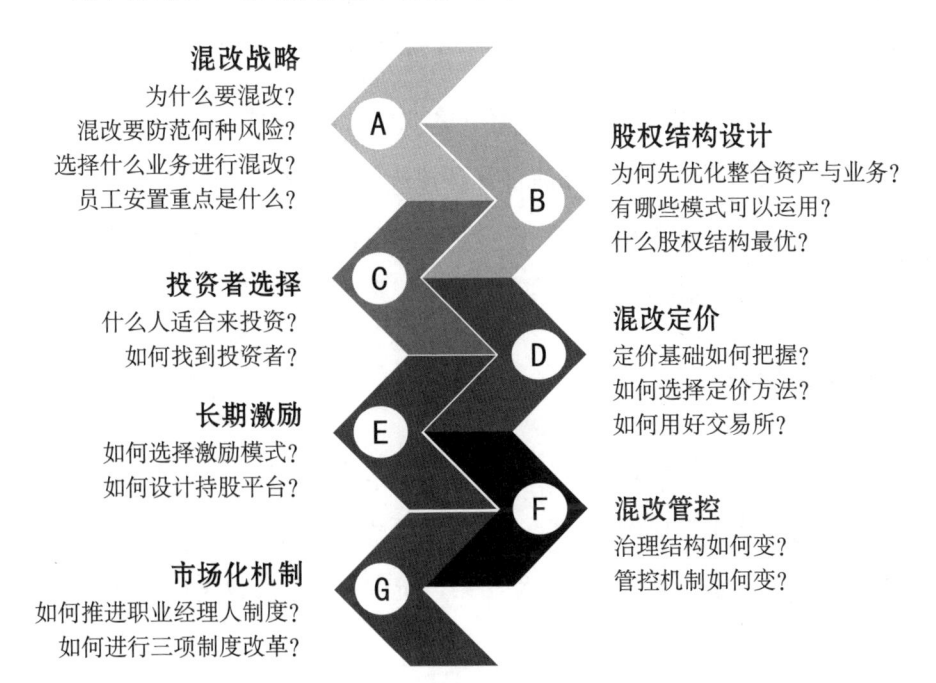

**股权结构设计** （B）
为何先优化整合资产与业务？
有哪些模式可以运用？
什么股权结构最优？

**投资者选择** （C）
什么人适合来投资？
如何找到投资者？

**混改定价** （D）
定价基础如何把握？
如何选择定价方法？
如何用好交易所？

**长期激励** （E）
如何选择激励模式？
如何设计持股平台？

**混改管控** （F）
治理结构如何变？
管控机制如何变？

**市场化机制** （G）
如何推进职业经理人制度？
如何进行三项制度改革？

图2-1 知本咨询国企混改系统论

作为一项系统复杂的工程，混合所有制公司改革的成功关键在于七大核心领域方面的联动成功调试，涉及对18个关键问题的回答，只有这样才能保证混合所有制改革的结果和其目标的一致性。下面依次做简要说明：

◎ 混改战略

第一是战略层面，"为什么要混改"这个战略问题是很多企业容易忽视的根本问题。企业在进行混合所有制改革之前，首先要想清楚混合所有制经济能够为企业带来的价值是什么。我们发现，有不少企业推动混改时，并没有将混改和集团战略的关系思考清楚，导致一些不可逆问题的产生。

更加重要的是，每家企业的情况不同，混改在带来战略性作用的同时，可能也会产生一些伴生性的问题，或者是产生新的风险，如果没有思考明白并制定好应对措施，结果可能不尽如人意。

另一个要回答的问题是，"选择什么业务进行混改"。国有企业很多都进入了集团化时代，一家企业通常有多种业务，由多家下属公司、大量人员和组织构成，在这个复杂体系中，什么样范围的混改才是比较好的选择呢？这是每家企业必须应答的问题。

◎ 股权结构设计

第二是股权结构设计问题。混合所有制改革怎样做出最优的模式设计以有效避免对未来造成潜在风险，是必须思考的问题。企业一旦"离婚"，将导致财产权、企业管理的崩溃性结果，所以一开始股权结构的设计显得尤为重要。

同时，企业要回答好业务、资产和组织重组过程中需要解决的问题。国企改革中不可避免涉及企业内部的资源重组，如何建构新的混改企业业务和组织，匹配国有资本，这些细节设计需要在结构思考里进行详细安排。

◎ 投资者选择

第三是投资者选择问题。对于企业来说，投资者的合理选择能够在很大程度上帮助企业实现资源搭配和优势互补。

这里面至少有两大难题需要破解。首先是什么样的投资者是与企业的实际情况匹配的，如何客观评价和筛选。其次是通过什么样的方法，才能找到这样的令人满意的投资者，与企业结缘。

国企混改的实践说明，投资者难找是目前的一大挑战和难题。很多国企有了不错的混改方案，但是由于投资收益、管控权力等多种问题，最终没有办法使混改落地，不禁让人惋惜。

◎ 混改定价

第四是定价问题。混合所有制改革无论是增资还是出让股权都涉及核心的交易定价。交易定价一不能出错，二不能违规，三不能贱卖，四定得过高没人要，怎样妥善地解决定价问题也是需要关注的重要问题。

定价过程涉及与审计、评估和国有产权交易机构的合作，以及合理确定每个专业机构工作的标准、参数和协同，这些问题只有经验丰富的人才能解决。

◎ 长期激励

第五是长期激励问题。不同的企业，如何选择与自身条件匹配的长期激励方式，在操作过程中如何具体落地，这些问题都是需要详细思考和确认的。

## ◎ 混改管控

第六是管控问题。对于混合所有制企业来说，从全资公司变为多元股东的结构，必须解决好治理结构和机制的转变问题，通过新的管控体系来替代或者优化原来全资职能系统的垂直管理模式。

## ◎ 市场化机制

第七是市场化机制问题。在董事会治理模式完成后，还需要思考经理人角色和市场化机制的配套问题，通过市场化选聘、契约化管理等方式，实现经理层为股东层更有效地服务。

市场化机制还涉及诸多国有企业的组织和人才机制构建，这里面包括劳动、用工、分配三项制度改革，包括内部的激励约束机制完善等。这些问题，都需要在本部分加以回答。

以上就是我们所说的混合所有制改革的七大关键点。对企业来说，混合所有制既要制定合理战略，也要实现合适的股权结构设计；既要选择互补投资者为企业增长注入新活力，也要选取合适定价机制制定合理价格；既要选择与自身条件匹配的长期激励方式，也要做好管控，还要考虑市场化机制问题。混改任重道远，把握好这七个关键点是成功的关键。

## 18. 混改为什么需要从战略规划开始？

战略规划，用于解决一家企业未来的谋篇布局问题，说明将来的发展思考和经营预期。对于混改而言，它有三个非常重要的核心作用力。

◎ 投资者作用力

2019年1~12月，国内35家国有产权交易机构一共有3 050个挂牌进行增资或者股权转让的国企项目，在这段时间内正式披露的成交项目只有1 321个，整体项目成交率尚不足50%。也就是说，有一半项目在最后没能找到投资者或者接盘人。

为什么呢？投资者要么是认为项目的投资收益达不到自己的预期，要么是认为股权比例过低，管理权得不到保障。其实，核心还是一个投资收益率的判定问题。

为什么很多混改企业没法达到投资者的收益要求呢？是不是因为企业的效益和资产确实不行？我们想说，有这方面因素，但更主要的因素是，混改企业没有站在一个巨变和发展的新高度上重新审视自己的未来，进一步明确自己的发展规划，进而让投资者认识到企业的真正价值和潜在投资收益率。

而要做到这一点，需要的是切实对企业进行深入的战略规划，把企业的思考和未来的变化告诉投资者——"我们这家公司在混改后，将会变成一种什么样子"，通过战略规划，使投资者明确自己的预期投资收益率，而不只是将焦点集中于现在这家企业是什么情况。

可以说，战略规划是吸引到投资者的核心基础保证。

## ◎ 持股员工作用力

不少混改企业都希望在过程中配套进行核心层持股模式的长期激励。初衷本来极好，但是不少企业在和员工沟通的时候被浇了一盆冷水。员工反映，"不好意思，感谢领导关心，我没兴趣投资入股"。这种不愿意持股的想法使得长期股权激励变得十分苍白无力。

为什么会这样呢？很简单，员工是内部人士，对企业的前景不看好，也不愿意为此和企业利益绑定。

解决这一问题的方案只有一个，那就是让员工真切体会到未来企业的发展和过去是不同的，是大有希望和空间的，实现的方法就是——"战略规划"。

## ◎ 国有股东作用力

每家企业都需要战略规划，当某家企业要混改时，其迫切性就更大。特别是一家国企集团的下属公司希望自己的混改方案能得到母公司理解和批准时，就更不能缺失战略规划的作用。

混改企业之前多数是全资的国企集团下属公司，业务或多或少都需要母公司支持，混改了，股东更多了，自然不能靠啃老度日，更加需要一项面向市场的战略规划来对双方股东负责。

说得直白一点，国有股东需要知道，"之前全资企业时，你是这样的企业；现在你准备混改了，国有股东的持股比例会下降，外部股东和核心层持股了，如果你的发展和业绩还是老样子，那么我国有股东的收益在哪里呢？我为什么要批准这个没有好处的混改方案呢？"

要清晰地解答国有股东存在的这个疑问，必须通过翔实的规划和分析，让大家确认企业未来的发展将会与目前大为不同，从而实现双赢甚至是多赢。

所以说，一项战略规划，对于混改企业的投资者、持股员工、国有股东都有无法取代的核心作用，请各位朋友务必高度重视。

## 19. 混改能够帮助国企达成哪些战略目标？

混合所有制改革中的战略问题是根本问题，战略制定对改革成败产生直接影响。清晰的战略定位是企业实现协同机制的前提，也是混合所有制改革真正做到提高企业经济效益的前提。

而谈到混改战略，企业首先应该想明白的是，混合所有制改革这一资本性、业务性扩张活动能够为其带来何种价值。我们认为，混改至少可以在三个方面为国有企业创造价值。

◎ 聚合产业资源，落地成长战略

任何公司都有扩张需求，扩张过程中资源的获取十分重要。一个公司在整个产业链的扩充只依靠自身的力量往往是不够的，而混合所有制改革恰好能够为企业提供嫁接其他企业产业资源和运营能力的机会，帮助其聚合产业资源，落地成长战略。

百联集团和阿里巴巴的联手很好地反映了这一点。作为中国超市企业巨头，百联集团选择国内电商巨头阿里巴巴进行战略合作，正是因为阿里巴巴的大量线上资源可以与其丰富的线下资源进行对接，实现线下与线上、实体与网络之间边界的打通，进行产业资源置换互补。对具有线下实体门店优势的百联集团来说，阿里巴巴能够弥补其线上能力；而对于阿里巴巴来说，百联集团的线下资源能为其线上电商运营提供很好的实体资源。

另一个例子是东航集团。东航集团混合所有制改革的标的是东航物流——东方航空的货运业务。东航集团为什么要选择东航物流来进行改革？这是因为东航集团的物流业务面临内忧外患：一方面，中国民航货运行业面临运货量增加但运价下跌的窘境；另一方面，顺丰等快递公司的物流业务对航空公司的货运业务产生很大的市场挤压。此次东航物流混改的投资方为联想控股、普洛斯、德邦物流和绿地金融。东航物流本身拥有物流行业稀缺的航空货运资源，此次与几家公司的联手更是实现优势互补，产生战略协同，为其打通国内航空货运、地面快递网络、物流地产和电商平台等多个航空物流产业链的上下游资源提供了条件。

◎ **改善资本结构，推动企业上市**

国有企业进行混合所有制改革可以帮助其优化现有资本结构，为企业带来增长新动力，注入发展新活力，进而推动企业实现改制上市。

具体来说，企业的发展都需要资本的助力。如果一家国有企业的发展受制于资本瓶颈，那么通过有效的混改，可以吸引到更多的外部资本。同时，混改和股权多元化，本身和企业重组上市的过程是不谋而合的。如果将上市前的股权多元化和未来直接通向资本市场结合在一起，肯定对企业成长大有好处，同时也能提升企业在混改中的核心竞争力和对投资者的吸引力。

中石化销售公司的混合所有制改革于2014年7月完成。这次混改，中石化引入了约1 000亿元现金的社会资本，有力助推了企业的成长。在过去的几年中，中石化实现了其业绩的持续提升。据其公布的数据，2014年至2016年，中石化销售公司销售量复合增长率为43.3%。这张令人欢喜的成绩单背后的推动力是其混合所有制改革中25个外部投资者引入的新兴非油品业务在其销售体系中的大规模增长。目前，中石化销售公司已经改组为股份公司，在为上市做紧锣密鼓的准备。可见一次好的混合所有制改革能够在改善企业资本结构的基础上为企业带来新的发展机遇，从而对绩效产生正向影响。

过去几年间,我们观察到有一批大型国有企业都在借助混改的机遇,将发展和改革汇聚在一起,努力实现同资本市场的对接。比如中国黄金集团黄金珠宝股份有限公司、中国盐业股份有限公司、中铁特货运输公司等,都是将上市计划和混改联系在一起。

## ◎ 激活国企机制,激发人力资本

除了以上两点,混合所有制改革还可以激活企业机制,为企业在微观环境中做微循环改善。

要解决国有企业政企不分、政资不分的关键性问题,混改是一条重要的道路。

本次混改,就是要从治理和机制两个层面,相对彻底地解决这些国企机制动力不足的问题。从治理上看,混改后形成了多元股东结构,可以进而形成实质性董事会,通过董事会治理改变企业过度管控带来的弊端,为公司编织市场化边界。从机制上看,通过授权经营、市场化管理体系,能够实现员工长期激励和企业捆绑发展的长期预期,能够激发企业人力资本。

以上就是混合所有制能带给企业的三方面价值。换言之,如果一家公司在这三个方面有需要,那么混合所有制改革对其来说就是适用的,否则请慎用混合所有制改革。

## 20. 混改可能带来何种问题和挑战？

中国企业在 40 多年改革开放过程中，通过经营机制搞活，通过主辅分离，通过股份制，通过中外合资等多种方式，已经在不同层面实践着混合所有制。但是，应该明确的是，混合所有制改革并不是一剂包治百病的良药，相反，如果不能意识到混改可能带来的问题和挑战，国有企业很可能会走进误区、掉进陷阱。

### ◎ 混合所有制改革不保证提高企业经济效益

一混就灵从不存在。

混改能够通过资源引入、机制引入等推动企业的价值成长，这些已经通过前面的分析进行了说明。但是，并不能预期所有的企业通过股权上的结构变化，就立刻出现业绩的快速或者显著增长。

所以，我们说"混合所有制改革不保证提高企业经济效益"。这是说在科学设计方案并有效实施和管理的条件下，股权改革有可能会提高企业业绩，给股东更多回报。但是，如果在"混"或者"改"的过程当中没有找到科学的答案，那么，即使混改了，企业的业绩依然没法提升。

举一个例子。某集团是一家大型企业，也是当初从国家部委下属企业重组转型的企业，还是改革开放后最早进入市场的国有企业之一，其下属子公司基本在 2000 年前后已全部完成混改和股权多元。那么，这家公司的股权多元化实践，和它的业绩增长情况有没有关系呢？我们从该公司2002—2013 年的利润、收入曲线可以看出，十几年间，该企业依靠不断兼并实现收入的上升，但利润却几乎一直为零（见图 2-2）。由此可以看出，

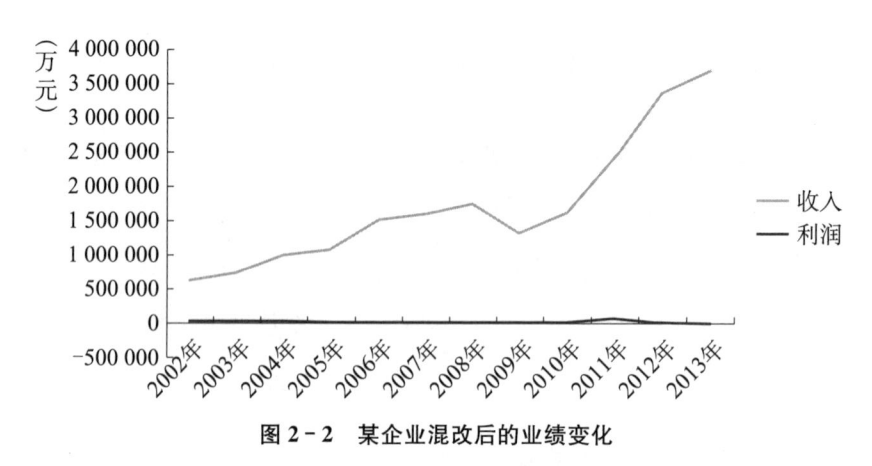

混合所有制改革并不是企业经济效益提高的保证。

图 2-2 某企业混改后的业绩变化

不仅如此，不当的混合所有制改革甚至会导致企业的倒退。在混改中投资者引进不合理、股权结构不合适等问题不仅不能为企业带来发展，反而可能会拖垮企业原有的机制。

◎ 混合所有制改革一定会使管控更加复杂化

"一混就灵"从不存在，"一混就乱"却很容易发生。

从全球的实践来看，股权的多元化程度是和一家企业自己管控意愿的程度成反比的，这是基本规律。

如果一家企业集团追求集团管控的效率和直接控制的效果，那么在关键业务领域进行混改和股权多元化将有很大反作用。因而，广大国企集团在开始推进混改时，都要清晰地认识到，混改必将影响自己已经建成的纵向管控系统，更多外部股东加入会使管控复杂化，这是必然会出现的结果。那么，在混改时，就必须考虑清楚，自己有没有能力和准备应对这一复杂管控的局面。另外，也要对在哪个局部混改、和谁混改等结构性问题进行慎重思考，以免对企业整体管控造成不可逆转的负面影响。

　　举一个简单的例子。某煤业化工集团早期以煤矿业务为主，随着企业的发展选择对产品线进行拓宽，发展化工、电力、冶金等业务。为了填补空白获取资源，该企业不断进行收购兼并，出让股权与不同公司进行合资，在不同业务单元上都有不同的股东结构。而由此产生的问题是，虽然通过几年的努力建立了貌似纵向产业一体化的产业链条，但是由于上下游的企业股东构成都不一样，煤矿、化工、电力各个环节上的利益诉求都不相同，在产业链内部进行交易时，各个环节都很难达成一致，集团整体的决策根本无法落实。产业链一体化本身能够降低成本、提高效率，但是在这家企业基本无法实现，直接导致企业效率的下降。

　　对此，我们总结为：在一家纵向产业链的企业中，如果混改业务选择不当，会存在"内部转移价格陷阱"，在管控上严重削弱企业的竞争力。

　　整体来看，混合所有制改革可以聚合产业资源、推动企业上市、激活国企机制，但与此同时，不当的混合所有制改革也会为企业带来种种问题，而战略选择是直接影响改革成败的根本点和关键点。国企混改任重道远，只有理清战略性问题，方可迈出成功的第一步。

## 21. 混改的基本模式有哪些?

中国企业规模大大小小，行业林林总总，在混改的过程中如何找到方法？

知本咨询总结，国企混改大致有五种主流模式（见图 2-3）。

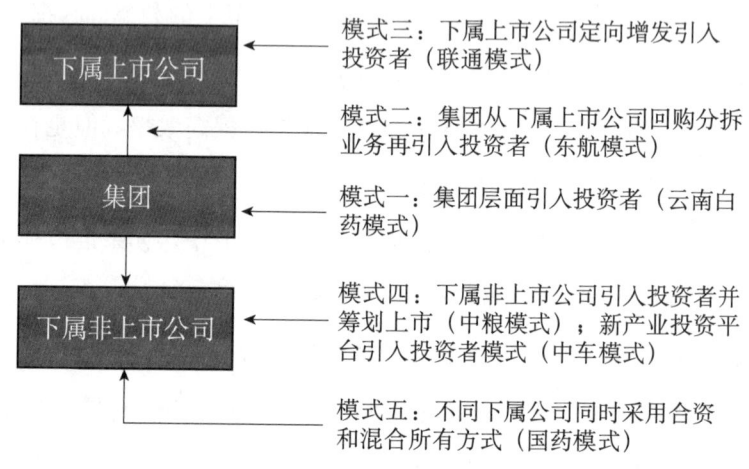

```
下属上市公司  ←  模式三：下属上市公司定向增发引入
                   投资者（联通模式）

              ←  模式二：集团从下属上市公司回购分拆
   集团            业务再引入投资者（东航模式）

              ←  模式一：集团层面引入投资者（云南白
                   药模式）

下属非上市公司 ←  模式四：下属非上市公司引入投资者并
                   筹划上市（中粮模式）；新产业投资平
                   台引入投资者模式（中车模式）

              ←  模式五：不同下属公司同时采用合资
                   和混合所有方式（国药模式）
```

图 2-3 国企混改五种模式

◎ **集团层面混改**

国有企业多数已经成长为集团性公司，目前无论是中央企业集团还是地方国企集团，在一级本部多数仍是全资企业，所以混改和股权多元化是有必要也是有空间的。

集团层面混改，就要在集团顶层设计股权多元的方案，改组后的企业集团将整体转变为多元股东的企业。

集团层面混改的好处是显而易见的，这种方法可以在顶层实现公司治理的现代化，对于集团内部管控结构不会产生直接的影响。同时，这种方法也会面对一些实际的问题，其中最重要的一点是在全资企业情况下，国资委可以代表国家出资人地位进行监管。如果改组为多元股权的公司，国资委作为股东之一出现在股东会议上，就显得职能和定位有偏差了。

因而，从目前来看，在国有资本投资公司和运营公司组建完毕的国资监管体系里，对于这两类公司的下属二级产业集团，可以大力推进整体混改。其他的国企一级集团，要视情况有序推进。

开创集团层面整体混改模式的，是云南白药集团。这家企业通过引进民营企业新华都集团，第一步实现了在集团层面的混改，之后进一步通过反向合并的方式对云南白药集团和上市公司白药股份进行了合并整合，最终完成了这一具有标志性意义的混改。

2018—2019 年，通过集团整体层面混改的案例也在持续增加。具有影响力的案例包括天津建材集团整体引入北京金隅集团开展混改，以及中央企业南航集团整体引入广东和深圳地方国资开展股权多元化。

可以展望的是，随着国有资本投资公司和运营公司改革的持续推动，集团整体层面混改的案例将不断增加。

## ◎ 集团从下属上市公司回购分拆业务

以中国证监会正式颁布政策，允许 A 股上市公司分拆部分业务进行再次科创板上市发行为标志，中国国企混改正式可以将上市公司分拆业务作为一种可复制的模式了。

这种模式的基本操作思路是，一家集团下属的上市公司，如果有一些新兴的种子业务，或者一些不对上市公司主业产生重要影响的辅助性业务，可以选择由集团母公司先进行回购，再引进投资者进行混改，进而准备通过分拆上市的方法开展资本运作。

东航物流在 2017 年开展的混改，就是比较典型的案例。东航物流是上市公司东航股份下属全资企业。在这次混改中，东航集团新成立一家东航产业投资公司，通过该公司向上市公司收购东航物流的全部股权，完成后东航物流成为东航集团的全资附属企业。在此基础上，东航集团推动东航物流引入了四家战略投资者，完成了混改，为进一步上市工作奠定了基础。

需要说明的是，并不是每个有上市公司的国企集团都有条件采用回购和分拆的方式进行混改，也不是每家上市公司的业务都能够进行分拆，有诸多限制性因素，比如是否有大量关联交易、是否为上市公司核心业务、是否具有独立发展空间等等因素，都将影响改革方案设计的成败。

## ◎ 下属上市公司定向增发引入投资者

中国国企集团的一部分已经实现了主业整体上市，上市公司的资产、收入都占到集团整体的 80% 以上，可以说，这样的国企已经初步实现了混合所有制。下一步要解决的问题，是进一步提升混合所有制经济的比重。如何来推进呢？可通过上市公司定向增发的方式，引入更多的市场投资者，提升股权多元化程度，降低国有股份的相对比重，从而实现市场化，激发企业活力。

通过上市公司定向增发的形式开展混改，更精确地说，应该叫作"深化混改和股权多元化"。由于上市公司平台具有股权价值的公开性、股份的流动性、交易的市场性，这样的混改一方面会受到投资者更大的关注，另一方面也能够保证国有资产交易的公开、公平和公正。所以，在存在这样可能性的集团里，推动上市公司定向增发是可供选择的重要混改路径。

中国联通集团在 2017 年展开的混改，就是标准的上市公司定向增发模式实践。中国联通集团已经实现了绝大部分业务上市，联通股份公司承载了集团核心的资产、业务和人员。在这次改革中，联通股份公司通过定向增发的方式，将中国联通集团的国有股权比例从70%左右降低到30%多，在保持国有相对第一大股东的同时，吸引了十多家战略投资者，同时展开了上市公司股权激励。7 000多名核心岗位员工通过限制性股票方式持股，实现了国有股、投资者和核心岗位人员的利益绑定及共同发展。

◎ 下属非上市公司独立引进投资者

这种模式是大量混改企业所实施的模式。在很多国有企业集团里，除了上市公司之外，仍有不少竞争性业务没有进入资本市场，仍处于国有全资企业的阶段。对于这样的公司，采取混改和股权多元化，引进市场化的投资者，建立健全现代企业的治理体系，建立市场化的组织和人事制度，是改革的基本方向。

具体来说，这种模式又可以划分为两个子类型：一是对于已经具有一定业务规模的现有非上市企业进行混改，二是对于企业集团正在开始培育的新兴下属企业展开市场化混改。

对于前者，我们可以借鉴的是中粮集团对于下属二级产业分别进行混改的模式。这家中央企业利用自身多元化业务的特点，对于市场化业务积极推动产业层面的混改，先后完成了中粮包装、中粮肉食、中国茶叶、中粮资本等企业的混改，目标是在每家混改企业层面打造一个产业旗舰，并为进一步的资本市场发展奠定基础。

对于后者，可以参考的案例是中车集团推动下属中车产业投资公司成功展开混改的案例。中车产业投资公司是中车集团战略体系中发展轨道交通之外的新兴产业承载平台，具有产业培育和投资孵化等多重功能。这样的新企业、未来型企业，更需要市场化的发展体系和股权结构来配套。2019年11月，中车产业投资公司引入5家市场投资者，为集团性公司新兴业务的发展与混改相结合提供了有效的路径。

## ◎ 不同下属公司同时引入投资者

这种模式与模式四的区别在于，模式四适用于不一样的业务分别进行独立混改的背景，而模式五特指对于同一核心业务，由于不同的地区、不同的特点等原因，分别采取与不同伙伴合资合作，进行股权多元化的实践。

这种模式，对于一些需要利用地方资源、行业资源共同构建产业网络的企业，有积极的作用。

国药集团就是这个方面推动混改的典型企业。国药集团作为一家以分销为核心主业的集团，建立全国范围内的营销网络是推动企业长期发展的基石。为了实现这一目标，国药集团在各个省份与当地有一定市场通道资源的地方国资和其他投资者合作，建立了各省份的公司，进而在此基础上实现了中央和地方的联合，构建了营销网络。

这种模式可以帮助企业在一段相对短的时间内构建产业网络。但是，我们也应该意识到，由于网络的不同节点是由不同的股东结构形成的，利益诉求不一致，所以在此方面将产生新的管控问题，对于企业集团来说，需要提前做好应对。

我们总结了截至2019年末中国国企混改的五种典型模式。每家企业集团，都可以根据自身特点和战略需要，选择一种模式展开实践，同时也可以兼顾其他模式，在局部应用。模式是死的，企业是活的，只有活学活用，才能为我所需，发挥价值。

## 22. 国企应该选择哪些业务或者下属企业开展混改?

需要混改的企业可能是一个大的集团公司,也可能是一个单体公司,但都会面临这样的问题:选择什么样的公司、选择什么样的业务来推进混改和股权多元化比较合适呢?对此,我们提出四点核心要义:核心业务,顶层混;多元业务,分拆混;新兴业务,优先混;辅助业务,嫁接混。以下将结合具体案例进行说明。

◎ 主业突出,顶层混合

如果说拟混改国企是一家核心主业十分突出、资产的功能属性特别集中的公司,那么这个时候,选择在公司整体层面开展股权多元化,要优于选择下属企业或者部分业务,因为这样可以最大化发挥公司业务的整体价值,同时避免同业竞争和关联交易,也能获得投资者的最大认可。

这方面的典型案例是天津市建筑材料集团(控股)有限公司(简称"天津建材集团")。这是一家涵盖建筑材料研发及生产、建材及相关产品贸易与物流、房地产开发与经营三大主业,多元化经营业态共同发展的综合性大型国有资本控股公司。

混改前,天津建材集团为天津津诚国有资本投资运营有限公司(简称"津诚资本")的全资子公司,也是国有独资企业。2018年,天津建材集团通过在天津产权交易中心公开挂牌的方式进行增资扩股,北京金隅集团受让55%的股权,津诚资本持股45%,成为参股股东。

天津建材集团是天津第一家试水混改的集团企业,此前并无经验和案例可以参考借鉴。公司最终决定在集团层面开展混改,而战略投资者的选择就格外重要。北京金隅集团是北京市市属企业中建材业务最为出色的国有企业，双方业务契合度高，产业、产品构成上下游关系，能够进行项目合作、资源整合，促进产业升级，延伸产业链。

天津建材集团本次堪称教科书级别的混改案例充分说明，对于主营业务突出的竞争性领域的商业类国企，如果想最大程度获得混改效果，还是应该考虑实施集团层面的混改。

◎ 业务多元，选而混之

当一家国有企业拥有多元的业务结构时，又该如何选择混改对象呢？我们认为，可行的方案是针对不同的业务类型，选择发展前景明确、市场化程度高的业务分别进行混改，并为将来分层次进入资本市场奠定条件。

我们前文曾经谈及的案例——东航物流，是目前国有企业改革过程中的标杆企业之一。东航集团下属多项业务，既有航空客运主业，也有航空物流这样的货运业务，还有传媒、金融、其他服务业等。

东航集团作为中央企业，就选择了针对不同的业务分别进行市场化混改的模式。东航物流的混改是这家集团混改的第一次尝试，之后，东航集团又推动了其下属旅行业务板块的混改，也就是上海航空国际旅游（集团）有限公司（简称"上航国旅"）的混改工作。

上航国旅原先是上市公司东航股份旗下的全资子公司。通过本次混改，东航股份将65%的股权增资转让给投资者绿地控股集团，实现了在该类市场化业务方面的全资变国有参股。

东航集团通过东航物流、上航国旅等不同业务的分别混改模式，践行了"业务多元，选而混之"的基本策略。

◎ 新兴业务，优先混改

如果在一家国有企业里有一部分种子型或者小树苗型的新兴业务，和之前的传统主业关联不紧密，又需要市场化的基因来发展成长，又将如何准备混改呢？

我们的建议只有四个字：抓紧混改！

首先，这一业务对企业原有业务的影响不大，对集团整体而言，进行混改的难度较小；其次，新业务收入规模、资产规模、净资产规模适中，对投资者有较强的吸引力；最后，若想推行员工持股，对于员工的持股成本也是一个很有正向意义的基础条件。因此，新兴业务要抓紧混改。

天翼电子商务有限公司是中国电信股份有限公司的全资子公司，成立于2011年3月，是中国电信布局互联网金融的重要板块，是互联网金融行业领先的创新企业，是中国电信深化企业战略转型而投资组建的全资子公司。2019年1月14日，中国电信以9.45亿元的价格把49％的股权出让给了前海母基金、中信建投、东兴证券和中广核资本四家战略投资者，顺利完成了第一轮混改。未来将适时启动独立IPO（首次公开募股）计划。

中国电信选择在翼支付处于发展状态时进行混改是一项明智的战略举措，不仅引入了发展资金、合作伙伴，而且战略发展初步目标也已达成。

◎ 辅助业务，嫁接混合

对于企业的服务型业务或支撑性业务，我们建议进行"嫁接混合"。顾名思义，嫁接就是要把国有企业这部分不是十分重要、只能发挥辅助性功能的业务，通过混改嫁接到一个更大、更加市场化的平台上，让企业找到突破天花板的窗口，让国有股东降到参股位置上。

这样的混改，貌似国有股东短期失去了绝对控制权，但由于这部分业务在自己的怀抱里永远也长不大，通过混改有了更大的增长的市场化机会，国有股东成为出资方可以分享更加丰富的增值，团队和员工更有成长空间，国有企业也可以更加专注于主业，实现资产有效流动和配置，应该说是多赢的选择。

以宝钢气体为例。宝钢气体于 2010 年 8 月由中国宝武下属宝钢金属有限公司全资发起成立，是中国宝武工业气体业务的主要平台。宝钢气体具备完整的技术与研发、销售与物流、整体建设与项目运营的专业能力，拥有和运行国内大规模的空分群及量级领先的单体空分。

2018 年 8 月，宝钢金属通过上海联合产权交易所对外公开转让宝钢气体 51％的股权，最终以 41.66 亿元的价格成交。混改后，宝钢气体的控股股东太盟投资集团持股 51％，宝钢金属持股 49％。

宝钢气体的混改遵循《国务院关于国有企业发展混合所有制经济的意见》中的"宜参则参"原则，进行了以出让控股权为特征的国有企业混改的探索。中国宝武实现了非核心业务的"战略性有序进退"，走出了一条通过产业培育、价值注入、资本运作实现国有资本保值增值的创新之路。

## 23. 上市公司还能推动混改吗？

我们现在经常谈论的混改，是指国有全资企业通过吸引非公资本或者其他类型的市场化资本，实现股权的多元化，进而推动公司治理的平衡、公司机制的市场化，真正建立中国特色的现代企业制度。

推动混改和股权多元化的终极目标是什么呢？很多企业将发行股票并进入资本市场作为其中一个非常重要的选项。

这就说明，对于很多国企来说，混改是起点，上市是阶段性终点。这个基本共识，在不少地方国有企业的改革文件中都有体现。比如，北京市的混改政策将推动企业成为上市公司作为混改企业的主流形式之一；深圳制定的国资国企改革政策，也明确提出未来将把没有上市的国有资产通过多种形式纳入上市公司的范围之内。

那么，是不是说，已经上市的企业，或者是主要业务已经装到上市平台的国有集团，就基本完成了混改的目标，不需要继续深化混改呢？

我们认为，并非如此。

国有上市企业虽然取得了股权多元化的阶段性成果，但这只是"阶段性"终点，而不是混改的目标。国有上市企业还需要继续努力，根据自身情况，继续推动改革，才能真正将混合所有制经济建设成功！

国有上市企业如何搞好混改的下半程？

### ◎ 竞争领域国有上市企业深化股权多元化

国有经济在竞争性领域内分布十分广泛，国有企业要在这个领域内更活跃、更积极、更创新，就需要和市场更多、更广泛地接轨。那么，通过进一步的股权多元化，可以在顶层结构上推动国有经济在竞争性领域的更高效资本布局。

具体来说，如果一家竞争性行业的国有控股上市公司中，国有股权比例仍处于50%，乃至于60%或者更高的比例，可以通过定向增发等多种形式继续吸引社会资本参与公司的股权多元化进程，一企一策，将股权比例适当降低到相对控股，或者在不改变实际控制人的条件下，保持国有股东的相对较低股权比例。

这样做的好处是明显的。首先，通过资本市场继续进行的股权多元化，无论是增资还是股权转让，都可以为上市公司提供大量的新动力，股权转让模式可以使国有股东获得较好的资本回报。其次，由于更多的市场化股东成为公司主要投资者，它们对于董事会、经营层的决策参与，将会使上市公司治理更法治化，更有利于证券市场的快速健康发展。

中国联通集团在2017年完成的混改，就是通过联通上市公司定向增发和股权转让相结合的方式，将国有股东股权比例从70%左右降低到35%左右，引入了十多家具有市场和产业资源的战略投资者，募集了超过600亿元资金用于新的事业发展。通过2018年的实践，中国联通集团的新股东、新资本、新机制已经开始推动这家老牌电信运营商产生重大的变化，业绩持续提升，市场化程度明显加强。

◎ 积极推动上市公司股权激励落地

上市公司平台能够带来的另一重要市场化工具，就是股权激励手段。在本轮国企改革政策中，推动国有控股上市公司进行股权激励，已经成为从中央到地方的政策鼓励重点。

2019年11月11日，《关于进一步做好中央企业控股上市公司股权激励工作有关事项的通知》出台，中国国有上市公司的长期激励建设开始进入了一个崭新的推动期。

从国有控股上市公司的角度来看，尽快落实好股权激励是一件既重要又迫切的事情。怎么样才能做得好呢？

第一，选好工具。虽然有多种激励方式，但是期权、增值权、限制性股票的特点各有不同，每家企业的具体情况不同，需要甄别确定。目前看来，限制性股票由于有"半价股票"的别名，更加受到不少上市公司的青睐。

第二，选好对象。一家上市公司可以激励的干部和员工范围，在政策上可以远远大于非上市公司核心层持股的范围，实现更大程度的激励。这一点对于企业底盘较大、资本规模较大、员工队伍较大的国有大型上市企业更重要。

第三，选好时机。上市公司的股价有波动，进行股权激励需要认真准备并择机进行。同时，要根据企业发展实际，制定既有激励作用又切实可行的绩效兑现目标。一个好的时机，一种好的考核，将对企业发展起到重要的推动作用。

## ◎ 全力推进上市公司治理和机制市场化

上市公司治理结构，应该是最接近于理想的现代企业制度的。信息披露制度、独立董事制度、股东大会制度、市场监督制度的存在，倒逼上市公司持续完善其治理体系和管理机制。

但是，国有上市公司的治理和机制能达到改革目标要求吗？我们认为还有不少路要走。

中国证监会于2018年10月修订并颁布执行《上市公司治理准则》，进一步强化了上市公司治理的法律规范："上市公司治理应当健全、有效、透明，强化内部和外部的监督制衡，保障股东的合法权利并确保其得到公平对待，尊重利益相关者的基本权益，切实提升企业整体价值。"同时提出，推动机构投资者积极参与公司治理。

国有控股上市公司优化完善公司治理，还需要在几个方面发力：

客观审视与控股母公司的管控关联。很多国有企业集团的核心主业都集中在一家或者几家上市公司平台上，所以国企母公司都有直接、间接地影响和管控上市公司的冲动，一些企业集团还出现了集团总部和上市公司总部"两个牌子，一套人马"的双跨现象。如果从集中管控效率的角度来看，这是正常的、有效的做法，但是如果从股权多元的监督管理、市场化决策角度思考，国有母公司的行政计划性管控将对上市公司的治理产生重要影响。因而，我们优化国有控股上市公司治理，首先要从审视控股母公司的管控关联开始。

进一步增强董事会履职能力。国有控股上市公司董事会，国有股东派遣的内部董事通常占多数，但是这部分董事大多是母公司的兼职岗位人员，其履职多半是代替母公司职能部门进行发言，无论从精力还是权力等方面，都难以发挥重大作用。所以，需要将上市公司董事会强化履职能力建设，作为今后一项十分核心的工作进行加强。这就需要有能力的董事队伍、有授权的董事机制作保证。

授权董事会选聘考核经营层。在国有控股上市公司里，需要进一步把做实董事会职权和授权其选聘考核经营管理层结合起来。这就需要厘清党委会和董事会的领导和决策关系，同时将党管干部和市场化选聘经理人结合好，否则要么是两层皮，要么是一纸空文。

总结一下，"上市公司还能推动混改吗？"，我们认为答案是既必要也迫切。深化股权多元进程、积极开展股权激励、全力优化治理和市场机制是可见的三大改革空间。

国有控股上市公司，请准备开始混合所有制改革的下半场吧！

## 24. 上市公司的下属企业如何推动混改？

在关注和思考混改的企业中，有一批这样的企业：它们的母公司都是国内股票市场的大型上市公司，自己是上市公司的下属全资企业，有的还是收入、资产占上市公司20％以上的重要下属公司。在混改的历史进程里，这些企业也在思考，能不能自己也通过吸引战略投资者、通过混改的模式来让企业做强做大，实现新的发展。

那么，这类国有控股上市公司的下属企业，能不能混改？有什么核心的问题和特点？有没有解决方案和思路呢？

◎ **制约上市公司下属企业混改的两大难题**

相比于没有上市的全资国有母公司，国有控股上市公司的下属企业多出了一层国有上市公司股东的利益结构，而这样一种特点，会直接使这类企业的混改面临两大难题：

**资本运作难题**

混改的成功落地，取决于外部投资者的引入和市场化机制建立。从投资者的角度来看，一家准备混改的国有企业，未来在收益预期方面是否有价值，是能否对其投资的决定性条件之一。投资收益的价值，一方面体现在企业的利润水平上；另一方面，投资者比较看重的，往往是这家企业未来能否有资本运作和独立上市的潜力与可能性。

对于上市公司下属企业来说，由于母公司整体已经上市了，自己未来的独立资本运作空间将大大减少，特别是，如果本企业是上市公司的核心业务板块，又在收入、资产等关键财务指标上对上市公司有重要意义，则企业基本上失去了再次独立上市的可能性。

第一个难题就在这里。如果这类企业启动混改计划，吸引外部投资者，能够给投资者带来的投资收益只能在每年的经营利润和分工中实现，缺少资本运作和上市的增值空间，另外，投资者也难以通过控股或者多占有股权的方式做到对企业的深度管控参与。在收益权和管治权两端都受到制约的投资环境下，这类企业吸引战略投资者的进程势必遇到很大挑战。

### 股权定价难题

第二个难题，会出现在混改股权定价这个更关键的节点上。

对于上市公司的广大流通股股东而言，买卖上市公司股权是通过二级市场股票价格确定的。在国内，这个市场价格通常相对于企业的净资产或者净利润有比较高的溢价。

对于上市公司核心下属企业来说，本企业的股权不是上市流通的，股权要按照政策规定进行资产评估，通过国有产权交易市场进行挂牌交易。资产评估的价值标准，通常是由专业上所谓重置成本法或者收益现值法等两种方法综合确定。但无论采用何种结果，在国内非上市国有企业股权评估价值与上市公司股票市场价格之间，一般会有价差，很多情况下这个价差还会比较大。

股票市场价格高，股权评估价格低。

问题来了。流通股股东购买的股票里，是有一部分这家下属企业权益的，同时对应的股票价格里，也有这家企业收入和利润的贡献因素。如果下属企业吸引投资者拥有了企业一部分股权，那么将会产生两个结果：

一是上市公司股东的收益被摊薄。由于下属公司增加了外部股东，当年归属母公司的利润将下降，每股收益也会减少。

二是上市公司股东的资本价值受到影响。由于两个价格不一样，外部股东用了一个相对低的价格拥有了上市公司下属企业的收益权。

这个时候，对于上市公司的广大股东而言，就面临一个判断：为什么要同意外部投资者用比自己低的价格来获取上市公司下属企业的股权呢？

所以，在上市公司下属企业混改的股权定价方面，上市公司股东和下属混改企业未来投资者之间的利益差异，会是影响此类混改成败的关键问题。

◎ **破解上市公司下属企业混改难题之策**

既有资本运作空间受限的难题，又有混改股权定价悖论的难题，那么是不是说，上市公司下属企业开展混合所有制改革就没有出路了？

我们的答案是，对于上市公司的下属企业来说，独立混改需要慎重思考，在满足一些条件时，仍有推动的可能性。

**政策环境对于国有控股上市公司下属企业混改没有原则性障碍**

能不能做，首先取决于政策环境。从现行国有资产交易和上市公司监管相关规定综合分析，上市公司下属企业推进混改没有原则性障碍。

《企业国有资产交易监督管理办法》是目前执行的国有企业股权交易的基本政策文件。该文件规定，包括国有控股上市公司下属企业在内的国有非上市企业股权，需要通过资产评估和国有股权挂牌交易等两个阶段完成增资或者转让。资产评估要根据规范通过两种方法进行比较最终确定，挂牌交易的成交价格不得低于资产评估价格的 90%。以上这些规定，没有特别的不同。

该文件也说明，企业国有资产交易如果涉及上市公司相关监管法规，需要同时遵守。

那么，上市公司下属企业的混改股权交易，会涉及哪些上市公司的规定呢？我们认为，如果拟混改企业出让股权行为没有造成上市公司重大资产重组，那么混改企业需要履行的是上市公司的决策程序和有效信息披露。

从决策流程来看，上市公司下属企业的股权转让或者增资，需要由上市公司董事会进行审批决策；涉及重大资产交易的，需要召开股东大会进行决策。在进行这些决策的过程中，上市公司董事会或者股东大会将就交易的必要性、价格的公允性等进行审议。

在审议通过后，上市公司需要及时向社会进行信息披露。

从政策来看，没有原则性障碍。从实操来看，让上市公司股东理解并同意混改中的战略投资者用一个比较低的价格获得下属企业股权，并摊薄自己的收益，需要做足功课。

这就需要混改企业对于引入投资者之后的公司战略规划和投资回报预期进行客观、翔实、充分的说明，让董事会的每个董事，包括独立董事都能得出结论：在股权交易时所摊薄的收益，将来会通过战略投资者的资源引入和公司的市场化经营，得到更大的投资回报。

所以，带有明确增长预期的企业混改，先得到董事会或者股东会的认可，然后充分向社会投资者进行披露，就为混改股权的最终挂牌交易创造了条件。

**找到认可环境限制的投资者是推动上市公司下属企业混改落地的前提**

回到投资者这个层面。

我们一直在讲的问题，是上市公司母公司整体背景给下属企业"再混改"造成的客观限制和影响。其实，这样的企业已经是上市公司的一部分，理论上已经完成了混合所有制的改革，如果必须要在本公司再进行一次股权多元化改革，我们只能称之为"再混改"。

环境不能改变，只能适应。在政策对于再混改没有实质障碍的基础上，如果能够找到认可环境限制的投资者，混改是可以落地的。

我们把投资者需要认可的限制条件再总结一下，共三条：企业资本运作空间不大；本次股权增资或转让的价格需要经上市公司董事和股东认可；投资者需要就自己参与混改后的战略性业绩增长进行负责任的规划，并保证实现。

当然，还要说明的是，2019年发布的《上市公司分拆所属子公司境内上市试点若干规定》，给中国上市公司的下属企业再次利用资本市场带来重大利好。国有上市公司下属企业的混改，如果可以利用这项政策，能够很大程度上拓宽资本运作的空间。

分拆上市，需要上市公司下属业务有三个特点，我们称为"三个不能"，即：不能是主要核心业务，不能有大量同业竞争和关联交易，不能是募集资金投资项目。每家准备混改的上市公司下属企业，都可以对照一下，看看是否属于有机会分拆上市的一类，寻找自己的空间和未来。

上市公司下属企业，如果没法直接找到好的投资者，也难以独立上市，还有很多改革路径。可以多在战略拓展、产业网络、新建企业、市场经营上下功夫，多与母公司沟通，推动上市母公司进一步股权多元化和市场化，强化上市公司股权激励。改革的菜单上能选的主菜还有很多，在混改上调整思路，很快能找到"柳暗花明"的新风景。

## 25. 重资产和亏损性企业推进混改有何难点？如何解决？

混合所有制改革进程中，一直是智力密集型等轻资产的企业推动较快，而很多资本驱动、资产较重的企业则难以推进，特别是一些老国企，还存在历史性经营亏损问题。这样两个问题叠加，还能不能搞成混改？这种难题就摆在面前，如何去应对？有没有什么好方法呢？

中国联通云南分公司（简称"云南联通"）的"全域社会化合作"改革方案，就给这类问题提供了一个较好的解决思路。

### ◎ 云南联通的模式创新

云南联通的全域社会化合作，更准确一点说，叫作"全域承包合作计划"。这个计划有三个关键词：

**运营公司**

云南联通这次改革的核心，是在全省层面和各个地市级区域层面，先后组建和成立了被称为"运营公司"的新企业。这些新企业，都是引进以民营资本为主体的市场化力量为基础，同时吸引核心员工队伍持股而成立的市场化混合所有制公司。

比如在全省层面，由亨通光电、亚锦科技、中电兴发、中国联通（或其下属企业）及员工持股平台共同出资 3 亿元现金，成立云南联通省级运营公司，形成了一种多元股东结构，员工持股并且中国联通国有法人股权退到参股地位。

在地市级层面，以混改形式出资成立本地运营公司，民营投资方控股

51%，原联通员工入股 15%～30%，并预留 20%左右的股权用于引进人才及员工激励。

新建的运营公司是民营资本和核心员工长期利益绑定的混改企业，这个企业没有和历史形成的云南联通及其所有资产有直接关系。

### 承包运营

"承包"这个词，已经很久没有在国企改革中出现了，这次再度提出，颇有历史轮回的意味。不过，今日之承包运营和改革开放初期的厂长承包责任制却有根本不同。

根据协议，在云南省层面，将由云南联通与省级运营公司签署委托承包运营协议，约定云南联通授权省级运营公司在承包范围内以云南联通的名义经营业务，并对云南联通部分资产进行代管；省级运营公司对云南联通全省经营利润负责，全省利润低于目标利润部分由省级运营公司向云南联通予以补足，超额部分的收益由省级运营公司享有。同时，在各个地市运营公司层面，由云南联通与合作方各自控股的州市运营公司用类似条件签署委托承包运营协议。

云南联通的这种承包运营模式，就是把自己已经有的通信资产管理和运营权利，通过确定利润目标的形式，授权委托给各级新成立的运营公司。联通获得的是每年的目标利润，实现国有资产保值增值；合作运营公司获得的是超额利润分享，实现轻资产经营，依靠市场化机制推动利润水平提升。

### 转隶人员

在本次改革方案中，一个最关键的部分是，原有云南联通的员工，通过辞职脱去国有企业职工的身份，加入运营公司，成为市场化的员工，核心员工通过运营公司成为员工持股平台中的股东，实现长期利益和新公司的绑定。这样的员工，成为"转隶人员"。

这次改革，联通的统计数据是，将近有4 000名原云南联通的员工主动放弃国企身份，投入改革。在地市级运营公司，约有90%的员工转入新企业。

大部分云南联通的员工，都在这个改革框架下转换身份，成为混合所有制运营公司的员工，并且核心层实现持股。这意味着云南联通的经营管理能力已经大部分平移给了运营公司，云南联通留存下来的只是既有投资形成了的资产，云南联通变成了真正的电信核心资产所有者。最终的结果是，资产所有权和资产的运营收益权实现分离。

当我们把上述云南联通的三个改革关键词联系起来理解，就能够对这种崭新的模式进行总结了：

这次改革应称为"承包+混改"，即通过引进市场化的社会资本成立混合所有制的运营公司，推动员工转换身份，实现核心员工长期激励，同时由这样的新企业对原国有企业的资产和业务进行长周期的承包运营。

这种模式的核心是"资产与运营分离"。把云南联通既有资产保留在云南联通，把这些资产的运营权利交给一家市场化的运营公司。这实际上是把原先云南联通的业务体系切分成重资产部分和轻资产部分两大块，实现了轻资产部分的混改和市场化激励，再通过运营公司的灵活机制来撬动重资产部分的收益提升。

## ◎ 云南联通改革的启示

研究云南联通的改革创新模式，也许可以帮助广大的国有企业找到市场化突破的新道路，突破其混改过程中遇到的现实障碍。

云南联通"承包＋混改"模式的启示意义，可以从三个方面分析。

**弃掉重资产的包袱**

通过组建一家轻资产运营公司，以承包运营的方式来实现对既有国企业务的持续管理，是云南联通这次改革的基础模式。这种模式可以复制吗？我们认为在一定条件下是可以的。

电信、基础设施、装备制造、钢铁、船舶等资产体量大且资产投入密集的行业，混改的难度相对增大，是因为需求的社会资本规模大，同时核心员工个人持股的难度就更加明显了。

所以，就这些资产规模较大的国有企业来说，将既有资产的所有权和经营权进一步在组织上进行分离，组建或者改组服务型的运营管理企业，通过长期承包或者委托经营的模式来提升国有资本的运营效率和保值增值率，可能是一个有价值的选项。云南联通的这次改革，尝试了将资产与运营分离，是重要的创新推广实践。

**实现混与改的融合**

国企混改的目标，在于混，更在于改。这个结论和目标已经成为上下的共识。问题的关键是，资本上的混合，是市场化改革的基础，没有这个条件，在国企市场化改革中需要实现的现代治理机制、市场化授权、职业经理人、市场薪酬激励和用人等等配套改革，可能会因资本结构问题，没法真正长期落地。

云南联通这次改革设计的模式，是通过新设运营公司，吸引多家民营资本参与，并且使国有资本退到参股地位，实现了员工的广泛深度参与和长期股权激励，混的成果是直接的。同时，承包运营作为一共 15 年的长期安排，能够在经营机制上给予联通的体系激活足够的时间，也克服了之前 3 年承包周期的短视效应。机制的激活还表现在绝大多数国企员工真正实现的身份和观念的转换，这样机制革新的效果更可以进一步保证混的持久性。

### 破解亏损国企整治的良方

云南联通的案例，对什么样的国有企业有最大参考价值？我们认为是那些由于各种历史原因、体制原因，资产相对较重，同时目前经营成果不理想，甚至出现亏损的国有企业。

云南联通为破解亏损国企的难题探索了一个新的解决方案。

我们认为，最为关键的是市场化混改和承包经营，实实在在推动了以社会资本和人力资本为基础的能量释放。通过运营公司的承包权，社会资本看到了之前根本无法进入的通信和互联网运营领域的机会，并通过追加网络投资来推动联通原有业务的拓展和落地。通过员工身份转换和持股，真正释放了追求个人价值和利益的能量，推动了运营效率和效果的改善、成本控制水平的提高。

总而言之，云南联通进行的这项综合性改革，突破了既往国企混改的传统套路，开创了"承包＋混改"的新模式，为广大资产规模较大，同时经营状况迫切面临改变的中国国有企业提供了新的价值坐标。

## 26. 如何通过新设企业方式推动混改？

由于很多国有企业集团在发展过程中有很多新的业务机会，或者做过一定孵化的业务种子，只要有市场的氧气，只要有激励的沃土，它们就有可能蓬勃生长，所以有不少企业都希望可以把新兴业务、种子业务的发展与混改机制结合起来，通过新设公司的形式开展改革工作。

### ◎ 新设公司混改的三点优势

与通过增资或转让形式实现存量混改的模式相比，新设公司混改至少有三点优势是明显的：

**不评估、不进场，投资没压力**

新设公司属于增量国有资本的活动，国有股东和投资者是按照一比一的方式同步投资入股，占有注册资本一定比例，不涉及国有资本的变更，所以不用进场交易。如果是各方都用货币资金出资，那么也不必要开展国有资产的评估工作。这两个环节的节省，可以使得混合所有制企业的成立和组建时间大大缩短。

**企业股比商定，投资没遗憾**

新设公司的投资金额和股权比例问题，从一开始就可以通过各方友好协商进行讨论。国有企业股东一方可以充分考虑自身的战略意向和企业的资本需求，其他投资股东可以考虑管治要求和自身角色、资本实力，大家一起讨论形成最终的股权结构。

**业务从零做起，投资没包袱**

新设企业是一家全新的混合所有制公司，从第一天开始就能够拥有精干的组织、市场化的机制、社会化的人才、高效的文化，努力把原先国有企业的一些体制机制问题隔离在外。对于这样的模式差异，传统体制内的国有干部员工也能充分接受认可。进而，国有股东和外部股东都可以轻装上阵，甩掉包袱。

◎ **新设公司混改要考虑好四个问题**

新设公司虽然有这几个明显的好处，但是国有企业在应用这种方法时，还要注意四个环节的问题（见图 2-4），别跑偏。

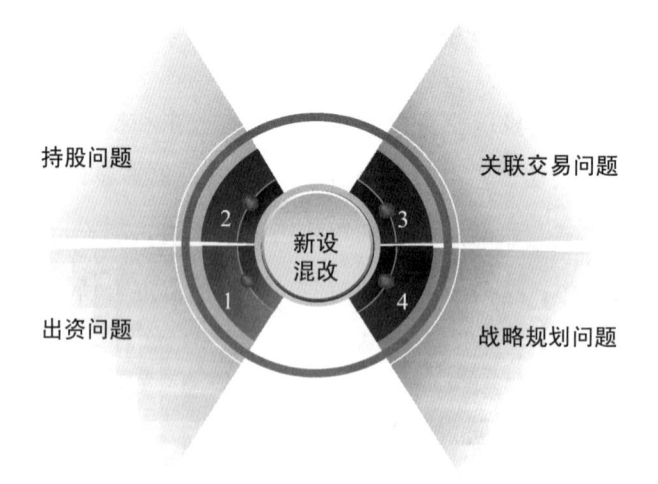

图 2-4 新设公司混改要注意的四个问题

**出资问题**

一家公司的业务发展，需要多少注册资本？国有股东和外部投资者是不是能采用非现金出资的形式？

通常各家企业对于新设公司的注册资本都倾向于开始时少一些、规模小一些，以便减少投资风险，控制投资成本。但是，也需要考虑到这家新企业的业务发展需要，因而注册资本特别少也难以满足要求。

还需要考虑的问题是，国有资本投资都要考核国有资产的保值增值率，如果一开始注册资本投入过大，企业在初创期难以赢利或者利润很少，那么这个考核指标很可能背不起、扛不住。

因而，新设混改企业的注册资本要锚定在一个相对适中的区间内为好。

另外一个不能忽视的问题是，多数的新设混改企业，都是在国有企业内部已经有些孵化基础，前期做了一些成本投入的种子项目，比如某个双创团队、某项专利技术、某个业务科室等，那么国有股东会考虑如何将之前的投入资本化，投入新企业。通常的模式要么是资产评估作为入资的一部分，要么是评估后作为新设混改企业未来购买的资产。具体来说，各有利弊。

**持股问题**

新设混改企业，为核心层持股打开了空间和通路。

由于是新设企业，更加需要激发核心团队的长期奋斗激情，十分有必要跟进核心团队持股。同时，新设企业注册资本投资，对于核心团队而言也提供了很好的成本对价，投资股权比例能够在一个比较大的范围内调整。这些有利条件，对于新设混改企业来说都需要加以利用。

新设公司的核心团队持股，一般范围比较小，以公司创业期的核心骨干成员为基础，并不适于一次扩大很多；当然，可以采用在持股平台企业里预留股权的方式，来激励未来新加入的核心技术和管理人才。新设公司核心团队的持股比例，原则上应该由包括各方股东在内的投资者讨论确定，弹性空间较大。新设公司核心团队的持股价格，应该和各方股东投资价格一致，以注册资本价格和持股比例进行计算。同时，新设公司在多数情况下，也需要一个核心团队的持股平台，这一点与其他类型的员工持股是相同的。

### 关联交易问题

国有企业新设公司发展种子型业务，还需要在关联交易问题上做好说明和安排。这是一个比较严肃的问题，如果处理不当，会造成混改初衷的偏离。

造成新设混改企业和国有股东关联交易的情况十分普遍。比如某项新技术是在母体孵化的，新设企业将其产业化，形成成果，很可能主要的客户之一就是国有股东；再比如某项业务需要市场化投资，国有股东用自己控制的基金等资本进行投入；等等。

出现这样的关联交易，必须要解释清楚的是，这种交易是不是有必要？由于新设公司是一家股权多元化企业，还有不少是核心层持股，这样会不会造成利益输送和不公平交易？

一是要讲清楚新设企业是如何帮助国有股东做大资本和收益的，整体投资收益如何；二是要说明可能的关联交易为什么是必需的，涉及的价值是如何确定的，为什么是公平的。这两个层面的论证如果没说明白，将会对混改企业发展产生长期风险。

### 战略规划问题

战略规划对于一家新设混改企业而言，需求性更强。

一项良好的战略规划，可以帮助国有股东支持新设混改企业将设想变成现实。一家国有企业集团通常不缺资金、不缺人才，那么对于一项已经孵化到一定程度，有可能有市场空间的技术或者业务，是不是必须通过混改方式推动发展，一般都存在不同的看法和声音。解决的基本方法就是通过战略规划让集团相关决策部门真正意识到"为什么要混改？为什么要新设？"这类看似简单却理解不同的基本问题。

一项良好的战略规划，可以帮助核心技术和管理团队坚定信心，拎起泳衣走向市场。国企集团的人才素质高，孵化业务有办法，但是如果通过混改彻底走向市场，自己完全脱离国企体制和身份，成为市场人和社会人，有很多人还是很犹豫。这个时候要激发核心团队的热情，坚定他们的信心，战略规划可以起到十分重要的作用。

总结一下，新设公司混改模式是中国国企混改值得尝试的重要路径。每家企业都可以深入思考是不是有这样的种子型业务，能够通过吸引外部股东联合新设公司方式推动市场化进程。其中，出资问题、持股问题、关联交易问题、战略规划问题需要引起高度关注。

## 27. 混改方案应该如何制定？

混改能不能顺利，会不会成功，必须过的第一关，就是混改方案的制定和获批。对于准备混改的企业来说，这份关键性文件的质量和形式，小则关系到能不能获得集团母公司、主管部门国资委的认可和支持，大则关系到吸引投资者的成败、公司架构的科学、业务发展的顺畅、企业治理的未来。

那么，怎么样制定出一个优秀的混改方案呢？

### ◎ 混改方案的 13 项必备要件

作为混改经济行为的重要前置依据，混改方案是报批过程中的核心文件，所以首先需要满足政策规定，达到完备要求。

《中央企业混合所有制改革操作指引》明确指出，用于报批的混改方案核心要件一共有 13 项，我们称之为必备要件，下面依次做个说明：

（1）企业基本情况。一般的改制性方案文件都有这个部分。企业基本情况需要讲明白拟混改企业的法律地位、业务类型、企业组织和人力资源、财务与资产基本状况等内容。

（2）改革必要性和可行性。混改需要进行可行性研究，说明为什么推动混改是一件必要的战略性工作。我们在前文曾经说过，解释这个问题通常需要一项比较详尽的发展战略规划，进而有说服力地证明混改能够推动国有资本收益的持续提升。同时，要说明在政策规定方面推动本企业混改是具有操作空间的。

（3）改革基本原则和思路。这个部分要说明推动本企业混改的基本指导思想。除了要遵循市场导向、政策导向、激励导向、合规导向等原则外，每家混改企业都要根据自身业务、区域和行业特点，做出本企业改革的基本原则性规定。

（4）股权结构设置。股权结构关系到混改企业的核心利益，在混改方案中需要明确说明。通常要说明在增资或者股权转让中拟吸引外部投资者的股权比例、公司混改后的整体股权结构安排。

（5）经营机制转变。混改方案中越来越重要的部分，是关于如何推进经营机制的市场化改革。这里面包括经理人员和职工的市场化身份转变、企业三项制度改革的计划，以及混改后公司治理结构的安排。

（6）外部投资者条件、引资方式和定价等。明确混改引入外部投资者的期望条件，根据政策要求确定引资是通过产权交易市场挂牌还是符合规定的场外交易。同时，明确公司审计和资产评估的基准日，以及基本评估方法和定价的原则。

（7）员工激励计划。如果是配套长期激励的混改，需要说明采用员工激励计划的详细内容，包括激励范围、股权激励比例、持股成本、持股平台等。

（8）债权债务处理方案。如果涉及在混改中进行资产和业务重组，由于法律主体变更关系到相关历史债权债务关系的变化，需要对原企业的资产、债务、权益等核心财务数据进行说明，明确各项债权债务得到妥善安排。

（9）职工安置方案。如果涉及混改后企业由国有控股转变为非国有控股，或者职工与新企业签订的劳动合同与原合同相比将发生实质性变化，或者新企业的组织规模和用工政策进行了较大调整，需要就员工的妥善安置提供专题方案，为改制企业平稳运行创造条件。

（10）历史遗留问题处理方案。经营历史越久的国有企业，在混改时越可能面对更多的历史遗留问题，如部分房屋和土地等资产的权属不清晰、有些业务具有社会和非营利属性、历史潜亏的处理、一些曾经出现的未结诉讼问题、其他的法律问题，等等。这些问题，都需要借助于混改，提前与国有母公司进行讨论并达成一致。

（11）改革风险评估。改革的风险评估，需要按照不同地区的政策要求，由上级单位负责部门或者第三方机构专门进行，识别可能的风险因素，就应对方法进行评价。

（12）追责措施。严格混改的规范操作，杜绝利益输送、国资流失等违法违规行为，混改企业需要制定明确的内外部监督和监管措施，由审计监察等部门全程介入跟踪，并根据政策明确责任追究原则。

（13）改革组织保障和进度安排。这部分是改革实施计划。需要列明企业混改组织责任人和分工，同时列出时间表和关键节点。

以上就是一个混改方案的基本框架要件内容，完成了这些内容，可以初步具备进行方案报批的条件。

## ◎ 混改方案如何写得好？

在政策中只能规定一些不能遗漏的关键事项。如果国有企业在制定混改方案时只是把别人的文件模板拿来照搬一遍，照猫画虎，看起来像一个方案，但经不起推敲，则更难以落地。

也就是说，混改方案在满足基本要件的合规性基础上，还要具备科学性。要达到这一要求，有几点不能忽略。

### 战略思考是起点

混改是从股权结构入手的，但是如果混改方案从股权开始，那就按错了启动键。我们反复强调混改是一项战略性工程，需要从战略开始安排，明确未来企业的新发展目标和发展思路，规划市场化的发展模式和各方股东的资源投入，同时以发展的视角为各方投资者描绘投资回报的前景。这是成功混改的基础条件。

### 股权设计要思量

股权结构，既涉及未来的收益权，也涉及公司的管治权。混改成败与此关系密切。详细分析本企业的特点，结合国家的政策，尽可能多地释放股权给外部投资者，积极推动核心层的长期激励，是股权结构安排需要反复思考的问题。股权结构有很大的刚性，一旦形成就难以挽回，所以务必三思而后行。

### 业务重组是必备

没有一家企业是天然就完美的，各家公司面对混改时，都需要根据自己的情况对资产、业务、组织进行重组安排。设计和实施业务重组，一方面关系企业效率，另一方面关系企业稳定发展，还要兼顾国有股东的利益不受影响。

### 核心团队要用好

方案写在纸上都不难，方案落到实处都不易。一项好的混改方案，一开始就需要考虑实施难题，其中最重要的就是关于混改企业今后的核心团队的配置，特别是"一把手"的安排。经验反复告诉我们，混改企业的发展成败，往往与这家企业的"一把手"关系十分密切。如果有一个充满企业家精神的"一把手"，混改就能落地；如果还是比较平庸的老班底，没有一个敢于担当、能打胜仗、擅长市场操作的当家人，再好的混改方案也可能没法生效。所以，无论是混改方案的制定者，还是审定批准混改方案的决策者，都需要把这个要素考虑进来。

## 28. 混改方案的审批程序如何遵循？

混改方案都必须经过上级国企母公司或者当地国资监管部门审批通过，这是一个政策性和原则性都比较强的领域，因而熟悉相关审批授权和程序是十分重要的。

◎ 混改审批授权的规定

关于混改企业方案审批权限，中央企业和地方国企有所不同，需要由负责的国资监管部门做出规定并监督执行。国务院国资委从 2019 年开始，积极推行授权放权政策，突出的表现之一便是将竞争性领域企业混改的审批权限，下放至中央企业和 21 家中央企业改组成立的国有资本投资公司和运营公司。

2019 年末颁布的《中央企业混合所有制改革操作指引》，进一步就中央企业下属单位的审批权限进行了明确规定：

混改企业履行内部程序

该文件规定，"混合所有制改革方案制定后，中央企业应按照'三重一大'决策机制，履行企业内部决策程序"。

这句话说明，混改是国企的"三重一大"决策事项，首先在混改企业内部就方案进行集体决策，然后层层审议，每一个审议单位都需要按照"三重一大"事项要求审议，再经过本级的党委会、董事会或办公会议等讨论通过。

**商业二类企业混改方案审批权限**

《中央企业混合所有制改革操作指引》规定："拟混改企业属于主业处于关系国家安全、国民经济命脉的重要行业和关键领域、主要承担重大专项任务子企业的，其混合所有制改革方案由中央企业审核后报国资委批准，其中需报国务院批准的，由国资委按照有关法律、行政法规和国务院文件规定履行相应程序。"

这说明，中央企业中被列为商业二类企业的混改方案，最终由国务院国资委批准，特殊企业还需要报国务院审批。

**其他混改项目方案审批权限**

该文件规定："拟混改企业属于其他功能定位子企业的，其混合所有制改革方案由中央企业批准。"

根据这项规定，中央企业拥有对于充分竞争的商业一类下属企业混改方案的最终批准权限，这是国资委进一步推动授权放权，并鼓励推动竞争类企业展开混改的体现。

对于广大的地方国有企业来说，本省市国资委也曾持续发布关于混改方案的审批权限文件，亦应参照执行。

◎ **如何推动审批得到支持和通过？**

我们在日常的工作中，也经常接触到一些国有企业在混改方案制定和报批过程中出现诸多波折，甚至被母公司、集团企业或者国资委否决的情形。如何来认识和优化自身工作，能有效帮助国企混改方案顺利审批呢？

文件要件必备，因素考虑周全。混改方案作为政策性较强的程序文件，必须合规，内容上可以创新，但格式上要充分响应政策要求，不跑偏。同时，涉及国资监管层关心的核心问题要回答到位，比如"公司混改之后，国资收益如何提升和维护？""混改有什么必要性和迫切性？""公司混改架构的科学性和政策依据是否充分？"等等。

  邀请上级充分参与，决策提前沟通。混改方案审批的流程不短，涉及各个职能部门、母公司领导层等诸多决策参与者，如果大家对混改的目标、意义和方式没有共同认识，未经充分沟通，很容易出于防范风险的考虑对项目提出保留和不同的意见，最终导致项目审批受阻。所以，混改企业需要从开始就上下联动成立混改领导小组和工作团队，请决策部门和上级单位充分参与，提前就各个核心环节深入沟通交流，才能统一思想，达成共识。

## 29. 如何推动混改中的"职工安置"平稳进行？

国有企业混改势必会改变国有企业原有的股权结构，也将改变原先的劳动用工和分配激励制度，这是一项涉及各方股东利益，关系到混改国企所有员工核心利益的重大改革工程。

为了保证这项改革的成功和平稳推动，在混改进程中，关于"员工安置"问题的关注就显得非常必要。

### ◎ 什么是混改中的"员工安置"？

我们每谈到一个问题，就先要将概念搞清楚，否则容易张冠李戴，走岔路。"员工安置"这个词一直伴随着国有企业改革的全过程，就此问题，《关于规范国有企业改制工作的意见》《关于国有大中型企业主辅分离辅业改制分流安置富余人员的实施办法》等文件，在不同的历史阶段都进行了明文规定，对在国企改制、主辅分离等国企改革过程中的"员工安置"问题进行了政策安排。

现在推动的国有企业混合所有制改革所涉及的员工安置，和这些历史上的概念有什么相同和不同，要解决什么新问题呢？就此，我们要做出几点解读。

#### "员工安置"的共同点

包括本次混改在内，历次国企改革中一直谈论的员工安置问题，有几点是相同的：企业员工与原有国有企业解除或者变更了劳动合同，使员工改变原有国有职工的身份、待遇和岗位；与改制改革后的企业可能签订不同类型的劳动合同,或者短期、长期不能签订劳动合同;通过退休、内部退养、转岗、待岗等方式改变了员工的实际工作状态;企业改制改革带来的历史人员成本和遗留问题。

**国企混改"员工安置"的新特点**

那么,这次国企混改涉及的员工安置,在继承历史特点的基础上,有什么新的特点呢?

第一,由于混改后的企业类型不同,涉及员工安置的范围有所不同。有的企业通过混改和股权多元化成为国有控股的多元投资主体企业,公司员工身份和劳动合同如果没有发生实质性变化,并不涉及劳动合同变更的经济补偿问题。有的企业混改后,成为国有参股的公司,那么原有国有企业职工将涉及因企业性质变化而带来的合同变更的经济补偿安排。

第二,由于本轮混改大多伴随着企业人力资源机制改革,涉及组织用工的精简和能力要求提升,所以有部分企业员工原有岗位变动或者待岗等问题。这是机制改革所带来的员工安置问题。

◎ 混改"员工安置"要解决的核心问题

根据混改"员工安置"的共性和特性内容,知本咨询认为需要综合统筹七大方面的管理安排(见图2-5),才能比较妥善地处理这一事关混改成败的基础性课题。

**劳动合同问题**

劳动合同的变化,是产生员工安置问题的基础性条件。在历次改革过程中,关于劳动合同关系的变化,都是政策关注的重点。在《关于国有大

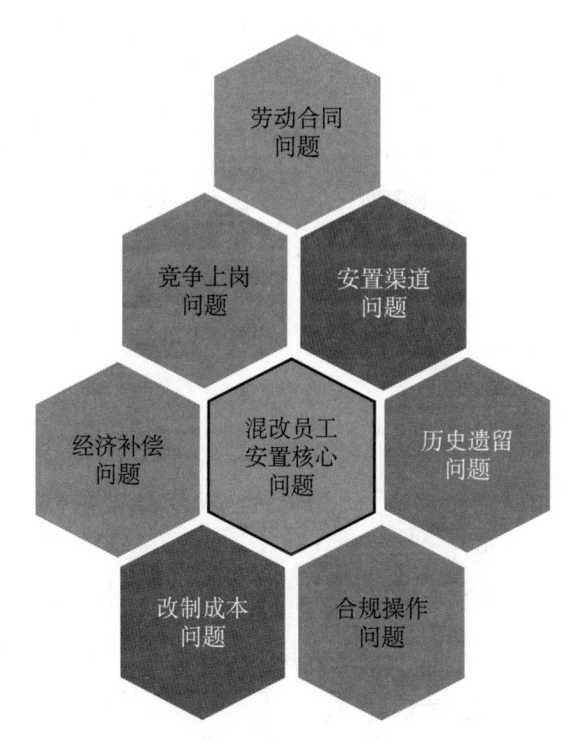

图 2-5 混改中员工安置的七大问题

中型企业主辅分离辅业改制分流安置富余人员的实施办法》《关于进一步规范国有企业改制工作的实施意见》中，都有相关条款的明文规定。

劳动合同的变更，涉及岗位内容、合同期限、签约主体等重要内容，混改企业在解决时需要和员工充分协商一致。

**竞争上岗问题**

混改企业要积极推动"三项制度改革"，这是企业机制改革的重要部分，其中基础性的工作是根据企业战略发展的需要，重新设定组织机构和岗位数量，重新对岗位任职资格进行规定，在此基础上，所有企业员工开展一次新的"双向选择"，重新竞聘上岗。

竞聘上岗是以公平、公开的程序，通过外部专家的参与，给每个员工施展个人才能的重要机会，及时发现优秀的人才并选拔到重要的岗位上去。同时，也很可能出现的情况是，有些原来有岗位的员工，由于多方面的综合原因，没法继续获得企业现有上岗的机会，竞聘失败。这个时候，混改企业还需要对员工进行多渠道的安置和给予待岗期间的基本待遇保障。

**安置渠道问题**

在混改企业出现员工安置的情况下，通常有哪些通路可以帮助进行不同的安置呢？我们总结大致有如下几种：

- 多数员工与新企业签订劳动合同。
- 员工自愿选择不加入混改企业，国有股东安排其他适当岗位。
- 根据地方政策，距退休不满五年的员工选择内部退养等形式。
- 员工可以选择解除劳动合同。
- 通过新公司竞聘没有岗位的员工，采用安排专项工作、待岗培训等方式。

总体而言，混改企业要根据本企业的实际情况，本着对企业平稳改革负责，对历史负责，对每个企业员工负责的精神，多方面拓展员工安置渠道，尽力免除国企员工的后顾之忧，这样才能保证混改的成功。

**经济补偿问题**

企业改制中的经济补偿问题，起源于1995年执行的原劳动部文件《违反和解除劳动合同的经济补偿办法》，目前此文件已经被《劳动合同法》相关内容取代，所以，我们在混改中所提及的经济补偿概念、标准和计发方法都需要按照《劳动合同法》进行。

那么，经济补偿的计算方式是什么呢？《劳动合同法》规定得也很明确："经济补偿按劳动者在本单位工作的年限，每满一年支付一个月工资的标准向劳动者支付。六个月以上不满一年的，按一年计算；不满六个月的，向劳动者支付半个月工资的经济补偿。"

也就是说，如果出现混改企业改制改革为国有参股公司，或者一些员工劳动合同发生实质性变化，那么企业需要按照员工在本单位工作年限，每满一年支付员工一个月的工资作为补偿，"月工资是指劳动者在劳动合同解除或者终止前十二个月的平均工资"。

### 历史遗留问题

国有企业的改革，或多或少都有历史的影子，从计划经济转轨到市场经济，历史越深厚的公司，可能历史遗留问题就越多，其中一些是与国企员工利益密不可分的。这些历史遗留问题可能会包括：

- 企业历史上欠付养老、医疗等社会保险统筹资金。
- 企业欠付医药费、住房补贴、所辖社区福利经费等支出。
- 企业为退休员工支付补贴或津贴。
- 与企业有劳动合同但在改革前已经离岗或者不在岗人员的安排。
- 涉及军转、公务人员的安排。
- 企业改制中剥离其他低效资产和业务产生的亏损。
- 其他各种历史遗留问题。

为了让混改企业能够轻装上阵，谋求持续发展，在混改时需要将这些历史遗留问题一并进行清理并制定解决方案，作为改制成本一次性在混改过程中消化。

**改制成本问题**

混改企业明确了诸多涉及员工安置的成本支出和历史遗留问题后,下面需要考虑的问题是,这些费用如何来支付和进行财务处理呢?

一般来说,涉及的改制人员安置成本,在财务处理方面的出口,要么是原有企业从自身收益和净资产中支付,要么是由改制后的企业继续支付,要么是由改制时引进的外部投资者支付。有效区分不同改制人员安置成本的费用列支,是一个政策性很强的领域,需要严格根据中央和地方的相关财政配套政策做出安排。

由拟混改企业净资产承担的费用。这部分费用可以划分为三类:第一类是离退休人员统筹外费用,经批准可以从重组前企业净资产中预提;第二类是内退人员生活费和社会保险费,经批准可以从重组前企业净资产中预提;第三类是我们之前提到的经济补偿金。

由外部投资者和国有股东承担的费用。根据相关政策,企业重组涉及产权转让的各项职工安置费用应当从产权转让收入中优先支付。也就是说,如果在混改中有一部分国有股权采用股权转让而不是增资形式,那么我们上面所表述的各项员工安置费用,都不能通过扣除拟混改企业净资产的方式处理,而需要从外部投资者支付的股权对价中进行支付。用股权转让款来支付人员安置成本,实际是由外部投资者和国有股东共同承担了这部分费用。

**合规操作问题**

员工安置的完成要有两个标准:底线标准是合法合规,不能投机取巧,留下隐患;更高标准是群策群力,利用这个机会激发组织的活力和动力,推动市场化机制的快速形成。我们在此先讨论合规操作的底线如何达成。

首先，国家各项改革改制的文件规定，在企业改制过程中涉及职工利益的重大问题，需要在改革方案实施前，将包括员工安置方案在内的整体改革方案，由企业的职工代表大会审议通过，这是推动改革落实的前置程序之一。

混改企业需要对此高度重视。做好这一项工作，需要保持信息的公开透明，需要充分考虑到不同类型员工的不同利益诉求，平衡好方方面面的关系。同时，要提前和员工各个层次进行沟通，解读员工安置方案，用企业的发展目标和未来前景善加引导，增强员工的信心和工作动力，提高企业凝聚力。

其次，在各种改革中，我们有一条基本经验，那就是充分给予员工自主的选择权，尊重员工本人意见，充分利用公开竞聘等机制，让每个员工都感受到公开和公平的氛围，给每个人创造公平的环境。

独立自主决定的员工安置，比起企业代为决定的安置策略，虽然可能多花费一些精力，但是将更能经得起历史的考验，更有利于混改企业持续健康发展。

以上，我们对国企混改过程中的员工安置问题进行了解读。总结起来，混改员工安置要对七大方面的问题分别加以明确，同时严格执行国家相关政策，基本标准是合法合规，平均标准是各方满意，优质标准是活力迸发。具体能否做到，要看各家企业的水平和策略了。

## 30. 衡量混改成败的标准是什么？

混改确实对于我们这个处于转型升级阶段的国家很重要，对于国有企业改革很重要，但当全国上下一起冲进混改浪潮的时候，我们有一个问题不能遗忘，那就是：如何评判一家企业混合所有制改革的成败呢？混改的成功标准是什么呢？

◎ **混改成败标准的两个误区**

误区一：以"姓氏"为标准

有人认为，如果一家国企通过混改出让了大部分股权给混改战略投资者，特别是民营企业，就是让这家公司变了姓。比如云南白药，通过引入民营资本实现了对等持股，但引来很多关于这个云南老牌国企是姓公还是姓私的争议。反过来也是，2018年证券市场指数的滑坡，一些民营上市公司由于流动性危机引入了国企股东，社会上又响起国进民退的争议。有人坚信姓公不能改为姓私，有人认为姓私更有效率。到今天为止，我们观察到，以所有权来划分企业姓氏，以姓公姓私来界定混改方向的认识，仍然在很多层面影响混改的进程。

误区二：以"数量"为标准

混合所有制经济是国资改革大趋势，但是如果将混改变成一种时尚概念、一种任务和口号、一种各个地方的新型比赛项目，这个时候，对于混改成败的衡量标准可能就会变成数字化的指标，如：某某省完成了多少次企业混改，某某地方今年混改经济比例提升了多少，某某企业同时铺开多少家下属公司的混改，等等。

以数量为标准的混改，带来的直接效果是环环督办、层层加压，规定在一定时间内必须完成的混改项目数量，而顾不上考虑产业的规模、企业的大小、投资者的匹配程度、公司的战略前景等关键性问题。

◎ 考验混改成败的试金石

从国资国企改革的角度来看混合所有制经济，什么才是我们最终追求的目标呢？回到推进混改的初心，中国需要的是将市场化的机制与国有企业规范化的体制有效结合，通过机制、体制创新找到国企新发展的升级版模式。所以，考验一家企业混改最终成败的因素，不是有没有签协议，让渡了多少股权比例，搞不搞员工持股，哪家知名企业来投资了，或者完成了多大比例的混改任务，而是这家企业的业绩有没有提升，股东回报有没有增加，经营活力和潜力有没有改变。

成功混改需要业绩提升

本轮混改已经进行了两三年时间，有些混改企业的业绩潜力还没有得到释放，但已经有数据可以对混改绩效进行评判。2014年，中石化加油站系统在中央企业中率先响应混改政策，重组成立了中石化销售公司，吸引了20余家外部股东，共同构建了新型的公司治理体系。2014—2016年，在外部石油价格持续走低的环境下，中石化加油站体系依靠这些外部股东引进的资源，通过非油品销售实现了40%以上的年增长率。这就是混合所有制经济带来的直接业绩提升，也直接印证了混改能够通过资源对接的方式推动国企的成长。

相反，我们也看到，在一些已经完成混改的公司中，混改并没有直接带来业绩的提升。企业引进的股东市场知名度不低，但是缺少给企业提供除资金外的实质性资源对接；同时，企业内部除了股东层面发声变化外，经营还是老样子，干部还是老路子。需要重申的是，混改不是万能的，尤其是停留在股权层面的混改，更不能保证提高企业经营绩效。对此，混改企业在准备期应格外重视。

**成功混改需要股东回报**

第二条成功标准，需要各个参与股东获得回报，需要一个多赢的结果，而不是零和博弈，一买一卖了之。大家都知道混改重在改而不在混，但是这一改革是从混开始的，就必须把混的事情拎清才行。

混改当中至少涉及三类重要当事者，一是国有股东，二是外部投资者或民营股东，三是企业经营层。我们认为，如果说一家企业混改成功了，需要这三方都感觉价值增加。国有股东不仅得到了国有资产的增值，还在更大范围内树立了激活体制机制的样板。民营股东出了钱、出了资源，要能够得到业绩回报，同时要有足够的管理发言权，对混改企业长期坚定信心。同样，经营管理层要得到物质的回报，同时要有对企业长期发展贡献更大的动力。这三个价值增长结合在一起，才能说是成功的混改。

用这个标准来衡量，有一些混改项目并不能说是成功的。比如，以甩包袱为基本出发点的混改，通过出让大部分股权，把很多年积累的问题全部扔出去，对企业未来不管不顾，对企业的职工队伍默然处之。这样的混改，可能成在一时，但如果变成一家赢多方输，最终的结局难以定论。再比如，不恰当的混改股比设计，使股东难以实际管理和干预企业事务，企业成为内部控制的三不管地带，这个结果显然也不是国资或民资所希望的。

## 成功混改需要活力倍增

一家企业的股权改革,在任何时候发生,都会对企业的成长产生至关重要的影响。国企混改和股权多元化,能够为国企的机制创新带来突破口,所以,混改不能只是法律层面的股权改革,更应该是国企内在机制的改革创新,应该是干部队伍的提升和激活。混改能够直接产生的是一个富有活力的组织、新的面孔和不同的思考方式。

中国联通的混改,我们认为是这方面改革配套相对到位的典型。这家企业引入了包括腾讯在内的多家社会资本后,并没有原地不动,而是通过五大工程来推动内部机制的激活。建立市场化用人机制、机构精简、双创改革、全生产场景划小承包改革、员工持股这几个涉及数万员工的深层次改革,帮助中国联通在2018年实现了效益的持续增长,公司活力大为提高。

与此相反,一些国企混改后,干部机制没有变化,市场化用工没有推进,内部分配难以调整,组织机构维持原样,这种换汤不换药的表面文章,于企业不利,于改革无益。

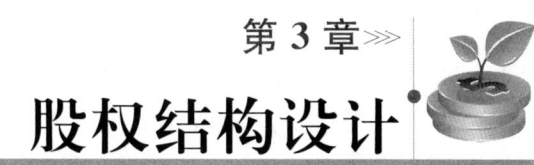

第 3 章

# 股权结构设计

## 31. 混改股权结构设计要重点考虑哪些问题？

混改混的就是股权结构。

股权这个概念，从五百年前被发明开始，就是一家企业组织最基础的规范和建构，事关所有权、收益权、管理权。混合所有制改革，实践国有与非公、中央与地方、股东与经营者之间的广泛融合，立意高远，但也任务艰巨。股权结构中除了股权比例的多元化外，还涉及股权性质和管理文化的重大差异。在这样跨体制、跨界别的"婚姻"中，如何构建好股权结构这一基础设施呢？在设计阶段需要考虑哪些基本因素，如何进行取舍权衡？

知本咨询有一种混改股权结构设计六要素模型，一目了然（见图3-1）。

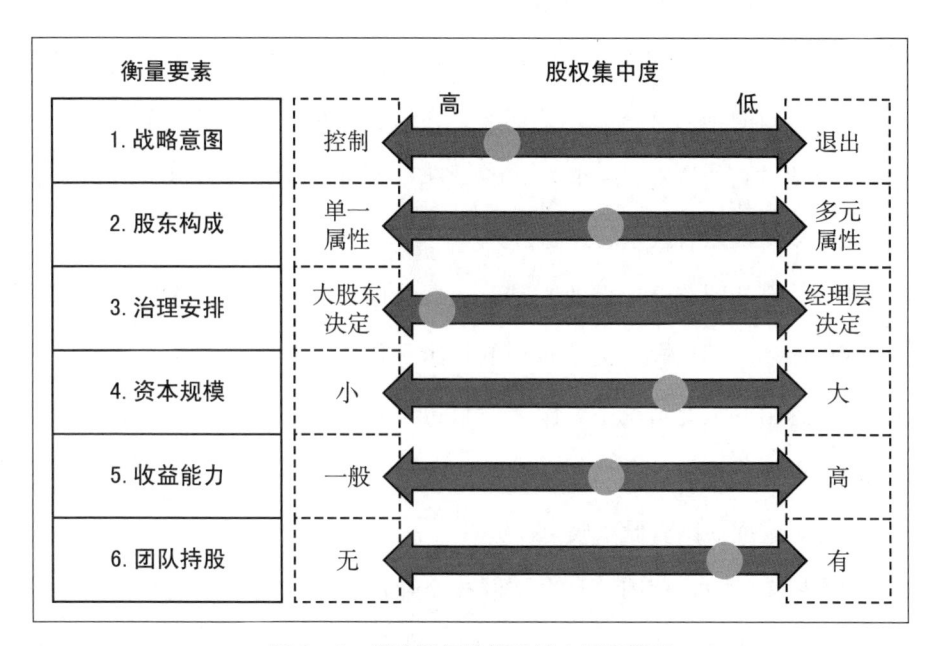

| 衡量要素 | 股权集中度 | |
|---|---|---|
| | 高 | 低 |
| 1. 战略意图 | 控制 ←——————→ | 退出 |
| 2. 股东构成 | 单一属性 ←——————→ | 多元属性 |
| 3. 治理安排 | 大股东决定 ←——————→ | 经理层决定 |
| 4. 资本规模 | 小 ←——————→ | 大 |
| 5. 收益能力 | 一般 ←——————→ | 高 |
| 6. 团队持股 | 无 ←——————→ | 有 |

图3-1 混改股权结构设计六要素模型

总体来看，我们认为影响混改中股权结构的要素一共有六项，分别是国有股东的战略意图、混改后的股东构成、未来的治理安排、混改企业资本规模、混改企业经营收益能力以及是否有团队持股。

对于每一个要素，我们都以"股权集中度"作为衡量标准，也就是国有股权在混改后相对集中分布的状态。可以清晰地看到，在一些情况下，混改企业从国有股东角度考虑，需要股权集中度高，而在相反情况下，需要股权集中度相对低。

那么，衡量股权结构设计的思考过程就简单了，可以变为对这六项要素逐一思考，最终调整算盘珠的过程！

**战略意图**

不同企业混改的战略动机或者叫战略意图是不同的。有的国有企业，推动混改的目的是对接外部市场资源，推动企业活力提高，通常仍然需要保持国有股权的绝对控制地位。那么，在这种情况下，国有股东的股权仍要保持在比较高的位置，一般在 50% 之上，企业也不适于过度分散化的股权结构，以保证国有股东的控制力。

相反，有的国有企业混改，是希望通过国有资本的有序进退，实现国有股权的流动，实现国有资本布局的重组和优化，或者是在某些竞争性企业的股权退出。在此情况下，国有股权可以从全资或控股，持续下降到参股地位，引入更多的外部股东，释放较大比例股权，构建一种相对分散的股权结构，进而使国有股东成为投资者之一。

国有股东的战略意图，是决定混改企业股权结构的基础性和根本性要素，在进行股权结构设计时，首先要加以明确。

### 股东构成

股东构成的内涵包括:在一家混改企业中,是由一些不同背景的国有股东来投资,还是国有、民营、外资、核心持股等多种不同特点的股东进行投资。股东构成不同,混改企业的股权结构也不一样。

如果是在一家单一属性的混改企业里,那么股东虽然代表的企业和组织不同,但都是体制内的国有资本,各自企业和组织的管理特征没有很大区别,在此情况下,相对集中的股权结构是比较适宜的。

如果一家混改企业的股东来自不同所有制,从国有股东的角度来看,一种相对分散的股权结构,一是能够体现各种机制的融合和制约作用,二是国有股权只需要相对占优仍能继续发挥作用,三是弱化了集中性股权结构安排可能带来的治理矛盾问题。

### 治理安排

混改企业的治理安排,有两种比较极端的情况,需要国有股东提前进行思考并寻找答案。第一种是希望在混改后,国有股东的管理系统仍能发挥重要的管控影响力。在此情形下,需要混改企业相对集中的股权结构相匹配。第二种情况是在混改后,让企业核心经营层发挥更大的管理作用,发挥更大的战略性价值。在此情况下,相对分散的股权结构是较为有利的。

### 资本规模

有的国有企业底盘比较大,已经有了成熟的业务体系和几十亿元甚至更多的净资产,这一类属于资本规模比较大的国有企业。这些企业在考虑股权结构时,可以通过相对分散股权的形式,降低每个股权份额的资本要求，这样更容易吸引投资。

另外一些国有企业处于业务发展的初期，资本规模不大，但是未来的增长需要持续扩大股东的资本投入，也为进一步融资发展留足股权的预期。这些企业初步混改中，股权结构需要相对集中，国有股东要保持一个有一定富余弹性的股权比例，为下一步的持续股权释放做好准备。

### 收益能力

一家混改企业的盈利水平和收益能力，对这家企业的混改股权比例有影响吗？有的。对于参与混改的外部投资者来说，进入一家国有企业做投资者，其目的主要有两种，一是获得一定的投资回报率，二是获得一定程度上的经营管理发言权。如果两个都能达到，那是投资者心目中的最佳投资标的。如果不能，就需要达到其中之一，否则投资者是不会投资的。

按此思考，一家收益水平相对理想的混改企业，可以由国有股东保持更多的管治权，给外部股东较少的股权份额。对于一家收益状况一般或者不太理想的国有企业，如果希望混改能够成功，就需要释放出相对较多的股权比例，让外部投资者行使更大的投资决策和企业管控权力，更深地介入混改企业的决策和经营当中来。

### 团队持股

有没有团队持股，对于混改股权结构设计也有不小影响。如果在混改中，可以同步开展团队持股，按照目前的政策，将在30％比例之内进行设计，企业的股权结构至少包括国有股东、外部投资者和持股团队三类。同时，由于持股团队长期在企业中工作，与国有股东往往会保持一致行动关系，因而，在配套进行团队持股的混改中，股权结构可以相对分散，国有股比有条件更多降低。

相反，混改中暂时没有团队持股时，企业的股权结构就需要相对集中些，这也是为未来预留股权空间，也是管控稳定器。

最后，我们总结一下。国企混改股权结构设计是混改方案成败的关键一环，在思考时六大要素需要逐一确认，具体来说，是六句话：

要控制，高股比；要退出，多分散。

国有股，可集中；非公股，请分散。

大股东，要简单；经营层，要分散。

小企业，多预留；大企业，讲分散。

收益低，请多让；收益高，必分散。

没持股，先集中；有持股，可分散。

## 32. 在国资控股条件下，什么股权结构是最优的？

在混改的政策原则里，"宜控则控，宜参则参"是经常提起的一句。一家全资国有企业或者国有控股企业，在混改中继续保持国有资本的控制地位，或者是由于行业地位的原因，或者是由于经营绩效的原因。无论怎样，我们看到的所有混改的案例中，继续保持国有资本控制力的选择，占有绝大多数。

在混改后依然希望可以保持国有资本有效控制，同时又希望借助于社会资本力量实现内部机制的激活，同时引入外部市场的资源和能力，继续提升企业的经营绩效，这就是混改中占有主流思想的"战略动机"。

### ◎ 十二字原则

在国有资本控制者的战略动机下，怎样的混改股权结构能够实现多赢的格局呢？我们认为，最好的股权结构应该同时具备下面三个特点：一股领先，相对分散，激励股份。

一股领先，是指国有资本在混改后形成的股权结构中，需要保持第一大股东的位置。这个第一大股东的股比，并不一定必须保持在50%以上，可以降低到40%或者更低的水平，以便于外部投资者的引入。当然，这里的条件是第一大股东的股比要高于后面第二、第三、第四等股东的股比之和，以确保股权对应的相对投票权和决策权。

相对分散，是指吸引的外部股东需要同时多家引入，每家持有股比都不应过高，这样能够保证投资者形成一个相互制衡的整体，其中任何一个投资者都不能单独或者仅靠简单联合就可以在公司治理的核心问题上带来潜在的不稳定性。

激励股份，是指在国有控制的角色下，尽可能推动核心层持股等长期激励措施同步实现，保证经营管理核心团队与公司其他股东利益实现捆绑，激活公司的内部机制和组织活力，使国有资本保值增值和企业内部活力提升同步实现。

我们认为，在国有资本控股的基本前提下，混改企业的股权结构最好采用"一股领先＋相对分散＋激励股份"的基本方式。

◎ 三个实操原则

"一股领先＋相对分散＋激励股份"确定的国企混改股权结构，能够帮助国有企业实现国有资本、非公资本和经营层的利益目标一致，是混改企业在仍需保持国有资本控制力的战略意图下，可以参考的较优股权结构。不过，在具体实施过程中，还可能出现三个问题。

一股领先，要领先多少？

我们在前文已经说过，要实现国有股权的一股领先，不必绝对控股，也不一定持股在40％之上，像中联重科这家企业，在上市后国有股比甚至已经降低到20％之下，依然可以实现一股领先。不过，对于很多从国有全资企业开始混改的公司来说，必须要有一个相对具体的股比范围。

就目前国内混改实操的案例来看，国有股东要采用一股领先的基本策略，通常第一步还是倾向于将国有股比保持在40％之上，一些案例突破了50％绝对控股线。比如东航物流的混改案例，国有股东的股比降低到45％，引入的四家外部投资者一共占比45％，还有10％的核心团队持股。

其他案例，比如中国电信翼支付的混改股权比例设计，中国电信国有股东保留了 51% 的股权比例,将另外 49% 的股比释放给多家外部投资者;又比如中国盐业股份有限公司的改革案例,国有股东保有约 60% 的股权比例,释放约 40% 给十几家外部投资者。这些案例都告诉我们,一股领先,首先可以在 40%~60% 的区间寻找平衡点,未来伴随进一步的资本运作,给国有股东留下继续优化的空间。

**相对分散,需要多少战略投资者?**

既然是相对分散,那么需要的不止是一家外部投资者。那么,一家全资国企在吸引外部投资者的时候,需要大致多少个投资者才是合理的呢?

我们认为,这与国有企业发展阶段、资本规模大小有直接的关系,要结合知本咨询提出的混改股权结构设计六要素模型进行考虑。对于成长期的国有企业,战略投资者的数量不宜过多,2~3 家为宜,以免在公司治理中过早出现各种不同的意见,影响决策效率;对于成熟期的国有企业,外部投资者可以更多,通过多元的股东结构,使得大型国有企业更具有市场属性。

在实践中,这样的例子还是不少的。2019 年 9 月,北京外企人力资源服务有限公司完成了混改引入投资者的过程,吸引了 3 家投资者,一共释放了约 14% 的股权。这家公司的引资结构,属于成长型公司相对分散股权的一个案例。

2019 年 12 月,中车产业投资有限公司实现混改引战成功,释放了近 35% 的股权,吸引了 5 家战略投资者,分散程度相对更高。截至目前,首次混改吸引投资者数量最多者应属中国石化销售股份有限公司,2014 年一次性引入了 25 家投资者,释放了 30% 的股权。

**激励股份,占多大比例合适?**

在实践中，配套混改开展股权激励是很多企业所希望的。但是，由于各种限制性因素存在，股权激励并不一定可以在首次混改时实现。这个时候，可以采用分步走的形式，寻找更合适自己的长期激励方式。

在混改中，可以同步推进股权形式的长期激励，主要包括未上市公司的核心层持股，以及针对上市公司的股权激励。对于不同的激励形式，都要根据相关的政策严格执行。相关政策对于持股和股权激励的比例上限都有规定，比如133号文件规定混合所有制企业的核心员工持股比例最高不超过30%，国有控股上市公司股权激励政策规定股权激励股份不得超过公司总股本的10%，等等。

实际操作过程中，不同企业的选择差异较大。一些成长型企业选择接近于30%的政策上限，比如西安市政工程公司；另外一些企业选择比较低的比例，比如庆丰包子铺的核心持股仅占不到2%；还有一些企业选择适中的10%~20%比例，比如东航物流等。这些不同的比例都是各家企业在充分权衡战略需要、资本实力、激励程度、管控期望等因素后综合确定的。

## 33. 在国资参股条件下，什么股权结构是最优的？

进行一些国有企业参股型混改，是本次国企混改中的一个重要部分。在混改中，"宜参则参"，我们认为就是部分行业、部分地区、部分企业中的国有资产，通过增资或者股权转让的方式，将大部分股权释放出去，让混改企业进行更加充分的市场竞争。我们把这种模式下的国企混改战略意图，称为国有资本配合者的战略动机。

一家国企从全资企业转变为国资参股公司，确实需要经历很大的角色调整，不是一件容易事。怎样的股权结构最能帮助国有资本实现配合者角色的新定位呢？

### ◎ 国资参股混改要考虑两个股权因素

从目前出现的混改案例中我们总结出，这种模式下的较优股权结构应该至少考虑两个因素：三分股权，金股安排。

三分股权，我们认为是国资退到参股位置后混改国有企业最核心的股权特点。这个"三分"有两层含义：

第一层含义是在一个国企退到参股地位的混改企业中，需要提倡控股投资者、国有资本股东和持股核心层三种性质的股东同时存在。这实际上是对三方投资都最大限度负责的体现，既能焕发企业活力，又能保持核心层的稳定和积极性，实现平稳过渡。通过核心层持股，解决了国企变为民营控股后的管理层稳定问题。

第二层含义是三种不同属性的股东大致需要实现一种相对平衡的股权结构。其中，国有资本股权保持在 1/3 之上，大致 35% 的比例是一个相对合适的选择。

因为《公司法》规定，混改企业可以约定部分重大事项必须经 2/3 以上有表决权的股东同意，这样就能维护国有资本的对应权益，也使得国企可持续发展获得一个相对稳定的股权预期。

金股安排，这个条件是个选择项。在一些企业的实践中，约定特别重大事项，国有资本股东将拥有一票否决权。这个约定是一项风险防范措施，并不是一种可以经常运用的法定控制权力，因而，要根据每家企业的实际情况选择。

◎ 国企参股混改，为什么要"三分"而不是"二分"？

我们看到一个现象：部分国企在混改过程中，并没有实现我们提倡的"三分股权"，而是直接将控股权释放并转移给外部投资者。这种实践会有哪些问题呢？

国有企业的股权性质，从法律上看，与民营企业的股权性质并无两样。但是，在实际管理中，国有企业的经营和管理文化，和企业的经营层、国企职工是皮与毛的关系，无法分离。国有企业的发展和改革，如果离开管理层和职工的支持，基本无法推进。所以，国企的股权，实际上并不只是简单由国企母公司掌握和控制的，必须考虑到公司职工和管理层的安排与核心利益。

混改中的国有股权交易，无论是增资还是股权转让，并不是国有股东和外部投资者两方的一种交易安排。从混改企业平稳发展考虑，从国有职工权益得到保证考虑，都需要在股权安排时能够考虑这个第三方的存在。

所以，在一家全资国企改为国资参股后，我们建议最好的股权安排是推动核心管理层和员工持股，使他们也成为公司未来经营管理决策的主体之一。这样做的好处是显而易见的：

第一，可以保障企业成长延续性。任何一家企业都不能割断历史而存在，混改国企更是如此。少数国企股东在考虑一些下属企业混改时，存在"甩包袱""一卖了之"的潜在意识，认为只要找到一个接盘者，今后这家下属企业就基本和自己没更多关系了，可以解脱了；至于混改之后企业到底要怎么做，新股东会不会另起炉灶，这些问题基本就不考虑了。我们认为，这种倾向是要认真反思的。那么，如何来解决这个问题？最好的途径就是推动混改企业实行核心团队持股，实现利益绑定，让经营层的思想可以延续下去，国企股东仍需要保持相当的关注，这样才可能使企业平稳成长下去。

第二，可以保障职工的稳定和改革的顺利。历史上的国企改革，涉及员工安置等问题的部分，都是重要的部分，也是具有一定风险的部分。正是因为这样，在《中央企业混合所有制改革操作指引》当中，明确将"员工安置"和"改革风险评估"两个内容作为必不可少的方案内容进行论证。一家国有企业从全资或者控股改造为国有参股，涉及国有企业性质的重大变化，这个变化对于企业管理团队和职工的影响是最直接的，每个人都能感受到。如果这时国有股东不做工作，不做安排，不做说明，只是当一卖了之的甩手掌柜，职工感受的是"被抛弃""被出售"，那么负面的情绪就可能带来不稳定的后果，反过来直接影响到改革的落实。

怎么样保持职工的稳定和改革的平稳预期呢？我们认为，通过充分沟通说明，推动核心团队和岗位持股，让全资国企改造为三方股东共同负责、共谋发展、共享收益的新股权结构，是一个既能兼顾国有股东利益和考虑，又能实现平稳改革的较好选择。

### ◎ "三分股权"模式在混改中的实践

"三分股权"的股权结构，不只是一种管理构想，在国企混改的实践中，已经有一些案例证明。在这个方面，绿地控股集团所参与的混改投资项目表现比较突出。

以贵州省药材有限责任公司（以下简称"贵州药材"）混改为例。贵州药材通过股权转让与增资扩股模式引入绿地控股作为战略投资者，绿地控股以股权收购方式和增资扩股方式共获取贵州药材70%的股权。之后，绿地控股承诺将自己持有的部分股权转让给贵州药材管理团队及核心员工，实现由绿地控股、贵州黔晟、管理团队及核心员工共同持股的三元结构（见图3-2）。

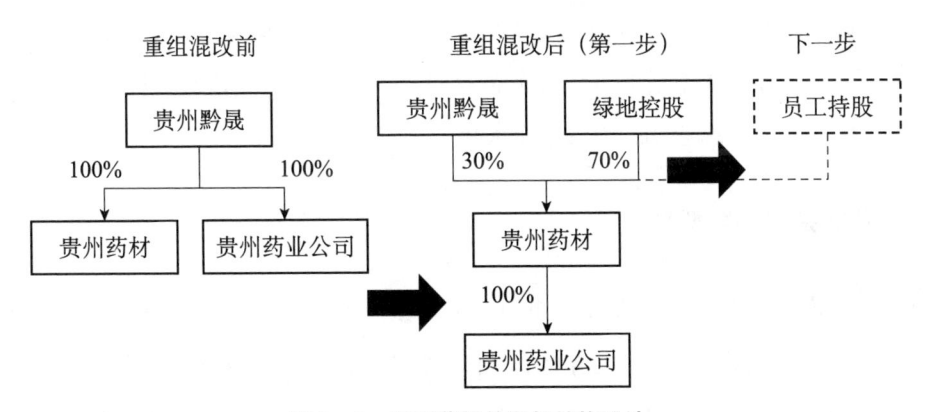

图3-2 贵州药材的股权结构设计

贵州药材混改案例中，国有股从全资地位退到参股地位，但是这家企业充分考虑了核心团队和员工的长期利益，以分步走方式实现"三分股权"，是值得很多同类企业思考和借鉴的经验。

## 34. 如何通过联盟型混改来建设产业生态圈?

通常来说,国有企业的混改有三个基本功用:可以帮助国有企业实现与外部产业资源的对接和联通;帮助国有企业充实资本实力,改善财务结构;建立更加适应市场的国企。除了这三点之外,还有没有国企可以借助于混改和股权多元化来实现企业成长目标的其他途径呢?

那就是转换定位,将国有企业从被混改者调整为股权多元化的投资者,通过参与产业链上下游和其他相关企业的改革,实现产业拓展的目标。

我们称这种模式为"联盟型混改"!

### ◎ 什么是"联盟型混改"?

这里的"联盟",就是指一群有共同产业目标的企业,在某种协议或者契约规定下,按一定规则行事,进而达成"集体行动,抱团发展"的战略目标。联盟的基础是协议,联盟的方式是合作,联盟的结果是共赢网络建立。

把混改和联盟结合在一起,就更有意思了。混改和股权多元化,本质是通过资本纽带实现企业之间的股权联结,这个特点使得混改可以天然地成为建立和强化联盟的基本工具。也就是说,一家企业可以通过参股等多种模式,和产业链或者产业周边的企业连接起来,建立更大的、更稳定的合作体系。由于有资本的参与,借助于资本和治理的力量,这种联盟体系将比传统的协议联盟更加稳固、更有效率。

简单来说,联盟型混改不是对企业自己股权结构的改变,而是通过混改对企业产业链条和产业生态进行资本改造,构建至少两个维度的合作关系，一个是资本股权的合作连接，另一个是在采购、供应、技术、资本等方面的业务合作连接。

联盟型混改，一般通过三个步骤实现（见图3-3）。

1. 整体设计战略性业务拓展方式
2. 平行选择合作伙伴进行参股网络搭建
3. 构建业务合作和股权管理双维机制

图3-3 联盟型混改的步骤

◎ 向小米集团和中国建材取经

联盟型混改的概念有点抽象，如何落地呢？我们举两个例子说说吧。

**小米生态链**

小米集团，作为新兴互联网企业，近几年获得了快速发展。小米的产品是什么呢？我们知道的就有很多，除了手机，还有扫地机器人、音箱、电视、自行车等等数百种。这家企业如何有能力在如此短的时间内，建立起这么多不同行业的制造能力呢？答案是"小米生态链"。

小米生态链既不是全资收购或者并购不同产品的制造企业，也不是所谓OEM贴牌生产，而是小米基于自身已有的小米品牌、小米渠道和小米资本这三个方面的优势资源，构建起一个三角形的骨架，在此基础上，寻找不同制造领域内优秀的企业，通过小米资本参股（10%~20%）的形式，建立稳定的资本纽带，同时通过协议代理这些参股企业的产品，并利用小米渠道实现大量快速的分销。

小米生态链上的企业，从一家开始至2019年上半年，已经发展到270

多家，建立起一个涉及大量细分制造行业的产业联盟网络，支撑这家原本只生产手机的公司成为一家产品线宽广的跨产业集团性企业。

**中国建材"三盘牛肉"**

中国建材集团，原本是一家规模较小的中央企业，为何在比较短的时间内能够做强做大？原因是选择了利用股权合作的模式，对于包括水泥等行业的其他民营企业和地方企业进行整合发展，并获得了巨大成功。可以说，中国建材的产业拓展模式，是联盟型混改的经典尝试之一。

根据中国建材的归纳，这个经验有两个核心内容："三七原则"和"三盘牛肉"。

所谓三七原则，是指中国建材形成了上市公司层、平台公司层和业务公司层三级混改结构，不同层面的股权安排不同。上市公司层面，中国建材股份等公司吸纳大量社会资本；平台公司层面，把民营企业的部分股份提上来交叉持股；业务公司层面，给原所有者留30%左右的股权。

三七原则又进一步分为两种。"正三七"，指的是中国建材持有上市公司30%以上的股份，作为第一大股东进行相对控股。"倒三七"，指的是中国建材的上市公司采取"倒三七"的股权结构，即约70%的股份由上市公司持有，给其他投资者或民企创业者保留约30%的股份。

依靠三七原则的基本结构，中国建材将原先战略上很重要，但是自身条件不足、资源缺乏的水泥业务迅速在国内发展起来，与很多家不同的民营企业开展了股权合作，形成产业规模竞争力。

同时，中国建材在这样的联盟型混改之中，特别注意与民营企业的利益共享和协同发展。它提出的"三盘牛肉"，是推动这种模式最终成功实施的基础性条件：

第一，聘请专业中介机构进行市场评估，在定价公允透明的基础上让创业者原始投资获得合理回报。

第二，留给创业者30%的股份，让创业者有机会分享整合后的效益。

第三，继续留用那些有能力、有业绩、有职业操守的创业者，吸引其成为职业经理人，既稳定了重组企业，充实优化了管理团队，也为优秀的民营企业家提供了实现个人价值和回馈国家的事业平台。

◎ "联盟型混改"三大要点

联盟型混改模式，对于很多国有企业发展新业务和战略新兴产业具有重要的参考意义。但在实施过程中，需要注意三个操作上的细节。

参股优先

既然是联盟，就不是并购和控股，而是通过股权手段实现长期的利益绑定和业务锁定。所以，联盟型混改中，国有企业对外投资形成的合作项目，我们建议不采用控股的模式，而采用参股的模式。股比可以根据需要在10%～35%的区间内选择。

这样做，至少有两个好处：首先是保证联盟内的企业仍旧保持市场化的基因，而不是感受到被收购了，失去了继续奋斗的激情和机制。其次是国企的有限资本可以发挥更大的效能，投资到更多的联盟企业当中去，快速复制和扩张。

基金引导

我们建议，如果条件具备，国企发展"联盟型混改"，应以建立的市场化产业投资基金作为投资主体，形成一种基金引导型的市场化投资模式。

这种模式可以解决以下关键性问题：

第一，市场化的投资，市场化的管理。通过基金的形式可以充分利用其选、投、管、退等四大阶段的投资机制，实现国有资本的有效配置和流动。

第二，风险防范，防火隔离。通过基金形式可以有效防范市场投资带来的可能风险继续波及主业，建立防火墙机制；同时能够平衡单体项目收益与基金整体收益的关系，实现国有资本的保值增值与风险规避目标双达成。

**监管为基**

联盟型混改形成的合作网络，管理难度提升了。虽然都是参股公司，但对国有企业的发展至关重要，所以不是可以放手不管了，而是要改变监管模式，实现更灵活、更有效的市场化管理。

那么，这样形式的合作联盟网络如何监管呢？

第一是利益绑定。在选择合作网络的节点企业时，应该同步考虑其核心管理团队的长期持股、三年期绩效承诺和对赌，保证利益一致。同时，在本公司推动以新业务跟投为基本方式的投资跟进和绑定，实现本企业直接管理人员的利益一致。这样，三方利益一致后，长期的合作绩效就有了落实基础。

第二是动态评估。联盟型混改企业要进行不低于一年一次的全面审视和评估，根据这个结果确定未来在联盟当中的位置和投资策略。对于投资绩效明显与战略初衷有重大偏差的，需要决策退出、市场化转让。

联盟型混改，对于国有企业来说，是一种更高级别的混改工具应用，涉及战略、投资、管制、产业链、组织激励等多个管理领域。所以，我们建议发展和设计联盟模式的同时，要对企业战略管理有足够的掌控能力，要对投资管理有充分的驾驭能力，同时需要组建专门团队管理和维护这一联盟网络。只有这样，才能让这种崭新的外部网络成为国有企业长期竞争力的有机部分。

## 35. 国有资本投资公司和运营公司可以混改吗？

国有资本投资公司和国有资本运营公司，我们将之简称为"两类公司"，是新时代国资监管体制变革背景下产生的新企业类型。很多朋友都在关心，大部分两类公司都是改组设立，原本与其他企业集团一样，都属于不同级别国资委监管的一级企业，但是现在一些变成了国有资本投资公司和运营公司，企业的管理结构、业务体系将会产生什么本质变化？特别是在发展混合所有制经济的背景下，两类公司能不能推动混改呢？要回答这个问题，我们需要从定义上重新审视国有资本投资公司和运营公司的基本性质。

◎ "两类公司"是什么？

《国务院关于推进国有资本投资、运营公司改革试点的实施意见》（国发〔2018〕23号）是规范国内两类公司改革的基本政策指南。这份文件对于国有资本投资公司和运营公司进行了较为清晰的定义，明确了它们的作用和功能。

这份文件指出："国有资本投资公司主要以服务国家战略、优化国有资本布局、提升产业竞争力为目标，在关系国家安全、国民经济命脉的重要行业和关键领域，按照政府确定的国有资本布局和结构优化要求，以对战略性核心业务控股为主，通过开展投资融资、产业培育和资本运作等，发挥投资引导和结构调整作用，推动产业集聚、化解过剩产能和转型升级，培育核心竞争力和创新能力，积极参与国际竞争，着力提升国有资本控制力、影响力。"

同时,"国有资本运营公司主要以提升国有资本运营效率、提高国有资本回报为目标,以财务性持股为主,通过股权运作、基金投资、培育孵化、价值管理、有序进退等方式,盘活国有资产存量,引导和带动社会资本共同发展,实现国有资本合理流动和保值增值"。

从这样的定义,我们看到两类公司的两个特点:

### 资本型、投资型的企业

国有资本投资公司和国有资本运营公司,都是以股权为中心进行国有资本布局优化的平台型企业。它们都具有投资控股或投资持股的特点,它们所管理的对象是国有资本对应的股权及其收益。

### 一个是战略投资者,一个是财务投资者

在我们通常的概念里,运营公司管长期经营管理,投资公司管资本进退,但是国有资本投资公司和国有资本运营公司的定义说明,这两种企业的作用正好与我们通常的概念相反,大家不要搞混。

国有资本投资公司在国有资本布局中,充当的是战略投资者的角色,"对战略性核心业务控股为主",要"推动产业集聚、化解过剩产能和转型升级"。也就是说,国有资本投资公司要代表国家对一些重要的核心产业进行长期的投资、控制和产业塑造,提升国民经济竞争力。

国有资本运营公司是以提高国有资本回报为目标的财务投资者。这类公司以财务持股为主,主要通过多种资本运作手段,实现国有资本的流动、进退、保值增值。

一个是战略投资者,一个是财务投资者,一个负责产业投资和塑造,一个负责国有资本流动和收益,两个搭配形成国有资本管理系统的有机

组合。

◎ "两类公司"干什么？

这涉及国有资本投资公司和国有资本运营公司的功能。

总体来看，国有资本投资公司和运营公司的组建或改组，不是一家国有企业换了户口本、改了身份证，而是企业的属性发生重大变化。

第一个变化是，两类公司不再是以经营企业为基本目标的普通公司，而是代表国家管理国有资本的战略性平台。两类公司是"管资本"目标下国资监管体制变革的重要依托。通过两类公司，国有资产管理体制实现"政企分开""所有权与经营权分离"。

第二个变化是，两类公司作为国家授权的国有资本投资型平台，承担了之前国家行政监管体系的一些职能，"改革国有资本授权经营体制"。多项战略性、财务性、经营控制性职权，由国资委等国资监管部门授权给两类公司行使，使其更充分地履行国有资本出资监管的功能。这就使得国有资本投资公司和国有资本运营公司的国家出资管理者地位突出，而不是从前的一般企业集团。

◎ "两类公司"的股权结构应该是什么样？

正是由于国有资本投资公司和国有资本运营公司承担的历史使命不同，这两类公司的股权结构与其他企业集团也不相同。

《国务院关于推进国有资本投资、运营公司改革试点的实施意见》指出："国有资本投资、运营公司均为在国家授权范围内履行国有资本出资人职责的国有独资公司，是国有资本市场化运作的专业平台。公司以资本为纽带、以产权为基础依法自主开展国有资本运作，不从事具体生产经营活动。"

两类公司的顶层，应该是"国有独资公司"，这是与其履行国有资产的管理功能和角色直接对应的，是代行国家出资人部分职能的必要要求。同时，两类公司本身只是进行国有资本的投资和股权管理，并不直接进行产业的经营运作，这和一些企业集团目前仍比较深入的运营控制管理模式有很大不同。

因而，混改的话题对于两类公司的顶层是不适用的。但是，两类公司的下属投资产业集团或者二级企业，已经是国有资本市场化运作的产业主体，是否应该推动这级企业的混改和股权多元化呢？回答是肯定的。

《中央企业混合所有制改革操作指引》就此进行了明确说明："充分发挥国有资本投资、运营公司市场化运作专业平台作用，积极推进所属企业混合所有制改革。"

两类公司的构建，已经形成了国有资本监管的顶层市场化平台，其下属的投资企业，更需要积极推动自身的股权多元化改革，利用产权结构的变化，对接市场资源，发挥机制活力。这样，国有资本投资公司和国有资本运营公司所持有的国有股权，就能更加充分地发挥出产业聚焦、资本配置、股权进退、保值增值的应有功能。

所以说，两类公司的最理想股权结构包括两个层面：在顶层保持国有独资公司的形式，同时在二级企业层面充分实现股权多元化，推动市场化机制的建立和完善。这样的国有资本投资公司和国有资本运营公司，是发挥出"管资本"模式改革价值的理想平台。

## 36. 哪些类型的混改股权结构设计有风险？

我们已经谈到了在国企混改中国有股东不同战略意图下，有不同的最优股权结构设计。比如，国有资本依然希望保持控制力，那么"一股领先＋相对分散＋激励股份"将是一种各方投资者多赢的股权结构设计方案。再比如，国有资本希望"宜参则参"，退到参股的位置时，我们建议"三分股权＋金股安排"的股权结构设置方案。

反过来，有没有哪些股权结构设计思路可能会带来混改企业的长期风险呢？根据近几年的实践和研究，我们认为有必要提醒各位朋友注意三个风险（见图3-4）。

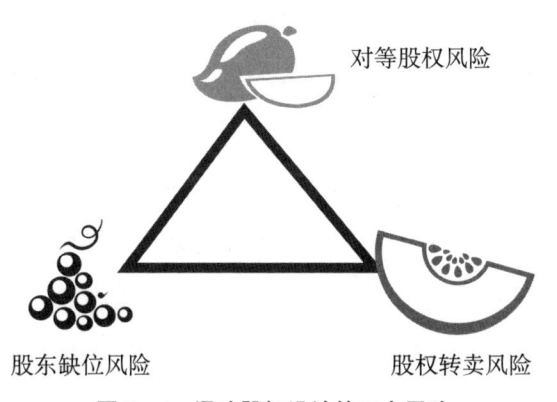

图3-4 混改股权设计的三大风险

◎ 对等股权风险

一家企业的股权安排，是一股独大更好，还是全面制衡更好？我们通常对于国有股的一股独大评论得更多，认为这种一言堂的股权结构充满计划行政的色彩，不利于市场机制的导入，所以，破除一股独大的言论很多。

但是，对于国企混改中将要建立的新股权结构，通过50％∶50％的类似设计，建立起来一种貌似制衡的治理机制，就更好吗？我们认为，不一定如此。

以制衡为中心的对等股权设计，要么形成一半对一半的股权结构，要么形成三方股东各占三分之一的股权比例，各方的股权基本一样，发言权相当接近，在这样的情况下，混改国企的风险将集中体现在"治理僵局"上。

混改是不同背景的投资者和国有股东进行的嫁接整合，虽然可以"文化接近"，但是毕竟体制机制差异很大，如果在此情况下实行对等股权结构，公司的治理问题就摆在桌面上："如果双方在某些经营决策上意见不同，难以统一，怎么办？""如果股东会的表决没法达成一致，怎么办？"一些人为或者非人为的特殊情况出现时，对等股权设计没法提供一种特别好的解决方案。我们只能依靠混改企业的经营层主观创造性来弥合股东间的争议，或者依靠股东派出代表的个人关系来协商，或者是在股东间没完没了地拉锯和反复沟通。

在2018—2019年的混改实践中，出现了少量对等股权设计的案例。这可能是出于各方考虑而采取的选项，也可能是不得不如此。我们认为，如果企业混改中必须接受对等股权的结果，那么建议在公司章程中补充出现股东意见不一情况时的解决策略，为"治理僵局"提供出路；同时也要规定无论各家股东的代表如何变化，都需要保持混改企业改革时的初衷，不能因为时间的更替、负责人员的调整，就改变股东决策，导致更多的股东协商困难出现。

◎ **股东缺位风险**

股东缺位，并不是说公司缺少股东，而是说股权过于分散、股东家数过多,导致每家股东在股东会和董事会里的发言权都不够,股东名至而实不至,公司股东决策层有被架空的风险。

举个例子,有一家非银行金融机构,在本轮混改前后的股权结构是这样的:混改前,公司本身就是一家股权相对分散的企业,国有股东有3家,合计持股最多,占有50%以上的股权,其他股东共有23家;混改后,国有股东降低股比,最终形成了前四大股东股比分别为18%、17%、17%、14%的股权格局,其他更多股东合计占有另外的约30%的股权。仔细分析这样的股权结构,没有一家企业股比能够达到20%以上,也难有一致行动或者联合控制的可能,公司已经成为没有实质控制人的多元化公司。

没有实质控制人本身并不是坏事,如果这类公司可以充分利用股东会和经营层的法人结构,市场化机制将更加容易深入实施。高度分散的股权结构在美国等资本市场上也广为存在,但中国的现代企业治理环境尚不完备,市场化经营的国有企业也都在探索现代治理的有效模式。在此背景下,通过混改将国有企业改组为一家谁说了也不算的市场化公司,初衷是美好的,但结果很可能是股东利益被架空,或者某些股东的负责人员变化导致股东矛盾和控制权争夺成为可能。在这个方面,曾经知名的某中国芯片企业的教训值得我们深思。

◎ **股权转卖风险**

无论是对等股权风险,还是股东缺位风险,都是从静态的角度来看待混改企业的股权结构问题。有的时候,企业的股权问题还体现在股权的变化导致企业持续经营的困境。

混改股权设计需要思考的一个问题是,引入投资者后,是不是需要对投资者股权转让进行相应的时间限制,以保证投资者的相对稳定性?同时,混改有时是作为企业资本运作的第一步，后期如果再次进行增资或者股权转让，如何考虑股东结构的稳定性？

在混改的实践中，关于外部股东的持股稳定性问题已经有所冒头。主要体现在，一些成交的混改项目中，有部分股东是基金性质的企业，或者是一些最新成立的股权合伙企业，那么这些企业成为混改企业的股东，其持股的周期是不是长久的？是不是会出于资本运作或者产权转让的想法，短时间内就把混改企业股权进行再次转让，或者搞资产抵押证券等金融工具设计？这些问题需要混改企业进行全面衡量和有效管理。

云南白药集团混改方案中，明确规定外部投资者持股时间不得少于六年，在这个方面进行了有益的尝试。国内外的实践都说明，一家企业股权频繁被转让、被买卖，企业股权就会成为商品，没有人对企业的长期经营关心，股东都在关注短期的股权收益，这与我们的混改目标是背道而驰的。

我们总结了混改股权设计的三大风险，分别是对等股权风险、股东缺位风险以及股权转卖风险。每家国有企业都可以根据自己的客观情况设计最优的股权结构，同时最大限度避免上述三种股权陷阱，如此才能搭上股权多元化的顺风车，抵达理想彼岸。

## 37. 混改中国有股权比例有底线限制吗？

混改的政策实践中，有一项基本的改革原则，"宜控则控，宜参则参"。对于"宜控则控"这四个字的理解，多数朋友相对容易，那就是国有股东保持绝对控制或者相对控制的股权比例和治理地位，仍然在较大程度上对混改企业的发展起到主要股东责任。

产生一些疑问的，是关于"宜参则参"这四个字。参股，需要国有股东退到相对次要的位置上，持股比例最少降低到第二大股东的状态，这是理论上的概念。在实际股权方案的设计中，大家必须要有一个判断：这个参股的比例大致降低到多少才是合适的呢？20%是底线，还是可以有更低的底线呢？

◎ **国有股权比例的政策规定**

政策是指导实践的基本依据。

新时代国企改革背景下，中发〔2015〕22号文和财资〔2018〕54号文均明确了充分竞争行业和领域国企混改国有股不设限。2013年，时任国资委副主任的黄淑和表示："不需要国有资本控制可以由社会资本控股的国有企业，可采取国有参股形式或可以全部退出"。

2019年，北京市颁布的《市属国有企业混合所有制改革操作指引》中，也对这项原则进行了类似的清晰规定，"除市政府和市国资委要求的战略性持股、主业涉及重要行业、关键领域以及支撑首都功能定位企业，混合所有制改革后应当保证国有股东控股地位外，不设国有股权持股比例限制，宜控则控，宜参则参"。

通过这些规定，我们明确，在竞争性领域里面，如果国资股东确定采用参股模式，是没有最低持股比例限制的，可以根据战略要求自行确定。

## ◎ 100%国资退出案例

实践更能说明政策。

截至2019年末，全国各个省份都在推进混改实施落地。其中，天津市属企业集团的混改力度较大，进程也相对迅速。例如，天津水产集团和天津一商集团的混改案例采用了100%国资转让退出的模式，为我们进行了"宜参则参"模式中国资股权底线的进一步阐释。

天津水产集团（企业全称为天津市水产集团有限公司）是经天津市委市政府批准设立的国有大型企业集团，总资产35亿元，拥有全资、控股、参股企业42家，经营涉及水产品、畜禽、果蔬等冷藏加工、物流配送，以及远洋捕捞、货物仓储、投资担保、国际贸易、房产租赁和物业管理、出租车运营等，年营业总收入约50亿元，是国家和市级农业产业化重点龙头企业、天津市水产行业协会会长单位。改革前，天津水产集团是天津市属国有资本投资公司"天津津联投资控股有限公司"（简称"津联控股"）的下属全资子公司。

天津水产集团的混改方案是，津联控股将所持天津水产集团的100%股权转让，引入民营资本。最终，津联控股成功将股权转让给巨石集团。后者是一家以产业投资为主体的民营控股公司，秉承"产业聚焦、金融支撑"的发展理念，以"价值发现、专业运营"为价值主线，布局并深耕农业、航空、医疗三大产业板块。

天津水产集团属于天津市冷链物流行业的主角之一，处于产业充分竞争领域。此次国有资本全部退出,既符合充分竞争领域国企混改不设国有股权比例下限的改革要求,又遵循了天津市"宜控则控,宜参则参"的原则,成为国企混改的典型之一。

以上从政策和实践两个方面给大家解释了混改中"宜参则参"股权比例没有下限要求,每家企业和各个地方的国资监管机构都需要根据战略意图进行顶层设计和市场化安排。

## 38. 混改后国有资本参股，还要解决哪些配套问题？

国家相关政策积极推动在各个领域实现"宜控则控，宜参则参"的混改股权布局。在完全竞争领域，市场需求变化较快，企业相互竞争较为激烈，因此需要企业依据市场和趋势的变化，灵活、快速地进行经营调整，改变资源投向，从而抢占市场先机。借助民营资本控股，引进新的管理机制，利用民营资本对于市场变化敏感性强的特点，有助于混改企业增强企业竞争能力，实现国有资本保值增值。

不过，仔细研究这个问题，却发现推动民企通过混改实现控股并实现多赢的目标是个复杂的过程，主要难点表现在几个方面：国有股东作为参股的少数，如何给自己的角色定位，如何参与公司治理和管理？民资控股混改企业如果经营不善发生亏损，国资减值，怎么办？一家国企变成民资控股，涉及的员工和社会稳定如何筹划？

◎ 民资控股混改公司的国资定位

如果民营企业通过混改占据了50％以上的股权，事实上控制了公司经营决策，那么，退到小股东位置，或者只保留35％或以下股权的国有资本，应该如何定位呢？

**成为财务投资者**

这样的混改，国资已经退出决策地位，成为用脚投票的股东，将国企股权真正作为资本，实现转让和流动，以投资收益作为进退的基本标尺。

### 成为合唱队配角

在放弃控股权后,部分国企股东依然希望在混改企业中发挥资源价值。当然,这也是部分混改项目中民企希望的,那就是继续借助国资的资源优势和稳定优势来推动混改企业发展。在此情况下,国资如何当好配角呢?在部分实践中,我们观察到的做法包括:

- 在公司章程中规定金股或者一票否决的权利,由国资股东掌握。
- 在董事会安排中保持国资必要的席位和发言权。
- 合作架构里保证企业原先的核心管理岗位人员稳定。
- 从战略上通过采购、销售等交易合同锁定在混改企业的部分控制权。

成为合唱队配角,是混改各方的美好愿望,实现它需要合资各方充分默契、相互理解。

### ◎ 民资控股后国有资本减值怎么办?

这是一个未来 5~10 年可能出现的新问题,不得不考虑。我们都怀着充分理解和憧憬的想法期待一家国有企业通过混改实现成长,但市场是多变的、残酷的,如果民营企业进来成为股东后,经营遇到困难,业绩出现滑坡,甚至赚了一把股权交易的价差就再次转手,导致企业发生动荡,在此情形下,国企股东保留的股权就直接面临国有资产减值。那么,我们的国资管理规定如何对待这样因为混改而产生的国资减值或流失?

从国资角度看,保值增值靠两种方法,一是企业盈利,一是资本和股权交易转让。处于参股地位的国资如果连续两年以上亏损减值,建议就要借用 ST 股票的方法进行特别处理,并纳入股权转让的资本池,实现全部退出。

从国企角度看，防范国资股权减值可以在混改时制定一些限制性规定，比如约定未来三年业绩指标、明确回报基准，等等。

总而言之，投资有风险，有赢就有亏。对民企来说，收益和风险是对等的；对国企而言，就要对国资保值增值的规定进行混改方面的适应性修订，激励和约束才能对等起来。

## ◎ 国企变成民资控股后的发展和稳定

我们既要发展，更要稳定。混改企业尤为如此。

可以说，没有稳定这个基本点，混改将是不可能的，也办不成。因为混改的主体不是两家——国资股东和民营股东，而是三方，即还包括企业的经营管理者和员工。只有实现三方各自的目标达成，才能把混改推到正轨。仅靠行政性推动、没有管理层积极参与的混改，只是一厢情愿。

国企出让大部分股权，将国企演变成民资控股企业。在发展和稳定的平衡方面，我们认为有两个关键点：

### 设置一个三年发展稳定期

国企机制和民营机制有很大不同，比如组织规模、干部使用标准、业务决策流程、考核文化导向等。一家国企变成民资控股后，这些模式都将面临调整和磨合，这也是混改企业必须经历的涅槃。这个过程如果没有管理和控制，就会产生改革中的震荡和冲突，相关案例已经很多了。所以，我们呼吁在类似的国企改革中，设立一个三年的过渡期，平稳地推进各项改革。同时，国有股东也需要像国企改制那样，承担一部分改革稳定成本，从国有资本收益中冲抵。因此，建议从混改时的国有资本溢价和收益中划分出一个比例，作为改革稳定基金，供混改企业使用。

## 更大程度吸收经营管理层参与

组织和员工的稳定,核心是干部稳定、人心稳定。如果混改后所有干部换人,原先干部多数由国资股东再做其他安排,再加入很多民营企业新领导,那么混改企业的员工肯定难以心态平稳。

所以,保持现有经营层稳定是十分必要的。如何保持呢?最佳策略是同步实现管理层持股,增强员工信心,另外,由国有股东给予管理层三年岗位过渡的倾斜政策。

混改已经进入快车道,民营经济的活力将在更大程度上通过控股市场竞争领域的国企实现。但这一重要的历史性变革,必将在股权结构上对国企产生根本性影响,从而在国资定位、国资盈亏、国企稳定上产生连锁反应。这些问题,是我们需要在政策配套、环境配套和机制配套方面提前规划,有备而行的。

# 第4章
## 投资者选择

## 39. 理想的国企混改投资者应该有哪些特征?

国企混改中的投资者选择问题,就像年轻人结婚对象选择问题一样,虽然个体情况不同,但对心目中理想对象的形象等都有一个相对统一的标准和要求。2019年末召开的中央企业负责人会议指出,国有企业混改"要吸引高匹配度、高认同感、高协同性的战略投资者"。"三高原则"给理想混改投资者做了一个原则性轮廓画像,那么有没有更加具体的国企混改投资者特征标准呢?

2017—2018年,中国联通集团通过上市公司定向增发的形式,顺利完成了混合所有制改革。这家央企集团公布的投资者征集要求很有代表性,我们略做优化,加以总结,形成了中国大中型国企理想混改投资者的经典画像。

我们认为,理想的国企混改投资者的特点应从四个方面分析(见图4-1)。

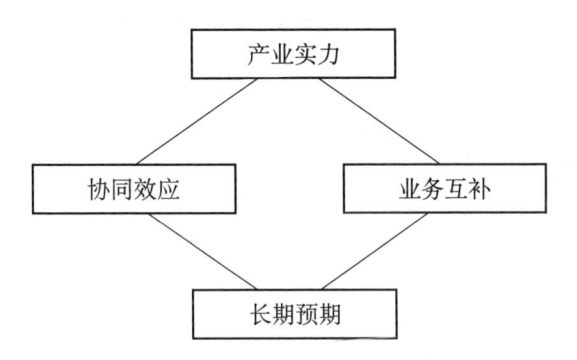

**图4-1 国企混改投资者四个方面的特点**

### 产业实力

对于每一家准备混改的国企来说,都需要未来的投资者有强大的实力做基础,因为这毕竟是竞争性的企业经营,需要资本注入,也需要产业的协助,以应对未来的不确定性。比如,中国联通吸引了包括四大互联网企业在内的 14 家战略投资者,它们都是相关行业内的领军企业。

### 协同效应

投资者要和企业有比较强的协同效应。比如说,能够给国有企业提供某个方面的市场,或者在某些专项产业能力上可以帮助企业拓展和升级。比如,同样是 2017 年混改的东航物流,吸引了 4 家投资者,包括联想控股、德邦物流、普洛斯、绿地金融,其中联想控股可以提供很多物流客户市场,德邦物流能够帮助东航物流打通最后一公里,普洛斯是全球领先的仓储物流地产企业,也可以提供较大的市场空间。

### 业务互补

投资者可以与混改企业实现业务和能力互补。互补和协同有时有点接近,但侧重点不同。比如在 2019 年初混改成功的西安市市政建设集团案例中,投资者包括了陕西建工集团、西安市政设计研究院等 4 家单位,陕西建工集团和西安市市政集团一个省属、一个市属,市场和管理互补;西安市政设计研究院和西安市市政集团在产业链中一个是设计、一个是施工,更是互补性很强。

### 长期预期

国企心目中的优秀投资者应该是具有长期预期的那些企业。这是因为本轮国企混改的种子企业,即使是未来有上市预期的,从开始混改到最终接近和开始走资本市场之路,至少也要 5 年左右的时间。同时,大量混改企业，本身很难有上市的可能性，这种情况下，投资者只能凭借未来的分红获得回报，更加要有长时间投资的准备才行。我们拿2014年进行混改的中石化加油站业务为例：当年，这家企业引进了20多家投资者，也保持着在香港上市的计划预期，但到目前为止，5年多过去了，我们还没看到这家企业递交上市材料的信息。所以，长期预期而不是短期投入，是参与国企混改的投资者们需要拥有的基本特点。

## 40. 现实中的投资者有哪几类?

理想很丰满,现实很骨感。国企寻找投资者也是一样,白马王子很好,但数量太少。广大混改国企需要根据自身的规模、市场地位、财务和业务现状等条件,进行客观评估,看看适合自己的投资者应该是什么样子。

知本咨询混改研究院对 2018 年以来的全国混改成功案例进行了系统分析,发现在实际环境下,与国企"结婚"成功的外部投资者大致可以分成三类(见图 4-2)。

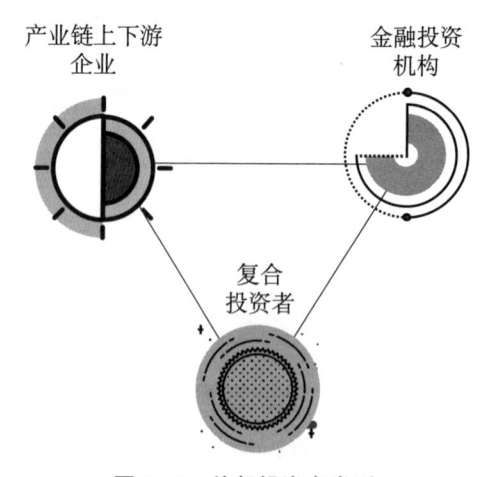

图 4-2 外部投资者类型

### ◎ 产业链上下游企业

混改的最大目标之一,是通过外部资源的引入,拓展国企的市场、技术、资源等边界,有效推动企业成长。要实现这个目标,最简单、最直接的方式,就是和上下游的企业洽谈合作,改变原先外部交易的模式,通过投资股权把企业之间的关系打通,增强产业链条的竞争能力。

举个例子，2019年初混改交易成功的中铁特货运输有限责任公司是中国铁路总公司直属专业运输企业，主要从事商品汽车、大件货物、冷藏货物的铁路运输，覆盖全国的铁路特货运输网。这家公司最终成功将15%的股权增资转让给六家战略投资者，它们分别是东风汽车、北京汽车、中车资本、京东物流、普洛斯、中集投资。这些企业，要么是中铁特货的战略性客户，要么是铁路大宗货物物流产业链上的重要企业，它们是产业链上下游企业投资者的典型代表（见图4-3）。

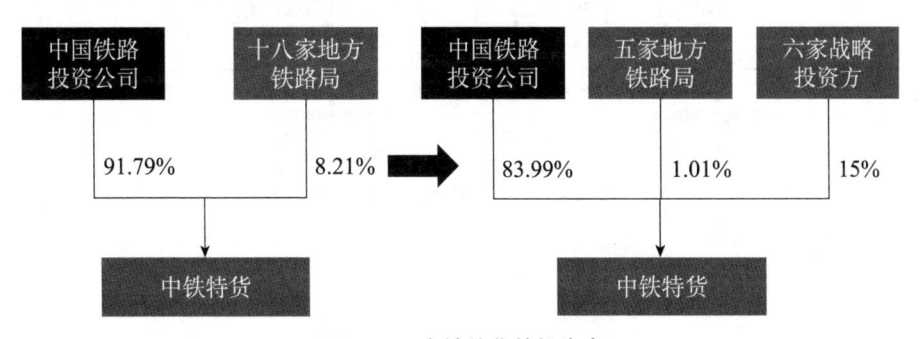

图4-3 中铁特货的投资者

◎ **金融投资机构**

有些金融投资机构也经常参与到本轮国企改革中来，特别是一些资本实力相对雄厚的长线金融投资者。联想控股、复星国际、绿地金融等公司，在过去的几年时间里，已经参与了为数不少的国企改革项目。同样，一些证券公司、保险公司，也比较看好本轮国企改革的机遇，时不时也会投资一些体量中等的项目，不过这些机构投资的基础性条件，都是以被投资企业未来有上市预期为前提的。还有，目前部分从事市场化债转股的金融公司，也开始关注将混改和债转股结合起来操作和落地。

金融机构参与国企混改投资，能够带来的价值有两个方面，一是带来资本的助力，帮助企业解决融资和资本结构优化问题；二是带来更为市场化的治理机制和管理安排,对于推动企业市场化运作有好处。

我们也举个例子,翼支付是中国人民银行核准的第三方支付机构,是基于移动互联网技术的金融信息服务提供商,是中国电信深化企业战略转型投资组建的全资子公司。2019年初,这家公司混改成功,并引入了四家战略投资者,全部都是金融机构(见图4-4)。

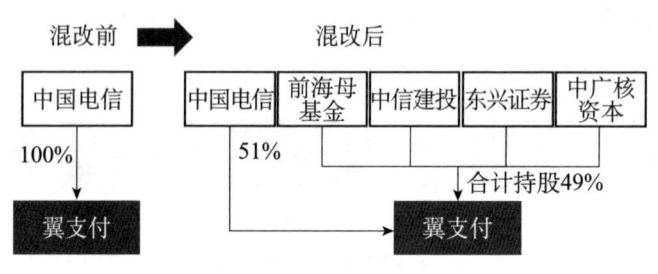

图4-4 翼支付的战略投资者

## ◎ 复合投资者

这个名字是我们给这一类有点特殊的投资者专门取的。复合,是指这些投资企业或者是准备跨界出击,通过混改进入一个新的产业领域;或者是产业投资者,并不用自己企业的名义投资,而是通过建立的投资平台,比如投资基金或者投资公司展开混改投资业务。所以,我们认为这是一种有金融形式的产业投资行为,可以叫作复合投资者。

从交易所反馈的成交数据来看,复合投资者正在不断增加,案例持续增多。为什么产业投资者更喜欢通过金融外衣来执行混改投资呢?我们认为,这样的模式可以起到多重作用,比如市场化程度更高、金融杠杆使用更方便、投资进退模式更灵活,同时防火墙功能更完善等。

这里,我们给大家展示两个例子吧。

第一个例子是京东集团参与中国黄金集团黄金珠宝有限公司(简称"中金珠宝")混改的模式(见图4-5)。

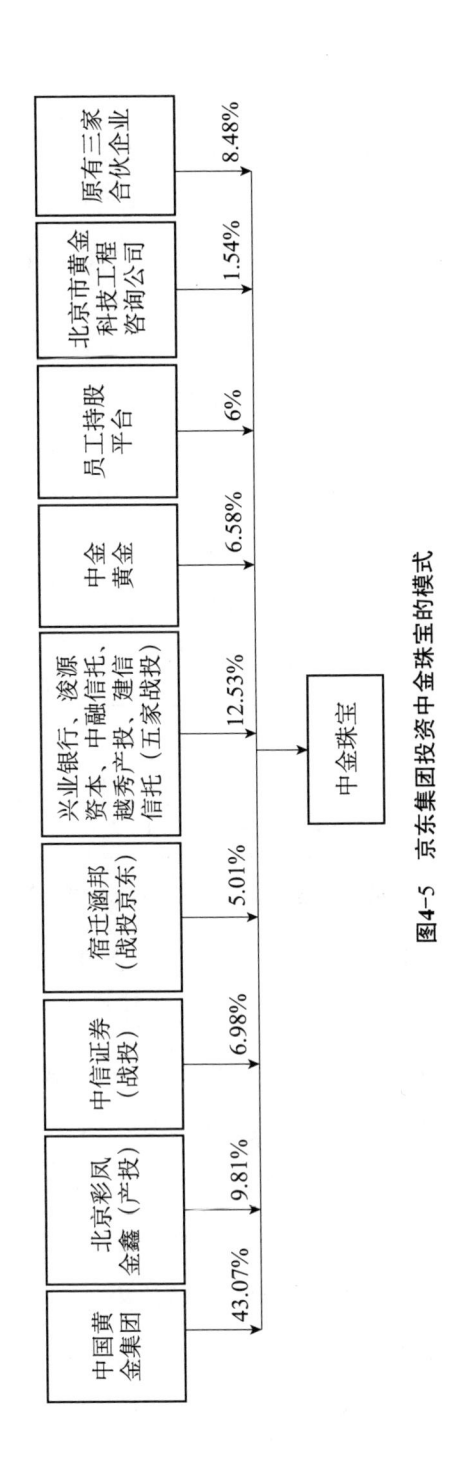

图4-5 京东集团投资中金珠宝的模式

中国黄金集团 43.07% → 中金珠宝
北京彩凤金鑫（产投）9.81% → 中金珠宝
中信证券（战投）6.98% → 中金珠宝
宿迁涵邦（战投京东）5.01% → 中金珠宝
兴业银行、浚源资本、中融信托、越秀产投、建信信托（五家战投）12.53% → 中金珠宝
中金黄金 6.58% → 中金珠宝
员工持股平台 6% → 中金珠宝
北京市黄金科技工程咨询公司 1.54% → 中金珠宝
原有三家合伙企业 8.48% → 中金珠宝

从中金珠宝混改后的股权结构中，我们并没有看到京东集团的名字，它是以其下属公司宿迁涵邦投资公司的名义进行投资的，代表京东行使投资和管理权限。

第二个例子，是招商局集团参与天津药物研究院有限公司混改的例子（见图4-6）。

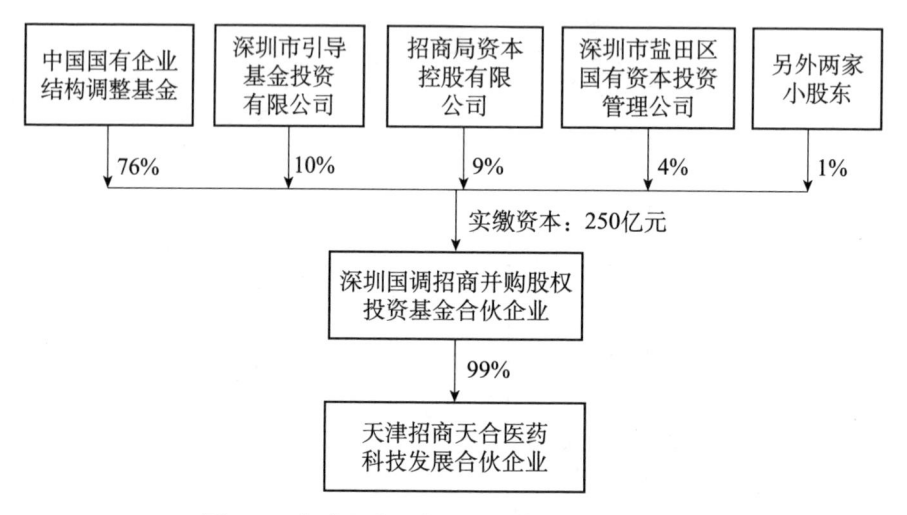

```
中国国有企业      深圳市引导      招商局资本      深圳市盐田区      另外两家
结构调整基金      基金投资        控股有限        国有资本投资      小股东
                 有限公司         公司            管理公司
     ↓76%          ↓10%           ↓9%             ↓4%            ↓1%
                          实缴资本：250亿元
                    深圳国调招商并购股权
                    投资基金合伙企业
                             ↓99%
                    天津招商天合医药
                    科技发展合伙企业
```

**图4-6 招商局集团参与天津药物研究院的混改**

招商局集团本次控股天津药物研究院有限公司65%的股权，投资主体是天津招商天合医药科技发展合伙企业，是专门为参与此次混改投资设立的基金性合伙企业。其投资者深圳国调招商并购股权投资基金合伙企业，是包括招商局在内的多家企业投资的产业基金。这个案例充分说明，通过产业基金进行的股权投资，也成为招商局这样的中央企业的核心选择。

总结一下观点。国企混改中的投资者，理想中应该具有四大特点，现实中有三类主体。每个国有企业进行混改都需要量体裁衣，多方搜寻和比较，最终找到不是看起来最好，而是合起来最佳的股权伙伴，成功"结婚"，幸福一辈子。

## 41. 在投资者眼中什么样的企业是混改"靓女"？

混改企业想要成功实现混改、成功吸引投资者，就必须研究市场，了解市场。就像相亲一样，在混改双方的交往过程中，市场规律的核心是"靓女"能够更快速地找到意中人。那么，什么样的企业能够作为混改"靓女"？投资者心目中的混改好标的具有哪些特点呢？我们用知本咨询企业三维成长理论做个剖析。

◎ 混改"靓女"之业务结构

什么样的混改企业业务结构受到投资者青睐？知本咨询认为有几项指标相对重要。

### 行业增长空间大不大

混改企业如果处于一个新兴领域，行业发展前景明确，同时本企业已经具备了一定的业务基础，投资者肯定更为注意。从 2017—2019 年已经落地的部分重大混改项目来看，这个特点明显。通信、医药、零售、物流、信息科技、产业投资、金融等行业和研究院所等智力密集型单位成为投资者最先选择的混改对象。

### 业务可拓展性好不好

业务张力的问题，决定了混改后的企业是不是能做大。一家公司的业务可拓展性，有两个衡量因素：一是如果独立开展业务拓展，这家公司有没有机会成为一个细分行业的领导者？二是如果和外部投资者的业务结合起来,是不是能够拼接出来一个更有价值的网络?

举个例子,庆丰包子铺在 2018 年 8 月成功进行了混改,这家企业的业务就有很大的拓展空间,因为它有独立的品牌和运作基础,通过资本和管理助力,有机会成为中式传统快餐的新强者。

另外一个例子,天津药物研究院有限公司在 2018 年 8 月份混改成功。虽然它只是一家以医药科研为主的机构,但是投资者招商局集团可能将其拼接纳入未来的大健康产业链版图,这样就能让其焕发新的价值。

**收入利润比怎么样**

业务结构上的第三件事情,就是考虑一下公司的收入利润比,也就是收入规模和利润水平的相对关系。什么样的收入利润比最有吸引力呢?总结为一句话:"收入不少,利润不高"。

收入不少,代表的是这家公司具有相对强的市场占有能力,业务基础比较好,也具有持续性。利润不高,本身并不能说明企业的价值不行,而是说明这家公司的成本比例过高了,而这恰恰是能够利用混改后的经营机制优化解决的问题,混改后被高成本所隐藏的效益和价值就能释放出来。

## ◎混改"靓女"之资本结构

由于股权交易涉及价格,所以企业资本结构和财务状况对交易成败影响重大。什么样的资产结构在混改中令人瞩目呢?

**低效资产不能太多**

国有混改企业的资产结构里,由于各种历史因素,多多少少都包括了一些非经营性资产或者是低效利用资产,这些难以产生匹配收益的富余资产,如果比例过大过高,将直接降低企业的预期收益水平,进而降低投资者的混改意愿。

### 房屋土地不能太多

通过资产评估进行企业估价,必须考虑到增值因素。在不同的资产项目中,房屋和土地资产的账面价值和评估值之间将会产生巨大的溢价。由于企业经营中难以用市场价值把房屋土地变现,所以增值的房地产就成为混改企业的一项虚资产,拖低收益水平。

### 净资产不要太高

重资产的企业在混改过程里将面对较大的资金成本压力,可供选择的投资者也受到限制。请注意,知本咨询所说的净资产不要太高,是指和总资产规模相比,而不是绝对金额的净资产。实际上,我们期望的是一种"总资产不少,净资产不高"的企业资本结构。

在这样的资本结构下,企业总体控制的经营性资源有规模基础,但是作为投资估值基础的净资产指标不大,会使投资者有效借用公司现有的财务杠杆放大收益水平。这样的资本结构受人喜欢。

## ◎ 混改"靓女"之组织结构

拟混改公司,多数是由国有全资公司变为多元股东持股结构,除了股权结构导致公司治理结构方面的变化外,拟混改公司的组织结构现状也将对投资者产生不同的吸引力。

### 管理层市场化和年轻化程度

知本咨询做过很多投资者的调研，它们对于混改企业的投资选择标准中，有很重要的一条，那就是拟混改企业是不是拥有一个有进取心、市场化程度高、年轻有活力的领导团队。

国企的混改，不是简单地买卖一点股权，其他的都不变，而是要实现机制的彻底扭转、员工市场化身份和观念的转变，这些目标的达成没有一批有效能、有激情的领导集体是很难做到的。

因而，如果拟混改企业是一家老国企，在引进外部投资者之前，优先调整领导岗位，选拔优秀中青年担任"一把手"，可能十分重要。

### 组织规模和投入产出水平

一般来说，人数越少的公司，混改面临的人员历史问题和安置问题越少，自然投资者更喜欢。但是，大型企业集团也有很多成功的混改案例，比如中国联通也可以成功实现混改。影响投资成败的核心因素不是绝对人数多少，而是拟混改公司的组织投入产出比的高低，也就是人均产出水平。

通常，我们看到的国有企业，特别是老国企，面临的最大问题是组织老化、人员规模过大，如何利用好混改机遇，提升企业竞争能力？恐怕当务之急是首先进行组织内部的清理和整合，减员增效、干部选聘、组织更新，解决这三个问题在先，才能用一种新的组织效率来迎接市场化的混改，真正登上一个新台阶。

总结一下，混改企业"靓女"有三个特点：拓展性好的业务结构、精实性好的资本结构、市场化好的组织结构。如何梳妆打扮使意中人注意到自己的实力和价值是拟混改企业的功课，如何有效判别一家混改公司的优劣是外部投资者的功课。

## 42. 为什么一些企业引入投资会失败？

为什么很多交易所挂牌的股权交易遭遇挫折？有什么方法能够帮助国企提升投资者引入的成功概率呢？

治病先得找病因。一家充满混改胜利期待的企业，可能不知不觉地忽略了一个重要的潜在风险，那就是：混合所有制的股权交易，企业一方的价值预期和外部投资者的价值预期有错位的问题。

在不少情况下，投资者的预期和投资者想要得到的价值，与改革企业的预期和改革企业的价值之间，存在严重的不匹配和错位。但是，大家没有意识到，这个错位问题如果没有解决，最终的结果，就是混改企业只能是"空中楼阁"。

这个错位在哪里呢？

**混改企业的价值预期**

先看混改企业这一端。引进投资者的时候，每家企业都会说明"我们需要什么样的投资者"。多数情况下，在企业心目中的标准白马投资者，都具有四个典型的理想特征：投资者要具有坚实的经济基础，产业实力强；投资者和混改企业要有业务协同效应；投资者和混改企业有很强的业务互补效应；投资者要有长期预期。多数混改企业需要至少五年的投资期，才有可能考虑退出问题。

对于寻找符合这四个基本条件的投资者这件事，国有企业给它起了一个很好听的名字，叫寻找"战略投资人"。这个概念确实很诱人，但是在混改企业都钟意于这个投资者标准，并且以此寻找潜在投资者的时候，它们可能忽视了硬币的另外一面。

中国联通可以用这个标准吸引到投资者成功混改，但是中国联通这样品牌效应、上市公司股权、行业潜能俱优的明星型企业有多少呢？对于绝大多数混改国企，用一种理想的战略投资者标准，期待从外部引入大量的资源充实自己，而自身条件是否达到对应的程度并不明确，从市场的角度来看，这个白马投资者仅能停留在理想里。

**投资者的价值预期**

再回到投资者的角度。一个投资者心目当中最好的混改"靓女"需要具备什么条件？站在投资者角度，我觉得有三点（见图4-7）。

图4-7　企业吸引投资者的要素

第一，你能上市吗？我是投资者，你是经营者，我投资也得有投入产出，投资的过程是"投融管退"，再长期的投资者也必须考虑投资增值退出的问题，所以能够上市或者利用资本市场实现股权增值，是投资者关心的首要问题。

第二，你能在细分市场当排头兵吗？混改企业到底在行业里居于什么地位？能不能有未来增长和发展的潜力？收入和利润能不能持续提升？这些问题都是投资者做出判断的前提基础。

第三，我能在公司有发言权吗？我投了几千万元、几亿元，甚至几十亿元进去，混改企业能给我多大的发言权？我能够起到多大的决策作用？国企集团的纵向管控体系是不是还像之前管理全资企业一样没有市场化空间？如果答案不理想，投资者便会有疑虑。

所以，如果说我们想成功引入投资者，这三个条件是基点：我投资能增值，你的业务能增长，我有一定的话语权。但是，目前的混改企业标的能同时满足以上三个要求的，大致占多少比例呢？

**企业与投资者的两维落差**

混改企业的期待和投资者的诉求之间是不是有很大落差？落差很大！混改企业期望外部资源帮助自己成长，投资者期望企业资源帮助自己增值；混改企业希望依然保持对企业的控制，投资者希望获得最大限度的话语权。所以，从某种程度上说，混改企业是"婚姻"双方相互结缘的过程，同时也是一个买卖双方利益博弈的过程。充分认清自己的条件，看清对方的条件，"门当户对"，才会携手走进"婚姻"殿堂。因而各位朋友可以释然。在此情形下，能够搞得成，要感谢自己运气好；搞不成，也别灰心丧气。

一个股权交易里面，混改企业和投资者的价值预期落差大，那匹配起来就是有问题的，但是有没有办法解决？有的。这涉及两个维度，分别是收益权和管治权。

第一，要充分考虑投资者进入企业以后，企业带来的收益。企业投资回报率有多少？怎么算未来的综合回报率？怎么来帮助投资者明白、确认、增强未来投资回报率的预期？这是很重要的一条。

第二，我们称之为管治权。混改企业能否让投资者实现对企业决策的参与和影响，关系到投资的成败。在这个过程当中，国企的股权比例释放多少才能达到投资者实现有效管治和参与的目标？这个问题必须纳入混改的综合考虑。这点也很重要。

所以说，混改企业在设计方案时要想一想：本企业混改当中，对于投资者的吸引力，是从这两个方面体现的。如果两个都有最好了，投资者肯定满意；如果有一个，也是可以的。为了混改的成功落地，混改企业需要在方案中积极推动这两维目标的局部或者全部实现。

## 43. 投资者如何更好地做混改企业积极股东?

国企混改和股权多元化，很像是年轻人结婚并组建新的家庭。混改国企请来的投资者，怎么样才能做好"乘龙快婿"？怎么样才能实现投资和发展目标？怎么样才能帮助一家传统国企通过新的"婚姻"实现更加美好的新生活呢？总结起来有十句话：

长期投资，战略投资。激励团队，稳定团队。
不说大话，不唱颂歌。提前介入，系统接入。
充分理解，充分尊重。看准企业，派准干部。
细化章程，依章发言。守约父母，不涉家事。
积极投资，积极改变。战略引导，文化引导。
以下，我们择其中五句话简单做个解释说明。

**长期投资，战略投资**

国企混改的投资，和一般的风险投资、私募股权投资有很多不同。混改目的更多，除了资本扩张之外，更多是期待和投资者资源对接，推动企业成长发展，或者借助于股权多元化体制激活企业组织，打破紧箍咒。这样的改革，需要投资者持续发力，而不是突出看中投资的短期利益。

同时，目前的混改项目，即使是有未来上市总体规划的企业，从混改开始，至少也需要五年的时间周期。另外，还有很多混改企业是难以通过资本市场实现股权投资价值回收的，这就要求投资者一开始就把这场"婚姻"作为终生事业，共同经营，共同发展。所以，参与国有企业混改和股权多元化的投资者，要有五年以上长期投资和战略投资的预期和目标，沉下心思，帮助企业做强、做久。

**不说大话，不唱颂歌**

投资者在刚刚接触国企项目的时候，一般都有一个倾向，那就是把自己的能力适当夸大，同时，把对于拟混改国企的资源和投入承诺讲得很满。

对于国企混改这样的项目来说，这样做弊大于利。弊在于，对于投资者，主动抬高了自己的投资条件，提升了合作对象的价值预期，对合作条款产生影响，如果做不到，负面效应直接影响大家的长期合作；对于混改国企，制造了一个表面繁荣、投资者蜂拥而入的假象，不客观地抬高了谈判条件而自得其乐，等到实际评估完成并进场交易时，很多过高承诺或者虚假表态的投资者主动撤离，致使混改交易受挫或者失败，得到了一个最差的结果。

所以，我们建议，国企混改的投资者，要本着对国有资本负责、对企业负责的态度，投资前期一不说空话、不说大话，二不虚假表态、不唱颂歌，给拟混改企业一个客观的评价，并且尽早表明自己的投资态度和商业条件。帮助企业，也就是帮助自己。

**看准企业，派准干部**

准备开展混改的企业，资质条件各有不同，有"靓女"，也有一般的。关键是看准什么样的企业才是更适合自己去投资的，投缘又匹配。

一家匹配性好的企业，有几个关键特点：投资者要与企业"门当户对"。投资者要清晰知道自己的品牌实力、资本实力、业务实力，别在不可能的"恋爱"中浪费时间；企业财务指标明显可改进。与投资价格相比，企业能够在赢利能力、成长能力上获得长足的发展，能够释放财务潜力；

经营领导者有足够的进取心，不凑合。如果是一个即将退休、不思进取的领导在位，又没有改变可能的，那就不是混改的"菜"，不碰也罢。

同时，国企混改投资者不只是出钱，还需要派出和引进市场化的干部和经营者，把"鲇鱼"放出去，主动帮助国企解决组织活力和人才机制的问题。要把人派好，使之充分加入企业的管理和运营当中去；千万不要随随便便，像很多市场化投资机构一样，在市场临时聘一个经理，就扔到混改企业里面去，那是很不负责的态度。

**细化章程，依章发言**

国企混改后出现的管控不和谐、不适应、闹矛盾、闹分手之类的问题，多数是由于投资时没有将双方"婚后"的管理规则讲细致、说透彻。公司章程，这一公司治理的基本大法，本来应该一企一策，详细约定，但是在很多国企混改项目里却成了无人关心、格式文本、简单草率的一份法律形式的文件而已。

所以，投资者也好，企业也好，如果需要保障自身权益，并且"婚后"幸福美满，就要先沉下来、坐下来，全面细致讨论细化章程的问题；对"婚后"的财务问题、人事问题、审计监察问题、党的建设问题等等国企必须涉及领域进行充分讨论和约定，搞成流程，变成责任，写成条款，作为章程的一部分，按规执行。

在具体管理中，投资者依据的基本原则就是公司章程，并且可以依据这个章程对其他股东发表意见，即使是反对意见，也是必需的，这就是依法治企。

**守约父母，不涉家事**

混改后，投资者是男方父母，混改企业原股东是女方父母。双方亲家，最应该做的是什么？最不应该做的又是什么呢？

简单说，最要做好的事情，是完全按照公司详细章程规定开展治理和监管，并且让所有的合资企业参与者首先考虑合资企业的价值最大化而不是自己这一方的价值最大化。

最不能做的事情，就是"不放心、不放手、不放权"，把持着新婚家庭的一把钥匙，说来看看就来看看，说进门就进门。没事管着小两口，把这当作父爱和母爱；掺和在小两口的家事中当裁判，把这当作权威。最终的结果，就是越帮越乱、越管越差。

所以，好的投资者，一定是有涵养、有时视而不见的父母，不干预混改企业自身事务的守约父母。

国企混改中的投资哲学，我想并不是什么完全新鲜的理念，也不是放之四海而皆准的道理。前文的十句话，是国企组织特色和市场投资行为相结合后在实践中产生的朴素总结。

投资者朋友们，国企管理者朋友们，在这个国企改革的大浪潮里，如果其中有几条或者一条对你有所帮助，知本咨询将会很荣幸。

## 44. 投资者引进的条件如何设定?

在国有企业混改过程中,涉及产权交易时,对于投资者条件需要提前予以明确。很多国企在混改方案设计中,也期望对于潜在的投资者进行一个框定,目的是实现混改后能够价值观一致、战略协同,这是情理之中的意愿。那么,对于混改投资者的引进条件,从政策和实践两个方面,应该如何理解和思考?总体来说,我们认为有四个基础标准以及四个择优标准(见图4-8)。

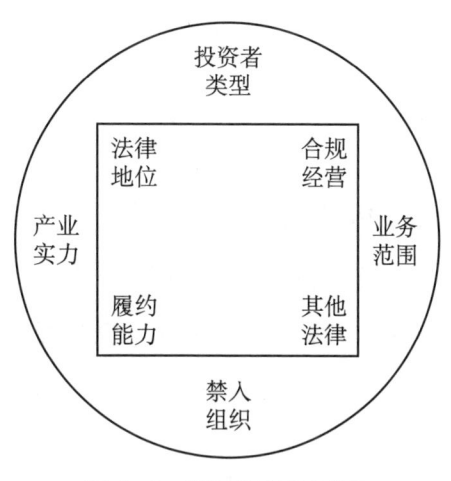

图 4-8 投资者的引进条件

◎ 投资者引进的政策规定

规范国有企业股权转让或者增资行为过程的基本政策文件是《企业国有资产交易监督管理办法》。这个文件对于进场交易的国有企业能否规定投资者条件,是有明确规定的,那就是股权转让不能自行设定条件,增资可以进行投资者遴选。具体条款是这样的:"产权转让原则上不得针对受让方设置资格条件,确需设置的,不得有明确指向性或违反公平竞争原则,所设资格条件相关内容应当在信息披露前报同级国资监管机构备案。"

在增资时,企业需要公开披露"投资方的资格条件,以及投资金额和持股比例要求等"。我们要对这项政策进行深入的理解。所谓产权转让行为不能对投资者设置资格条件,其目的是保证产权转让有更加充分竞争的环境,减少人为设置门槛而产生的定向选择因素的影响。这是从保护公平竞争的角度来规定的,并不是说投资者没有任何限制条件。通常,我们在国有产权交易项目中能够看到,有一些基本的条件是投资者必备的:

### 法律地位

法律地位是说什么样法律性质的组织或者个人可以参与到股权交易中来。不同项目的选择有共性,也有差异。在大量项目的披露信息里,都要求投资者为依法设立或依法存续的企业法人、其他经济组织。部分项目允许自然人受让股权,也有些项目要求受让股权者是中国境内设立的企业法人。

### 合规经营

这个条件内容,是要求参与股权交易的投资者之前是依法经营、合规经营的守法企业;对于拟转让股权或者增资的国企来说,也是提供法律保护。比如,多数股权转让信息中,都要求投资者"具有良好商业信用,无不良经济记录"。

### 履约能力

由于股权交易中的投资者都需要按照交易规则支付股权转让或者增资的资本,所以确保履约是一项基本条件。所以,项目投资者条件中,要求投资者"具有良好的财务状况和支付能力",这是必备的。

### 其他法律

在不同行业、不同地区的国有企业股权转让,有的涉及一些特殊行业监管的政策规定,也有的涉及其他法律条文对于受让国有股权机构的相关约束,所以,在选择投资者时也需要就此进行符合性条件规定。一般来说,交易要求中会表述"符合国家法律、法规规定的其他条件"。

法律地位、合规经营、履约能力、其他法律这四项基本内容,是国有企业在股权转让,也包括增资行为开始时,需要考虑的投资者最基本的原则要求。

## ◎ 投资者引进的实践标准

根据政策规定确定的四项内容,可以说是引进投资者的底线规定。那么,对于混改当中最普遍的企业增资行为,在此基础上,还应该考虑哪些更加适应企业具体情况的条件和投资者标准呢?从实践的角度来总结,大致包括以下几个方面:

### 投资者类型

由于混改当中对于投资者的需要各不相同,国有企业通常会将理想投资者类型划分为产业投资者以及财务投资者。这两类投资者由于能力侧重点不同，所以，在很多增资项目中，为其规定的标准是不同的，也是分开列示的。对于产业投资者，要求的是产业的相关性和协同性；对于财务投资者，要求的是财务资本的实力。我们也观察到，有些企业的项目，将本企业的上下游关联企业，包括母公司、控股企业、集团内兄弟公司，也作为一类单独的投资者类型列示出来。

### 产业实力

一些大中型拟混改项目对于投资者的产业实力进行了明确要求。具体来说，是通过其行业地位或者资本规模等指标来确定的。比如，有的企业规定，投资者需要"入围中国企业500强或者中国民营企业500强"名单；有的企业规定，投资者需要"净资产不低于一定规模（1亿元以上）"；有的企业规定，投资者如果是市场化金融或者基金型企业，需要"管理资本不低于50亿元"；等等。无论采用哪种表述，都是希望这些规定把那些符合混改战略预期的有实力投资者圈定出来。

### 业务范围

混改的国企，出于投资者业务协同或者互补的考虑，需要对投资者从事的行业类型和主要业务进行规定。比如，一家金属行业国有企业的增资要求就规定，"投资者需要是本行业内的从事研发、原材料供应、产品使用或者销售方"；另一家电力设备制造销售企业的混改增资要求规定，"投资方在制造业领域内有较好的积累，应获得国家技术创新示范企业或者省级以上智能制造示范企业，或者国家认定企业技术中心资质"。

**禁入组织**

有些拟混改国有企业，为了战略意图的实现，希望找到真正的产业投资者，所以对于一些特殊性质的企业，明确规定了不考虑。这些特殊性质的企业，包括信托基金、资产管理计划、契约型基金等方面的企业。也有其他一些企业，在规定中指出，涉及同业竞争的投资者也不能参与公司的混改。

总之，对于国有企业混改当中的投资者选择标准，从政策和实践两个角度进行分析，我们认为一共有四项底线性内容，还有四个方面的择优性考虑，将这八个因素综合起来考虑，就国有企业和国有股东这一方面而言，就基本完成了对理想投资者的定义了。

## 45. 投资者开展尽职调查过程中有哪些关键事项？

"尽职调查"（due diligence），简称"尽调"，这个词语经常在涉及企业股权和其他重大经济行为时被提起，专业人士对其中的内容相对明白，其他企业管理者总觉得这个概念过于抽象。混改是企业发展中的大事，引入投资者的这个环节，所有正式表达意愿的潜在投资者都会提出"我需要搞一个尽调"。那么，什么是"尽调"？在混改中，企业投资者的"尽调"主要解决什么问题呢？

### ◎ 尽职调查来龙去脉

企业并购和投资行为是项复杂的法律工程，并购的成功与否取决于众多因素，其中，投资者对目标公司了解的程度是众多因素中最为重要的因素。因此，投资者必须对目标公司进行必要的调查，了解目标公司各方面的情况。在实践中，这些调查被称为"尽职调查"。

尽职调查形成的结果，一般是投资者自行起草或者委托中介机构起草的尽职调查报告。通过这个成果，投资者来判断一家潜在投资企业是否与自己的投资战略和原则相吻合，是否达到了投资价值标准，为投资后续谈判和最终投资决策提供参考意见与建议。

一项尽职调查一般包括哪些具体的内容？在投资、收购兼并中的尽职调查往往从三个方面进行。

商业调查。商业调查即对被投资对象的市场现状、市场前景的调查。商业调查通常涉及投资价值的确定方式，一般由专业的咨询公司来做。

法律事务调查。法律事务调查涉及被并购对象一切可能涉及法律纠纷的方面，如投资对象的组织结构、正在进行的诉讼事项、潜在的法律隐患等。该项工作一般由律师事务所来进行。

财务尽职调查。财务尽职调查往往不会涉及投资价值的确定，但是，只要是投资方委托的事项，如了解被投资企业的资产负债状态、经营成果、内部控制、关联交易、财务前景等，都可以纳入财务尽职调查的范围。这些调查结果会对投资的进行与否有直接的影响。

◎ 混改尽职调查的特点和重点

由于投资目标不同，尽职调查会在基本框架的基础上，进行各种适应性优化。混改是国有企业股权结构改变的主要方式，通过吸引外部投资者的方式推动国企市场化改革的进程。在这种战略性行动中，尽职调查有几个突出的特色。

**突出业务前景价值**

进行混改的国企，基本上都是处于正常经营状态的企业，还有一部分是经营前景较好的轻资产、高智力贡献、利润回报相对较高的国有企业，混改的目标是通过引进投资者实现产业的更大发展。

这时，尽职调查中就会突出对于企业成长发展前景的、分析和研究，还需要对于企业三到五年的发展和经营情况进行预测，通常会进行盈利预测，其目的是为企业股权价值的确定奠定基础。

由于国有资产评估方法当中，对于盈利能力明显高于平均水平的企业，有一种方法是采用收益法进行企业价值评估，所以在尽职调查阶段，帮助投资者对于企业未来发展经营进行充分的掌握和预测，可以在企业估值这一核心问题上更容易达成共识,推动混改的成功。

### 突出资产质量

国有企业的成长通常都有较长时间的历史,企业的土地、房屋、应收应付项目、无形资产等资产类项下的内容涉及的历史性因素不少,所以,投资者对于资产质量的关注是比较突出的。

首先是低效或者无效资产是否存在,占有多少比例。投资者关注经营性资产的完整性,同时也关注非经营性资产是不是都在改革的初期进行了整合或者剥离。

其次是资产权属是否清晰。国有企业经常会出现长期使用的房屋、土地等重要资产的产权证不完整、权属仍不清晰的情况,这将会直接影响估值和投资者的最终决策。

最后是资产的盈利能力是否达到平均水平,或者潜在盈利能力是否能够有效提升。投资者是依据净资产来投资并获得股权的,那么净资产收益率始终是投资者判定投资价值的基础指标。一家国有企业在给定的资产规模下,盈利水平如何是投资者"尽调"中的核心关注点。当然,这里的盈利不仅是指目前的盈利状态,而且是指混改之后,在新的资源结构、市场机制、管理模式下的潜在盈利空间。

### 突出关联交易

到目前为止,很多的混改企业都是一家企业集团中的部分业务部门或者下属公司,在业务体系当中不可避免地与母公司或者上下游的兄弟单位产生关联交易。由于关联交易会影响混改企业的经营发展独立性,也会直接影响企业的财务报表数据,进而对公司未来的业务布局和资本运作产生重要作用，所以，关联交易也是混改"尽调"当中的核心问题。

从投资者的角度来说，关联交易的存在是正常现象，有时也是加分项目。需要判定的内容是：

● 混改后的关联交易是否继续展开？会如何影响混改企业的成本和收入？

● 混改企业除关联交易外，独立的市场空间和业务能力如何？

● 目前的关联交易，定价水平和方法是否合理？

● 混改后，国有股东是否能够通过关联交易对混改企业施加不对称的影响？

**突出组织效率**

无论是什么样的投资者，都会对混改企业的管理团队，特别是"一把手"的情况格外关注。一个优秀的领导人，对于坚定投资者信心十分关键。对于国企混改来说，投资者还关注的是核心团队的稳定性，这就要求国有企业对于干部调动和任期的相关政策积极跟进，不要在混改的关键几年内频繁调整企业的核心团队成员。

国有企业混改另外一个尽调关注的事项，是混改企业的组织规模和用工机制。如果这是一家市场化程度较高、人均贡献较高的企业，投资者的信心更足；相反，如果这是一家老国企，体制机制问题急需解决，投资者会对企业的价值进行再评价。

上面就是投资者在进行混改尽调时关注的四点突出问题，国有企业都请做个基本了解。

## 46. 提升投资者引进成功率有哪些有效方法?

混改中吸引投资是一项市场行为,也是一项重要的股权交易。市场中形成交易不容易;对于一个复杂的混改企业来说,实现投资者的成功引入同样不容易。我们在本章前面的问题里已经说明了,之所以有不少的国有企业混改项目没有成功,那是因为,投资者和混改国有企业两方之间存在混改预期的落差,导致找不到交集。

那么,作为一家国有企业,通过哪些方面的工作,可以帮助自己解决这个问题,促进投资者引进的成功呢?知本咨询有一个"国企混改股权价值定位模型",每个国企都可以利用这个模型,将自己的定位标识出来,并且判断未来的混改是否能够成功、如何变得成功(见图 4-9)。

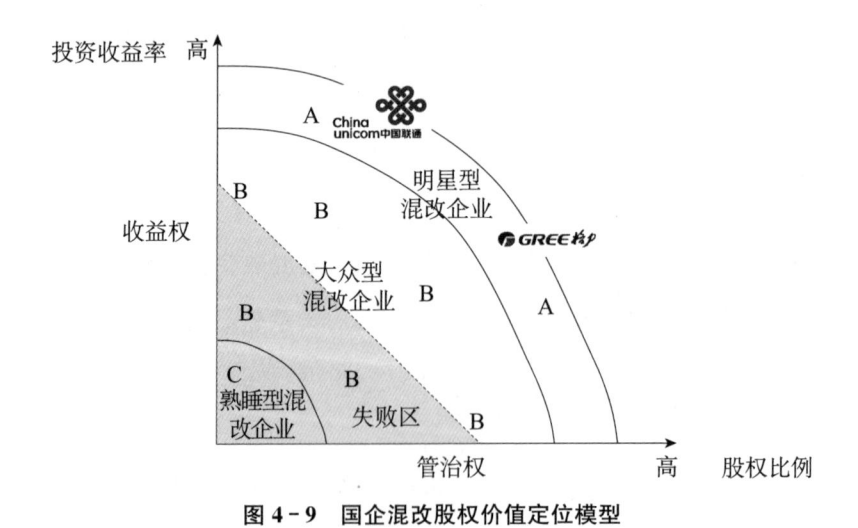

图 4-9 国企混改股权价值定位模型

国企混改股权价值定位模型有两个轴。横轴是股权比例,代表的是在混改中,准备释放给投资者的股权比例是多少。我们假定,给投资者释放的股权比例越高，投资者能够得到的管治权力就越大，投资者就会更加倾向于获得这样的管理影响。

纵轴是投资收益率，代表的是投资者能够预期的、在混改之后的企业所能够带来的收益率，可以说这是一项预期收益率的指标。同样假定，收益率越高，说明同样的投资金额下，获得的收益回报越高，投资者的收益权就越大，投资者也会更加倾向于投资。

利用股权比例和投资收益率两个指标，我们可以将所有的拟混改企业都画到一张图中，来比较不同企业的位置，找到不同企业在投资者心目中的价值坐标。可据此来判定，哪些企业能够混改成功，哪些可能不行；不行的企业，应该做哪些工作，使得自己成功的概率更大。

具体的判定过程，我们下面解释。

◎ 三类混改企业

我们详细分析一下国企混改股权价值定位模型。在图4-9中，我们把已经在全国各个地方挂牌或者准备挂牌的混合所有制企业分成三大类：明星型混改企业、大众型混改企业、熟睡型混改企业。

第一大类比较少，我们称之为明星型混改企业，也就是在模型中处于A类区间的这些企业。这些企业的特点是，要么能给投资者带来高投资收益率，要么能通过股权比例的让渡，使投资者获得混改企业较大比例的股权，在管治权力上实现充分让渡，或者是两者兼具。

如果拟混改的企业是一家国有上市公司，国有股东也准备拿出较大比例的股权来吸引投资者，这类企业就容易成为明星型混改企业，因为无论是投资收益水平、流动性还是投资者的发言权，都能得到保证。

比如说像中国联通这类企业，就属于混改市场中少有的明星型企业。

2019年11月混改完的格力电器，也属于这类明星类混改企业标的，是因为格力股份的股权能够保证两点。一是格力释放的是上市公司的股权，这家上市公司历来的净资产收益率都是较高的，投资价值没问题，上市公司股权本身的特点决定了其投资的流动性没问题。同时，格力还能解决另外一个问题。本次混改，格力释放了15%的股权，投资者成为格力单一大股东，排第一位，所以能够在管制权上让投资者得到充分的管理保证。

大多数混改企业都归入第二类，我们称之为大众型混改企业，也就是在模型中处于B类区间的企业。这类企业有相对稳定的业务，但是企业的市场地位并不是那么好，经营收益水平在市场中处于比较普通的状态，我们需很努力它才有可能好一点。同时，国有企业股东并不想大幅度降低股权比例和对公司的控制力，投资者能够一次性获得的股比也不会太高。

大众型混改企业的混改是个什么样的情况呢？那就是它能给投资者和混改企业带来的收益预期说不准，给投资者带来的管控权力方面的稳定预期也说不准，所以位置在中间大的B区间内，这是第二大类。

第三大类的企业也不多，我们叫它熟睡型混改企业，在模型的C区域。这类企业项目的经济效益不高，同时，原有股东也不想释放股权比例，只是做出百分之几或者百分之十几的股比释放。只能说，有这样特点和想法的国有企业混改是难有成功可能性的。

◎ 混改成败分水岭

好了，我们下面的问题，既不是学明星型企业的做法，也不提倡企业脱离实际做混改之梦，而是帮助绝大多数处于B类区间的大中型企业实现混改的成功。对于这类企业而言，要特别关注一条成败线，那就是模型中的虚线，我们称之为混改的成败边界，即失败和成功的分界线。边界内的区域，很遗憾，会成为混改的失败区。

失败区的混改企业有一个共同点，即企业的未来收益率不高，企业能够释放给投资者的管治权不大。

我们反复提到国企混改比较高比例的受挫企业，是自己处于这个成败分水岭左右的时候，没有意识到自己的混改风险，要么是在展现给投资者的预期收益上出了问题，要么是管制权让渡有问题，所以就会留在失败区，最终没有走向成功。

那么，如何让企业从失败区走出来呢？从图4-9中可以看出，如果说我们可以让混改企业未来的投资预期收益向上移动，或者说可以通过释放更多股权的方式，让企业从管治权的共享上往右移动，就可以使失败的概率大大降低，使企业进入白色的成功区。

说得简单明了一些，就是企业在进行混合所有制改革的时候，要让投资者觉得企业的投资收益率是可以不断往上涨的；或者可以让投资者通过参与和影响治理与管控，觉得投资越来越放心。这些做法都能够大大帮助混改项目最终成功。

根据知本咨询国企混改股权价值定位模型，每个企业都可以量化自己的坐标。各位朋友如有兴趣，可以把图4-9和自己公司的情况对比一下，找找你们公司的位置在哪里，是在失败区，还是在失败区的边缘，还是已经进入成功区了，并据此确定具体的优化策略，分别在预期投资收益率和混改股权比例上下功夫，这样应该能够获得更好的混改成果。

## 47. 外资可以参与混改吗？

我们关注到，在本轮国企混改当中，有一类特殊的投资者，那就是外资机构，它们也对国有企业的混合所有制经济表现出较大的关注。外资如何参与国有企业混合所有制改革？在外资参与的混改项目中，国家政策有什么特殊的规定？

◎ **政策原则**

2015年9月24日，《国务院关于国有企业发展混合所有制经济的意见》（共29条）印发，鼓励非公有资本参与国企混改，有序吸引外资参与国企混改，鼓励国有资本以多种方式入股非国有企业；分类、分层推进国企混改；电力、石油、天然气、铁路、民航、电信、军工等领域改革，开展放开竞争性业务、推进混改试点示范。

这个文件明确指出："有序吸收外资参与国有企业混合所有制改革。引入外资参与国有企业改制重组、合资合作，鼓励通过海外并购、投融资合作、离岸金融等方式，充分利用国际市场、技术、人才等资源和要素，发展混合所有制经济，深度参与国际竞争和全球产业分工，提高资源全球化配置能力。按照扩大开放与加强监管同步的要求，依照外商投资产业指导目录和相关安全审查规定，完善外资安全审查工作机制，切实加强风险防范。"

2017年8月，《国务院关于促进外资增长若干措施的通知》（国发〔2017〕39号）明确提出鼓励外资参与国企混改。该文件指出："简化程序，放宽限制，支持境外投资者以并购方式设立外商投资企业。支持国内企业多渠道引进国际先进技术、管理经验和营销渠道。鼓励外资参与国有企业混合所有制改革。"

从国家的层面看，各种场合中不同的负责人都多次说明，欢迎外资参与到国有企业混改的历程中。2018年两会上，时任国资委领导明确说明："希望愿意参与的各类企业，包括国外企业，参与混改。我们是开放的，欢迎各个愿意参与的各类企业，包括国外企业参与混合所有制改革。我们乐意看到优秀的国外企业参与进来"；"我们保护各方参与混改主体的权益，保护其股权、表决权等权利"。

那么，吸引外资开展混改，要注意的政策边界有哪些呢？我们认为，与国内投资者不同的核心内容是，外资要进入的国企业务领域需要满足投资准入的相关规定。

基于国民待遇的基本原则，根据2019年3月通过的《外商投资法》，进入中国投资的外商执行"负面清单管理制度"。在投资准入负面清单以外的领域，按照内外资一致的原则实施管理。

这一规定同样也适用于国有企业混改中的外资参与问题。《企业国有资产交易监督管理办法》指出："受让方为境外投资者的，应当符合外商投资产业指导目录和负面清单管理要求，以及外商投资安全审查有关规定。"

也就是说，只要混改企业所从事的业务是外资准入负面清单以外的业务，外资完全可以和其他内资企业一样，充分参与到国企混改的历史进程中来。我们也观察到了一些外资成功投资混改企业的案例。

◎ 实践案例

整体对比来看，截止到2019年末的国有企业混改成功案例中，外资作为投资者的数量并不多，但是具有较强的代表性。我们在此举一个例子，那就是太盟投资集团通过混改控股宝钢气体公司的案例。

宝钢气体于 2010 年 8 月由中国宝武下属宝钢金属有限公司全资发起成立，注册资本 118 085.24 万元，是中国宝武工业气体业务的主要平台。宝钢气体拥有核心技术体系，并具备为客户提供设计、运管、维护、应用技术支持、咨询等能力，能够为客户提供一整套解决方案。2018 年 8 月，宝钢金属通过上海联合产权交易所对外公开转让宝钢气体 51% 的股权，宝钢气体 51% 的股权最终以 41.66 亿元的价格成交，相比挂牌价高出 22.1 亿元。混改后，宝钢气体的控股股东太盟投资集团持股 51%，宝钢金属持股 49%。混改后的股权结构如图 4-10 所示，宝钢金属从持有 100% 股权的股东转变为参股股东。

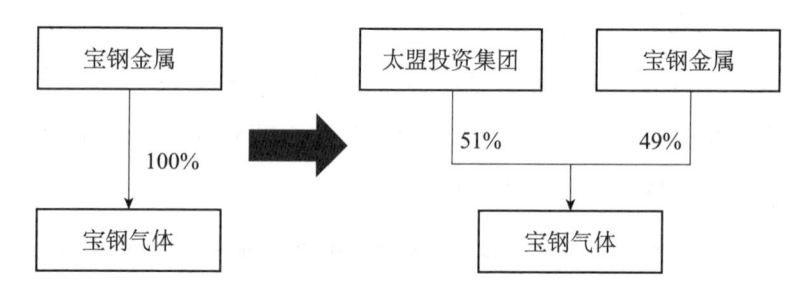

图 4-10 宝钢气体混改后的股权结构

参与本次混改的太盟投资集团注册于中国香港地区，成立于 2002 年，是专注于亚洲的投资管理公司；旗下管理的资产总额逾 160 亿美元，涵盖私人股权投资、房地产及绝对回报策略；业务覆盖亚洲市场，拥有逾 300 名员工，之前在工业气体领域已经拥有不少投资资产。

展望未来，随着中国经济的开放程度进一步提高，以及《外商投资法》在 2020 年正式生效，我们相信会有越来越多的外资对国有企业混改股权产生兴趣，并且助推国企改革进入新的层面。

## 48. 混改投资者可以用哪些资产进行投资，是否可以分期付款？

国企混改的投资问题，是一个综合性强、流程较长、涉及利益主体较多的系统性问题。关于在这样的投资当中，外部投资者应该怎样出资、可以用哪些资产出资等问题，需要通过了解政策、熟悉实践这两种不同的方式共同熟悉和掌握。

◎ 新设混改企业模式下的投资方式

混改中有两种典型的投资形式，一种是现有国企进行增资或者股权转让，另一种是各方投资者一起发起新设有限责任公司或者股份公司。后一种模式下的外部投资者投资模式相对简单，我们首先做一讨论。

混改企业设立

在新设混改企业模式下，国有股东和准备参与的外部投资者通过商业谈判，确定了准备合资组建新的混合所有制企业，就可以进入混改企业设立的实施环节。在这个环节中，股东各方需要展开的是关于对外投资的相关管理流程。作为国有股东的一方，需要按照本集团或者本企业的投资管理制度，进行相关议案的内部审议，同时按照对外投资权限履行上级股东单位的报批程序；作为外部投资者，需要与国有企业订立合同、章程等法律文件。

出资注册

在完成报批，并且签订相关合资新建混合所有制企业的法律文件后，就可以按照事先约定的模式进行出资和办理工商注册手续。根据投资各方商定的注册资本和股权比例,每家股东可以根据《公司法》规定的可用于投资的资产类别,结合各方商定的原则进行注册资本缴付。国有股东一方,通常可以用现金出资,或者可以将准备孵化投入的相关业务经过评估,作价投入新公司。其他投资者,可以根据各方协商需要,投资货币资本或者其他的资产类项目,作为注册资本。根据《公司法》规定,注册资本的缴纳采用认缴制,可以在各方约定的时间期内分步骤完成。

总体来说,新设混改企业的出资方式相对简单,也容易操作。

◎ 现有企业增资或股权转让的投资方式

现存国有企业通过增资或者股权转让的形式实现混改,是大量国有企业采用的方式。这种方式可以充分把拟混改国企的资本、业务和人员利用起来,实现持续发展。这种模式下的核心程序,是伴随投资进行国有资产的定价。

对于外部投资者来说,确定的投资金额与国有企业股权的价值是对应的。投资者根据国家政策,在国有股权交易场所,通过竞价等方式,公开透明地取得国有股权,我们称之为进场交易。这个过程核心的政策规定是《企业国有资产交易监督管理办法》(以下亦简称《交易办法》)。

我们来说下进场交易后,投资者涉及的股权价格如何支付。这里面有两个重点:

首先,股权转让交易可以采用分期支付交易款的方式。《交易办法》规定:"交易价款原则上应当自合同生效之日起 5 个工作日内一次付清。金额较大、一次付清确有困难的,可以采取分期付款方式。采用分期付款方式的,首期付款不得低于总价款的 30%,并在合同生效之日起 5 个工作日内支付；其余款项应当提供转让方认可的合法有效担保，并按同期银行贷款利率支付延期付款期间的利息，付款期限不得超过1年。"

其次，股权转让方式下投资者只能缴付货币，增资方式下投资者可以非货币出资。

《交易办法》指出，在股权转让时，"交易价款应当以人民币计价，通过产权交易机构以货币进行结算"。在企业增资时，"投资方以非货币资产出资的，应当经增资企业董事会或股东会审议同意，并委托具有相应资质的评估机构进行评估，确认投资方的出资金额"。

### 49. 拟混改企业通过哪些方法可以顺利找到理想的投资者？

寻找投资者的工作，对于拟混改企业来说，是最为核心的一环。中国的企业可以千万家的标准进行计量，应该是不少了。数据显示，截至2019年9月底，通过中国证券投资基金业协会登记的私募股权和创投基金管理人约1.48万家，管理基金资产的规模达到9.38万亿元。从基金类型的投资者数量来看，国企混改的潜在投资者规模还是很大的。

但是，还是有一些准备混改的企业，在寻找投资者方面面临一些实际问题。比方说，自己心目中的理想战略者往往不认识，也不太好找；同时，拟混改企业的信息资源有限，能够在有限时间内联系和接洽的投资者也不多。这就给国有企业混改提出了一个问题：用什么样的方法能够帮助更多更高效地寻找混改投资者呢？

知本咨询根据混改实践的一些经验，给各位提供一点基本思路。

#### ◎ 从上下游产业链及周边企业开始

我们的统计数据说明，在已经成交的混改项目里，有很多的投资股东来自同一个行业。要么是同一业态原先的竞争者，通过混改联合起来，形成新的网络，或者转移控制权；要么是本行业内的上游企业，或者是下游企业，和混改企业有效互补，能够形成产业链。

同行业的企业由于业务类型高度关联，混改企业的股权能够产生新的协同效应和战略成果，所以很多本行业的企业都会思考和关注。这个时候，如果拟混改企业的管理层可以找到与这类企业的合作模式，那么就能提升混改投资引入成功的可能性。

◎ 国资主管部门积极推动

在实践中，有部分国有企业的混改，投资者中有一部分是来自同一省份或地区的兄弟国资或者国资背景的市场化运作基金。这也给拟混改企业寻找投资者提供了一种思路：可以请国资主管部门积极帮助推动，寻找在本系统、本地区内比较匹配的投资者。

目前，各个省份的国有资本都形成了相对丰富的产业，并且在投资型企业的培育方面已有不少基础。在下属企业混改过程中，国资监管部门从优化产业结构、优化国有资本配置的角度，推动不同国资企业实现股权上的合作，再利用市场化的基金等手段，推动国企机制的转换，这不失为一种合理的方法。

拟混改企业可以积极与本单位主管国资部门进行沟通，这样能够在投资者确定方面有所帮助。

◎ 充分利用国有产权交易所

国有产权交易所，既是国有股权交易的平台，也可以充分利用作为拟混改扩大影响、顺利找到投资者的场所。

目前，大型的国有产权交易机构，特别是交易量集中的北京、上海两家交易中心，平时都会对接很多外部投资者和金融机构，如果拟混改国企可以充分利用这样的平台力量，通过投资者推介会这种相对集中有效的方式，向市场投资者展现本公司的实力和发展规划，会取得相对不错的效果。

2019年间，有很多省份的国资系统集中在北京产权交易所和上海联合产权交易所进行了国资混改项目的推荐活动，吸引了数百家投资机构，对于更广泛地传播投资信息，发现更多更好的投资者，起到了良好的作用。

## ◎ 聘请有经验的财务顾问

混改企业的触角是有限的,如果希望短时间内更大范围地搜寻投资者,可以通过聘请熟悉国企混改的外部财务顾问来进行。财务顾问通常是投资银行、财务顾问公司或者咨询类企业,它们能够利用自身网络和人脉,帮助拟混改企业更多地掌握信息,并找到有价值的合作伙伴。

当今时代已经进入网络化阶段,没有一家企业可以只依靠自己的能量而生存,必须广泛合作,将企业编织到广大的社会分工和社交网络当中去,才能与时代共生共荣。

总之,如果一家拟混改企业希望更有效地找到投资者,可以利用的方法就是"走出去",到周边企业及上下游企业中寻找,到国资系统中寻找,到交易平台寻找,到财务顾问那里寻找。众里寻他千百度,蓦然回首,那人却在灯火阑珊处。

第 5 章

# 混改定价

## 50. 混改股权定价的基本原则是什么？

国有企业混改过程中，核心的环节是国有股权的价值确定问题。在这个方面，要参照《中华人民共和国资产评估法》、《国有资产评估管理办法》（国务院令第91号）、《国有资产评估管理若干问题的规定》（财政部令第14号）、《企业国有资产交易监督管理办法》（国务院国资委、财政部令第32号）等文件的要求，进行科学和合规的评定。

综合这些文件的要求，我们认为，虽然国有企业行业差别大，国有资本的呈现形式多种多样，但是在混改过程中，股权定价的基本原则是统一的，也是有章可循的。

总体来说，是四句话：有市场价格，参照市场价格；没有市场价格，就挂牌交易；资产评估是混改定价的基础；长期激励股份，价格专门规定。

◎ 参考市场价格的混改

有市场价格，参照市场价格。这句话的意思是，如果混改企业是上市公司，混改的股权价格就要参照上市公司的股票市场价格来进行增资或者转让。这样处理的好处是显而易见的：上市公司股票价格最为透明、最有市场的公允性，所以是一项非常好的参考价值指标。

过去几年的混改案例中，也出现了一些利用上市公司股权开展混改的实例。2019年，格力集团通过公开征集受让方的方式协议转让格力集团持有的格力电器总股本15%的股票。最终，高瓴资本投资的股权投资基金"珠海明骏"以每股46.17元的价格受让格力集团持有的格力电器约9.02亿股股份，合计转让价款为416.62亿元，成为2019年金额最大的混改案例之一。本次格力电器混改，每股46.17元的价格，也是根据上市公司的股票市场价格而确定的。

◎ 通过挂牌交易方式定价的混改

对于绝大多数未上市的国有企业，或者对于上市公司的下属企业而言，混改中涉及的股权没有股票市场交易价格可以参照，那么，根据目前的国有资产交易规定，需要"进场交易"，通过公开信息、竞争性交易等方式寻找最优的国有股权价格。

这里的进场是指在各个省份都指定了国有股权和国有资产交易的场所，专门负责进行国有股权交易。根据各个交易所的规定，混改国企的股权在此进行挂牌交易，向社会公开股权信息，根据竞争的原则，通过透明的流程来确定最终的价格。首次挂牌交易的底价是资产评估的底价，成交价格由各个参与股权交易的投资者竞争择优确定。

没有股票价格的国有股权，通过进场交易形式开展增资或者转让，实际上体现了"没有市场交易，那就创造一个市场交易"的思路。这种交易定价模式，可以更好地保证国有资本的保值增值，也有利于国有资产交易秩序规则的统一和透明。

◎ 资产评估是混改定价的基础

这一点已经成为国有企业的共识。根据《中央企业混合所有制改革操作指引》的规定，"实施混合所有制改革，应当按照《中华人民共和国资产评估法》《企业国有资产评估管理暂行办法》（国资委令第12号）等规定，开展资产评估工作"。

就定价而言，该文件明确规定，"产权转让项目首次正式挂牌底价不得低于经备案的评估结果，信息披露期满未征集到受让方拟降价的，新的挂牌底价低于评估结果90%时，应经混合所有制改革批准单位同意；交易价格确定后，交易双方不得以期间损益等理由对交易价格进行调整。增资扩股项目的交易价格以评估结果为基础，结合意向投资人的条件和报价等因素综合确定，并经企业董事会或股东会审议同意"。

可见，在混改当中，国有资产评估的价格将会对最终交易的价值和金额起着至关重要的作用。

◎ 长期激励股份的定价

有一部分国有企业在混改的同时，配套进行长期激励。比较典型的是两种做法：一种是非上市公司，开展混改的同时开展核心团队持股；另一种是国有控股上市公司实施本公司的股权激励计划。另外，符合《国有科技型企业股权和分红激励暂行办法》规定的国有科技型企业，可以按照这个文件规定开展股权激励。我们分别就这三种模式下的股份定价原则进行说明。

非上市公司在混改同时推进核心团队持股：与投资者同股同价。《关于国有控股混合所有制企业开展员工持股试点的意见》（国资发改革〔2016〕133号）、《关于深化混合所有制改革试点若干政策的意见》（发改经体〔2017〕2057号）就员工持股的原则进行了明确的规定，核心是"同股同价"四个字。那么，在实践当中，如何在混改时体现核心团队持股的"同股同价"原则呢？通常是国有企业先引进外部投资者，持股员工再以与外部投资者相同的价格来同步增资，成为混改企业的股东。

国有控股上市公司限制性股票：底线50%的股价。国有控股上市公司的股权激励，目前有三种选择，分别是股票期权、股票增值权和限制性股票。其中，限制性股票获得了更多国有控股上市公司的青睐，原因是在定价方面，这种形式的激励更有吸引力。《上市公司股权激励管理办法》对限制性股票的定价规定是不低于公司股票交易均价的50%。所以，很多企业朋友喜欢称其为"半价股票"，这对上市公司的核心团队来说，无疑是具有一定吸引力的。

国有科技型企业股权激励：特殊规定。《国有科技型企业股权和分红激励暂行办法》规定，"企业可以采取股权出售、股权奖励、股权期权等一种或多种方式对激励对象实施股权激励"。如果利用股权出售的方式，则需要"按不低于资产评估结果的价格，以协议方式将企业股权有偿出售给激励对象。资产评估结果，应当根据国有资产评估的管理规定，报相关部门、机构或者企业核准或者备案"。这项规定的特殊性在于，与非上市公司在混改的同时开展核心团队持股不同，不用在产权交易场所挂牌交易，可以采用直接协议转让或者增资的方式，用资产评估价格进行交易。

## 51. 混改中有效展开审计工作有哪几个核心要点？

审计作为国有企业资产价值确认的基础性工作之一，在国企混改中具有举足轻重的作用。审计作为一项成熟的专业性工作，其业务执行标准和规范要满足《中华人民共和国国家审计准则》的相关要求，并且按照专业审计流程，明确审计目标，收集审计证据，发表审计意见，最终出具审计报告。这一过程，都由有资质的会计师事务所根据职业规范开展，并不是本书讨论的重点。

我们要说明的问题是，在国有企业混改中进行的审计，与通常进行的企业年度报表审计、其他专项审计等相比，有哪些特殊的重点；作为企业的非财务专业人士，如何对混改中的审计重点和难点进行理解和把握。

◎ 混改审计执行中的政策规定

《中央企业混合所有制改革操作指引》对于混改中的审计执行，进行了若干明确的规定。

**混改审计应该遵循的政策标准**

文件规定："实施混合所有制改革，应当按照《国务院办公厅转发国务院国有资产监督管理委员会关于规范国有企业改制工作意见的通知》（国办发〔2003〕96号）、《国务院办公厅转发国资委关于进一步规范国有企业改制工作实施意见的通知》（国办发〔2005〕60号）等规定，开展财务审计工作。"这段话说明，混改审计与一般的国有企业报表审计不同，应该比照国企改制要求展开审计工作。

我们继续来看，在上述国办发〔2003〕96号文件中，对于国有企业改制中的审计相关要求是：首先要进行清产核资。其次要按规定开展财务审计工作。

两年后，为了进一步规范和明确国企改制相关清产核资和财务审计的操作原则，在国办发〔2005〕60号文件中，进行了更详细的补充规定。

清产核资方面，要求切实对企业资产进行全面清理、核对和查实，盘点实物、核实账目，核查负债和所有者权益，做好各类应收及预付账款、各项对外投资、账外资产的清查，做好有关抵押、担保等事项的清理工作，按照国家规定调整有关账务。

对于财务审计的要求是，逐笔逐项审核各项资产减值准备并出具专项意见。

同时要求改制为非国有的企业，必须在改制前进行法定代表人离任审计，不得以财务审计代替离任审计。

通过对这样两个核心改制文件要求的分析，我们看到，在混改中对于企业财务问题的政策关注重点，是客观、清晰、准确地界定国有资产的实际经营成果，防止国有资产边界的模糊。如果改制为非国有控股企业，需要同时进行企业负责人的离任审计。

**混改审计机构的聘用**

《中央企业混合所有制改革操作指引》对于混改中聘用审计机构程序做了明确规定："选聘审计机构应采取差额竞争方式，综合考察和了解其资质、信誉及能力。选聘的审计机构近两年内在企业财务审计中没有违法、违规记录，未承担同一混合所有制改革项目的评估业务，与企业不存在经济利益关系。"

近些年来，对于审计机构的选择工作，很多中央企业和地方国有企业都建立了相对完善的流程和标准，这项规定重申了几个重点，分别是要竞争性确定、保证资质和经验、没有违规记录、不存在回避事项等。

**审计报告**

《中央企业混合所有制改革操作指引》指出："审计报告应为无保留意见的标准审计报告。拟上市项目或上市公司的重大资产重组项目，评估基准日在6月30日（含）之前的，需出具最近三个完整会计年度和本年度截至评估基准日的审计报告；评估基准日在6月30日之后的，需出具最近两个完整会计年度和本年度截至评估基准日的审计报告。其他经济行为需出具最近一个完整会计年度和本年度截至评估基准日的审计报告。"

在此，我们要简单说明一下，审计专业中的意见表述一共有五种，混改中的审计意见应该是"标准无保留意见"，而不是其他。标准无保留意见是指，"审计师认为被审计者编制的财务报表已按照适用的会计准则的规定编制并在所有重大方面公允反映了被审计者的财务状况、经营成果和现金流量"。

如果出现了其他任何类型的意见，包括带强调事项段的无保留意见、保留意见、否定意见、无法表示意见，都难以继续推动混改的进一步工作。

另外，对于审计报告的出具周期，政策明确规定了如果是为了股票市场发行或者上市公司重组而进行混改，需要三年又一期或者两年又一期的审计报告。对于其他一般性的混改项目，审计的时间跨度为"一年又一期"。

◎ **混改审计中的重点领域**

通过前面对于混改审计相关政策原则的分析，我们可以感觉到，作为企业改制模式的一种延续，混改审计最主要的工作，是将企业历史上不清晰的资产负债梳理明确，同时界定最近一期的经营成果，确认截止于审计基准日的拟混改企业国有权益账面金额，或者说确认国有净资产账面金额，为进一步的国有企业资产评估奠定坚实的财务基础。基于这样的经济属性目标，在开展审计工作中，涉及几个主要的关注点：

**业务重组问题**

审计工作通常是以会计主体为基础进行的，以会计主体为单位出具审计报告。对于财务报表审计等常规审计来说，这是足够的。但是在混改这种业务情况下，审计的范围就会发生变化。由于有些企业的混改涉及不同的法人主体之间进行资产和业务注入、公司整合、调整股权投资关系等业务重组的内容，所以在审计中就需要根据企业业务重组的目标，对于纳入未来新公司的业务和资产进行审计，有时候需要就新公司业务边界内的经营出具模拟的财务报表，因为重组后的混改公司还没成立。

**资产价值和权属问题**

这是混改中审计环节和资产评估环节都面临的重点。国有企业经过多年的发展和变化，通过资产清查等方式，能够发现一些资产的盘盈盘亏、资产账面价值与实物价值的不统一等问题，由于涉及国有资产的数量和价值确认，对这些资产账面价值审计显得比较重要。

同样，审计人员和资产评估人员都关心国有企业重要的资产如土地、房屋和主要业务所需资产的权属是否明确，核算依据是否正确。

### 净资产的调整问题

混改审计和评估的核心是确认混改企业在审计评估基准日的净资产值和评估价值，由于评估价值与审计净资产值有重要的关系，所以调整净资产值在很多情况下将直接影响到评估价值。

在一些企业的股权改革中，为了将企业净资产值保持在一个特定的区间内，可能会在审计基准日前通过特定的业务和会计处理，对净资产价值进行影响。比如通过对未分配利润进行及时分配而降低净资产，比如通过计提或者冲回资产减值损失降低或者提高净资产，比如对于某些债务的提前或者延期确认，等等，都可以改变企业在基准日的净资产账面价值。

注册会计师要高度重视这些可能对于净资产账面价值有重要影响的事项，通过强化审计流程作业的管控，确保科学确认审计结果，发表客观的审计意见。

## 52. 混改中资产评估涉及哪些基本的政策规定和操作重点？

自 1991 年《国有资产评估管理办法》（国务院令第 91 号）颁布起，在国有资产相关经济行为中进行资产评估已经成为法定行为，是推动国有企业产权工作的基本前提之一。

由于资产评估是一项专业性、政策性都很强的法定工作，所以对于混改中资产评估核心业务的把握，我们必须从包括上述文件在内的中国资产评估政策明晰开始。

### ◎ 混改资产评估政策梳理

#### 《国有资产评估管理办法》

这个文件是 1991 年颁布的，成为较早在全国范围内进行国有资产评估的基本政策指南。该文件的基本内容是，规定了国有资产需要开展资产评估的五种基本情况，明确了能够从事资产评估的专业机构资质，确定了资产评估的结果要经过相关政府主管部门审核。同时，该文件也提出开展国有资产评估的几种基本方法，即收益现值法、重置成本法、现行市价法、清算价格法以及其他方法，这几种方法的运用一直延续到目前的资产评估实务中。

#### 《企业国有资产评估管理暂行办法》

这个文件发布于 2005 年。该文件包括以下几个基本要点：第一，明确在国有资产评估的法定程序中，执行"企业国有资产评估项目核准制和备案制",中央和地方的国有资产监督管理部门,以及不同层级的企业集团根据权限,负责相应的国有资产的核准或者备案。第二,进一步将需要资产评估的情形划分为十三类。在这十三类经济活动中,包括了目前开展的混改各种模式,也就是说混合所有制改革需要资产评估。

### 《中华人民共和国资产评估法》

2016年7月2日第十二届全国人民代表大会常务委员会第二十一次会议通过的《中华人民共和国资产评估法》,将资产评估上升到法律的高度,共八章55条,从2016年12月1日开始执行。该法从总则、评估专业人员、评估机构、评估程序、行业协会、监督管理、法律责任、附则等八大方面,详细规定了中国境内开展资产评估工作的相关内容。作为一项基本法律,《中华人民共和国资产评估法》构建了资产评估业务的整体法律环境和秩序,是资产评估参与各方所需依据的基本法律准绳。

### 《资产评估基本准则》

为了配合《中华人民共和国资产评估法》的实施,财政部制定了《资产评估基本准则》,自2017年10月1日起施行。这个文件从资产评估职业机构和执行操作的角度,对资产评估的原则、资产评估的程序、资产评估报告、资产评估档案等做出规定,明确在基本准则的基础上,由中国资产评估协会制定相关职业具体准则。可见,《资产评估基本准则》是资产评估专业机构必须依据的基本执业规范。

以上,我们按照时间次序梳理了企业混改资产评估中涉及的四个基本政策文件,这些政策有的定位于国家管理资产评估行为角度,有的定位于国有资产监管角度,有的定位于资产评估职业角度,它们汇总起来,从整体上确定了国企混改的资产评估基本政策框架,大家可以细细品读。

◎ **混改资产评估的重点难点**

《中央企业混合所有制改革操作指引》中,明确列示了混改企业资产评估的五个重点关注内容。

**评估基准日选择**

一般来说,审计和评估的基准日选择同一日期。由于资产评估的估价结果有效期为 12 个月,所以为了保证企业评估价值在混改的相关审批和实施流程中依然有效,评估基准日要尽可能靠近未来可能挂牌交易的日期。

**评估范围**

资产评估的范围,是准备纳入本次混改的所有业务及其对应的有形和无形资产。由于部分混改企业的改革方案不只涉及一家企业法人主体的业务,而是多家法人主体业务的整合,所以资产评估就需要将多家法人的资产全部纳入评估的范围。

同时,混改资产评估的范围要与财务审计的范围保持一致,财务审计负责提供相关资产的账面价值,资产评估负责对这些资产的公允价值进行估算。

**资产权属**

国有企业资产的权属证明是评估中关键的基础性资料,流动资产、固定资产、无形资产需要不同的权属证明。其中,价值较大的建筑物、土地、资源性资产,对于资产评估结果影响较大,需要明确的产权依据。我们在混改实践中发现，有些企业的该类资产由于历史上的各种原因，会出现产权不清晰、产权手续不完整、有些产权难以确认等种种问题，这个时候需要混改企业进行分类汇总，为不同类别的资产分别确定解决方案，或者暂时不将其纳入混改企业资产范围，或者采用租赁等其他形式，或者尽快补齐手续，或者请国有股东单位协调解决。

### 评估方法

《资产评估基本准则》规定，评估方法包括市场法、收益法和成本法三种基本方法及其衍生方法。在混改资产评估的实践中，如果涉及上市公司股权，一般通过市场法进行估价确认；如果是国有非上市公司的股权，通常采用成本法和收益法两种方法同时进行评估，然后通过比较最终确定合理的评估价格。

我们将在下一个问题中，就资产评估方法及其特点进行专题说明。

### 结果公示

《中华人民共和国资产评估法》要求资产评估整个过程在合理有效的监督下进行，评估结果的公示也是其中一个重要的环节。一家国有企业准备混改，需要将确定的资产评估结果在一定范围内进行公开，以确保价值的公允性，降低因暗箱操作造成风险的可能性。

## 53. 混改中如何选择资产评估方法?

只有用正确的方法,才有可能得到科学的结果。对于国企混改中的资产评估来说,同样如此。

多个国有企业改制的资产评估政策文件,明确指明资产评估需要用至少两种方法进行比较和交叉验证,最终保证国有企业产权价值的公允性。在混改实践过程中,由于不同国有企业所处的发展阶段各异,行业特点差异大,所以,在资产评估的过程中,需要用到不同的评估方法,而不同评估方法的应用将对评估结果产生较大的影响。所以,国有企业在展开资产评估时,还需要提前对于各个资产评估方法的特点有所掌握,以便于评估时能够科学应用。

◎ 混改中三种基本估值方法

根据《资产评估基本准则》的规定,结合国内外企业产权交易价值评估的实践经验,我们首先介绍三种国企混改中的基本估值方法,它们分别是重置成本法、收益现值法和市盈率法(见表5-1)。

表 5-1 基本估值方法

| 估计方法 | 估计公式 | 参数选择 | 适用范围 |
| --- | --- | --- | --- |
| 重置成本法 | 历史投入 | 与收益现值法配合使用 | 新成立或重资产类公司 |
| 收益现值法 | $P=\sum Fe/(1+i)^t$ | $Fe$ 取经营性净现金流;$t$ 取 5 年;$i$ 取 $X\%$ | 收益率较高公司 |
| 市盈率法 | $P=$年度净利润$\times P/E$ | $P/E$ 参考同类上市数据 | 轻资产公司 |

### 重置成本法及其衍生方法

如果下一个定义,则重置成本法是在现时条件下,以评估资产全新状态的重置成本减去该项资产的实体性贬值、功能性贬值和经济性贬值,估算资产价值的方法。通俗地说,就是假设在评估基准日重新把企业的相关资产再构建一次,达到目前的状态,应该能花多少钱,那就是这项资产目前的价值。

对于一项单项资产如此,对于我们要评估的一家混改企业股权价值也如此。这时,我们假定在评估基准日能搞一家与评估企业完全一样资产负债构成的企业,计算一共要花费多少钱。这时,重置成本法就会进一步发展为成本加和法。成本加和法是从投入的角度考虑的,它对构成企业的每项单项资产采用适合的评估方法评估其价值,然后进行加总。

成本加和法是我国资产评估实践的基本方法。这种方法直接以企业资产负债表为依据,资产负债能够一一对应,操作简单明了。不过,这种方法也有一定的局限性,比如其只是从资产重置的角度进行评估,没有充分考虑到资产的使用效率差异所带来的市场价值变化。

### 收益现值法

收益现值法是指通过估算被评估资产的未来预期收益并折成现值,借以确定被评估资产价值的一种资产评估方法。这种方法与重置成本法的基本思路起点完全不同,它不是考虑重新购置资产要花费多少钱,而是考虑目前这项资产能够在未来给拥有者带来多少收益,资产的真实价值应该是这些收益折现到评估基准日的总和。

收益现值法的优缺点也很突出。优点是,这种方法充分考虑了企业的价值来源于企业创造的收益水平,这种思路更接近市场;缺点是,无论估计企业未来若干年度的收益,还是确定企业收益的折现率,都是一件依靠主观经验比较多的工作,容易受到外部人为因素影响。

### 市盈率法

市盈率法是指以行业平均市盈率来估计企业价值，按照这种估价法，企业的价值得自可比较资产或企业的定价。

市盈率，简称 $P/E$，是一家企业市场价格除以这家企业当期每股收益所得的值。对于一家还没有上市的企业来说，如果能够找到同行业里面比较接近的可比公司，这些可比公司拥有自己的平均市盈率水平，那么，依据可比原则，被评估的企业也应拥有类似的市盈率标准。同时，每家企业都有明确的当年收益数据，所以，被评估企业的市场价值就等于该公司的类比市盈率水平乘以企业的当年收益。

市盈率法更加接近资本市场，是一种在西方投资银行领域广泛采用的企业估值方法，在我国涉及上市公司收购兼并的领域也有广泛的运用。但是，从国有资产评估的政策来说，这种方法还不是许可的主流方法。

### ◎ 正确理解和应用不同方法

三种方法分别介绍完了，那么，在具体的国企混改实践中，应该如何理解和应用它们呢？在此，我们介绍一下知本咨询的价值杠杆模型（见图 5-1）。

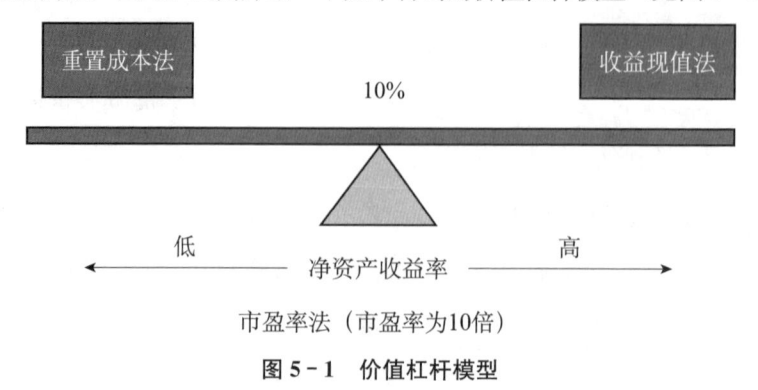

市盈率法（市盈率为10倍）

图 5-1 价值杠杆模型

正如前文所讲，三种方法思考企业股权价值的起点不同。重置成本法是从资产成本角度考虑，而收益现值法从未来盈利角度考虑，市盈率法从市场交易角度考虑，各有特点，也各有优缺点。三种方法的关联是什么呢？我们用企业的净资产收益率指标来联结并分析。

假定一家没有上市的公司，目前股权市场市盈率为10倍，我们将其市场价值先用净资产值替代，就能得到此时公司的净资产收益率为10%。这个点可以先作为价值杠杆的支点和平衡点。

如果一家企业的净资产收益率低于10%，那么用重置成本法进行评估时，资产的价值就相对较高；相反，如果一家企业的净资产收益率较高，那么用收益现值法进行评估的企业价值就相对较高。

也就是说，资产效率、净资产收益率的高低，会直接导致企业评估方法显示的价值不同。从国有资产保值增值的角度来看，通常对于所有的企业价值都要求先用重置成本法进行评估，再利用收益现值法进行比较分析，这种基本方法是有道理的。

价值杠杆模型可以帮助广大混改企业来判定自身采用评估方法的适用性，以及可能评估价值的调整空间。

## 54. 如何有效利用产权交易机构的平台？

对于混合所有制改革来说，混改企业的股权需要在产权交易机构公开挂牌，这一点在《中央企业混合所有制改革操作指引》中进行了明确说明。

那么，作为混改国企，要如何利用好产权交易机构的平台，推动混改的顺利进行？我们从三个方面进行说明。

◎ 产权交易机构能做什么？

从法律上讲，产权交易机构是实现买卖双方交易的平台。从事务角度来看，由于服务的链条持续延伸，目前一些较大规模的产权交易机构的功能已经得到了丰富和发展。

以上海联合产权交易所（联交所）为例，联交所是经上海市人民政府依法批准设立的产权交易服务机构，提供的服务包括六大类：第一类是提供交易场所、交易系统等交易基础设施服务；第二类是提供交易规则、业务管理制度、交易指引文件、合同示范文本以及相关法律法规咨询服务；第三类是提供产权登记、交易公告发布、投资意向登记、组织竞价、交易鉴证等服务；第四类是提供保证金监管、价款第三方支付等结算服务；第五类是提供各类交易纠纷调解等协调服务；第六类是提供与交易相关的其他服务。

另外，联交所对转让申请、产权登记、信息发布、投资意向登记、交易组织、合同签订、资产交付、价款结算、交易鉴证等交易环节进行监督管理，并根据交易情况警示市场风险。

我们可以看到，大型的产权交易机构已经具备了交易平台所需具备的服务功能，这些功能未来仍会继续丰富和完善。

◎ **混改股权交易基本流程**

每家国有产权交易机构，都根据国家法规并结合自身特点制定交易机构的交易规则。从整体上看，对于混改企业股权的交易规则，可以按照股权转让和增资两大业务类型，大致整体划分为不同的几个阶段。我们以混改中采用较多的增资方式进行说明：

增资行为在国有产权交易机构的公开交易可分为五个基本步骤。

选择性进行信息预披露。增资企业也可以选择性进行信息预披露，预披露信息一般包括企业基本情况、增资条件、投资方资格条件等内容，发布期限一般不少于10个工作日。

正式披露增资公告。增资企业要披露增资公告，充分披露企业基本情况、投资方资格条件、增资条件、对增资有重大影响的其他相关信息、择优选定投资方的方式以及保证金的设置等内容。可合理设置投资方资格条件。投资方资格条件可包括主体资格、经营情况、财务状况、管理能力等内容。

登记投资意向。对意向投资方提交的申请材料进行形式审核，会同融资方确定投资资格，以书面形式将资格确认结果通知各意向投资方。

择优遴选投资者。交易所协助企业按照择优实施方案选定投资方。采用竞价方式的，各合格意向投资方参与竞价，以竞价结果确定投资方。采用竞争性谈判方式的，企业根据项目具体情况组成谈判小组，分别与各合格意向投资方进行谈判，根据谈判结果和报价，择优选定投资方。采用综合评议方式的，企业根据项目具体情况组成评议小组，对各合格意向投资方的响应文件进行综合评议，择优选定投资方。

配合各方签订合同。交易所向各方出具增资结果通知书，并请混改企业新老股东签订增资协议，交易所进行结果公示。

◎ **混改企业如何用好交易所？**

交易所的功能和基本交易流程是十分明确的，在这个架构下要保证混改企业能够顺利地与合适的投资者签约，需要明确以下几点。

**用专业流程**

产权交易，看似只有买卖双方进行讨论和签约，过程显得不复杂，但是每一个关键环节都涉及国家法律的规定、企业策略的选择和市场交易的可能，所以利用好交易所的专业流程细节是很必要的。

混改股权信息披露、交易价格谈判和竞价、交易资金清算等环节，交易所都形成了成熟的流程和模板，可以充分利用。同时，交易所大多采用会员制，交易所会员拥有丰富的经验和专业的知识，可以帮助企业更简单地完成股权交易这项专业的工作。

**用平台影响**

交易所不只是交易场所，还是联系混改企业和潜在投资者的平台。通过信息预披露，通过投资者推介会，通过交易所的渠道网络，混改企业有希望找到更多更有价值的潜在投资者。2019年，有不少地方的国有企业都在交易所举办了混改企业项目推介会，起到了良好的效果。

**用法律依据**

国有产权交易机构推动混改的进行,要符合国家法律法规的要求,对于企业来说增强了法律依据,将会使得混改的流程更加规范科学。

我们总结一下。利用好国有产权交易机构的平台,我们要准确理解其功能定位,详细掌握股权转让和增资的不同交易流程。最后,用足用好交易所的专业流程、平台影响和法律能力,为混改交易成功奠定基础。

## 55. 所有的国有股权交易都必须挂牌吗?

我们对于混改中由于国有股权变化,需要进行资产评估,并通过国有股权交易市场进行公开挂牌,已经讲了很多。那么,按照政策的规定,是不是任何国有股权交易都必须通过公开的方式进行呢?准确的答案是,大部分需要,但在一些条件下不需要。我们就那些不需要进场交易的情况为大家进行汇总说明。

《企业国有资产交易监督管理办法》(以下亦简称《交易办法》)规定,国有企业股权交易可以利用两种办法,一种是"公开转让或增资",另一种是"非公开协议转让或增资"。

我们通常所说的进场交易,是指第一种公开转让或者增资。那么,在哪些情况下,国有企业可以选择非公开协议的方式呢?总体来看,有三种情形。

### ◎ 情形1:经过国有资产监管机构批准的特定行为

《交易办法》规定,如果混改企业利用增资的方式,那么"因国有资本布局结构调整需要,由特定的国有及国有控股企业或国有实际控制企业参与增资",或者"因国家出资企业与特定投资方建立战略合作伙伴或利益共同体需要,由该投资方参与国家出资企业或其子企业增资"。在此情况下,经过主管的国资监管部门批准,可以不进场交易,而直接采用协议转让的形式。

这个规定包括两层意思。一是如果通过股权结构调整实现国有经济布局和企业股东结构的转变,同时引进的新股东是国有或者国有控股企业,属于国有资本内部的结构变化,可以不必进场公开挂牌。

二是从企业角度来看，如果某些战略性投资者对于本企业的发展十分重要，大家可以利用此次混改股权合作的机会建立起强有力的合作和利益共同体，明显提升混改企业的业绩和拓展混改企业的发展空间，那么，经过主管国资部门批准，也可以直接签订协议，而无须申请公开挂牌。这项政策，对于很多迫切需要核心战略投资者的企业来说，值得深入思考。

同时，《交易办法》规定，如果企业采用股权转让方式，"涉及主业处于关系国家安全、国民经济命脉的重要行业和关键领域企业的重组整合，对受让方有特殊要求，企业产权需要在国有及国有控股企业之间转让的，经国资监管机构批准，可以采取非公开协议转让方式"。

这项规定也容易理解。如果企业是关系国计民生的支柱性行业企业，股权转让并不可能随意进行，也不宜随意披露产权转让信息，在此情况下，经国资监管部门批准，就可以采取协议转让方式而不必公开挂牌交易了。

◎ **情形2：经过国资委监管一级企业决策的特定行为**

《交易办法》明确规定，在几种特殊情况下，经国资委监管一级企业审议决策，可以采用非公开协议转让的交易形式。

一是只涉及企业集团内部的股权转让和调整。"同一国家出资企业及其各级控股企业或实际控制企业之间因实施内部重组整合进行产权转让的，经该国家出资企业审议决策，可以采取非公开协议转让方式"；"国家出资企业直接或指定其控股、实际控制的其他子企业参与增资"。

二是企业债转股行为。《交易办法》指出，"企业债权转为股权"时，由国家出资企业进行审议决策，可以通过非公开协议的形式开展增资。针对目前市场化债转股和企业降杠杆等要求，各大商业银行的债转股机构在参与国有企业混改工作时，可以通过债转股的模式开展项目运作，并可以不用进场交易。

三是企业原股东增资行为。《交易办法》也说明，国有企业原有股东的增资，不必进场交易。这里面既包括同比例增资，也包括不同比例增资。对于目前的混改企业来说，如果第一次混改将全资国有资本混合为多元股东的企业，需要进场交易，之后如果公司股东继续多次内部增资，将可以采用非公开协议方式进行。

## ◎ 情形3：混改配套开展员工持股

根据国资发改革〔2016〕133号文件的规定，混合所有制企业可以开展员工持股试点。这种情况是本轮国企改革当中执行的基本政策，在《交易办法》里没有直接明确。根据执行的惯例，混改配套开展员工持股时，国企吸引投资者进行增资需要进场交易，同时用这个交易价格同步实施员工持股，但员工持股平台或者持股者不用直接进场交易。

同时，根据《国有科技型企业股权和分红激励暂行办法》的规定，"企业实施股权出售，应按不低于资产评估结果的价格，以协议方式将企业股权有偿出售给激励对象。资产评估结果，应当根据国有资产评估的管理规定，报相关部门、机构或者企业核准或者备案"。

也就是说，满足该政策要求的国有科技型企业，可以通过协议股权转让的形式，由国有股东将部分股权转让给公司核心科技和经营团队，作为股权激励。而这种方式通常不需要进场交易。

总结一下，我们讨论了国有股权交易中可以通过非公开协议方式进行增资或者转让的三种情形。总体来说，国有股权交易的方式，是由国有股权监督管理机构代表国家出资者意图的具体体现。混改国有企业要深刻理解政策，才能准确把握，行稳致远。

## 56. 如果交易公示期结束没有找到合适投资者怎么办？

一颗红心，两手准备。

混改中吸引投资者，有可能成功，也有可能最终因为各种原因，没有投资者摘牌。虽然这种情况的发生大家都不希望看到，但是从底线思维出发，混改国企也需要做好政策把握，同时做好预案。

如果在交易所进行挂牌交易的国有股权，到挂牌结束的时间依然没有确定投资者，应该怎么办呢？

◎ 政策规定

《企业国有资产交易监督管理办法》第 18 条、第 19 条有明确规定，可以分成四个方面理解，我们依次做个说明。

挂牌延期

按照《交易办法》的规定，国企股权正式披露挂牌时间不少于 20 个工作日，在首次披露满 20 个工作日后，如果没有合适的投资者或者股权转让受让方，国有企业可以申请将挂牌期限延长，以获得更多的社会关注，也给自己留下更为充足的决策时间。

降低价格

如果国有股东认为是由于股权价格问题而暂时没有投资者摘牌，那么可以在原有底价的基础上打一定比例的折扣。如果折扣后价格不低于资产评估价格的 90%，可以自行决策并再次于交易所挂牌。如果折扣后价格低于资产评估结果的 90%,需要以更大的优惠来吸引投资者时,就需要原来负责审批的集团公司或者国资监管机构进行批准同意,然后才能再次申请于交易所挂牌。

### 变更条件

这是一种辅助办法。除了修改价格外,国有企业还可能通过修改其他投资条件的方式提升投资成功的可能性。比如扩大或者放宽投资者选择的条件,让更多有意愿的投资者参与,等等。

### 终止挂牌

一次挂牌的最长时间是 12 个月。比如根据上海联合产权交易所的规定,"转让公告自第一次发布之日起 12 个月内仍未征集到符合条件的意向受让人,转让公告自行终结"。

规定 12 个月的期限,是因为国有资产价值的评估有效期为 12 个月。在挂牌的时候,通常已经完成了资产评估并进行了备案,所以如果挂牌超过 12 个月,即使有交易可能,也超出了评估有效期的限制。

在此情况下,如果国有企业仍希望完成企业的股权转让或者增资,那么需要按照审计和资产评估的专业规定,再次选择基准日,重新开展审计评估工作,再以新的价值重新启动挂牌工作。

## ◎ 混改企业如何积极行动?

混改企业需要用更加积极的态度、多种多样的方法来应对可能的挂牌到期以及重新挂牌。我们认为,混改企业的积极行动,可以从以下几方面开展。

### 与投资者深入沟通

多数混改企业在进行股权交易挂牌时,已经与不少潜在投资者进行了多次交流，也有的投资者初步完成了尽职调查，那为什么还会有一些混改项目没有交易成功呢？

其实，原因比较简单。投资者对于企业的兴趣是一方面，对于投资项目的最终决策是另一方面。在沟通讨论的时候，无论是出于礼貌还是出于继续深入保持关系的考虑，投资者都不会简单说出"我没有什么兴趣"之类的回答；在开展完成尽职调查后，形成了尽职调查意见，投资者也不会直接反馈给企业。那么，这个时候，企业这边并没有可能把工作停下来，而是继续推动审计和资产评估，继续与可能的其他投资者联系，通常就无法同步知道投资者已经做出了暂不投资的初步决定，或者对于目前的改革方案有重大的修改意见。在这种情况下，双方的信息严重不对称，混改企业就处于比较被动的状态。

所以，混改企业有必要以较高的频率与投资者进行同步沟通，随时了解他们对于混改方案的真实意见和想法，动态掌握其尽职调查结果，以便于解释澄清，或者尽早优化调整方案。

### 提前进行价值预估

作为混改投资最重要的指标，企业估值的最终金额需要一个比较长的流程才能确定，要经过财务审计确定基准日的净资产数据，要经过评估机构进行专业评估，然后要在国有企业内部按程序进行层层审批和确认，最终在有授权的集团总部或者国资部门进行备案，才具备最终确认的条件。然而，资产评估的结果关系到投资者的最终决策意见，如果评估值与投资者预期不同，投资者是难以做出投资决策的。但是由于资产评估的流程很长，所以很多企业没法在流程只进行到一半时就明确告知投资者企业的投资价格大致是多少，只能请投资者"再等一等"。

这种情况下，最终危及的是混改企业自己的利益。随着混改进程的深入，很多工作的开展是没法反复和回头的，如果到了比较靠后的时间，投资者才知道评估价格超过预期，决定不能继续参与，则混改企业就前进少路、后退无门了。这也是一些项目首次挂牌没有找到投资者的重要原因。

因此，我们建议，混改企业需要提前开展资产评估工作，进行价值预估，也就是说先从内部大致就业务和资产价值进行框架性确认，从专业的角度为与投资者的谈判准备充分的价值依据，这样，企业和投资者都有了完整的预期、充分的决策时间，会大大提高混改的成功概率。

**坚持优化，反复推动**

退一步讲，即使首次挂牌失利这种最差情况出现，混改企业也不要气馁，还有很多工作可以完成。

首先是反思自身的方案。我们曾经说过，投资者的诉求包括两个方面，一是收益权，二是管控权。混改企业没有得到投资者的认同，也要从这两个方面来进行反思。混改企业要思考有没有可能优化自己的方案，进一步提升公司的盈利能力，提高投资者的预期投资收益水平，或者是优化股权比例或者法人治理，让投资者有更多发言权，消除其顾虑。

其次是与投资者继续深入合作。挂牌暂时失败，并不意味着原先谈的投资者都跑开了。每个投资者都有自身考虑或者顾虑，这时更需要深入了解其想法，在可能的范围内进行优化调整，比如股权结构、产权明晰、独立经营、员工安置等各个方面，从而为第二次挂牌的成功奠定基础。

所以，我们说，初次挂牌失利并不是失败，而是继续推动企业改革成功的新的开始，只要有信心和耐力，有足够的智慧与担当，改革就一定可以顺利进行。

第 6 章≫

# 长期激励

## 57. 国企开展员工长期激励有哪些政策允许的主流方式？

与各个不同阶段的国有企业改革相比较，这两年来改革的突出特色之一，便是通过多种方式推动国企长期激励模式的应用。

利用好改革政策红利，真正发挥长期激励的效用，激发企业的活力，首先需要对于本轮改革的长期激励方式有一个全面了解，并在此基础上，量体裁衣，制定有针对性的改革策略。

《中央企业混合所有制改革操作指引》中，再次就国有企业长期激励的政策进行了强调，"用足用好用活各种正向激励工具，构建多元化、系统化的激励约束体系，充分调动企业职工积极性"。"鼓励混合所有制企业综合运用国有控股混合所有制企业员工持股、国有控股上市公司股权激励、国有科技型企业股权和分红激励等中长期激励政策，探索超额利润分享、项目跟投、虚拟股权等中长期激励方式，注重发挥好非物质激励的积极作用，系统提升正向激励的综合效果。"

结合上述政策内容，我们梳理了近几年来比较典型的国有企业长期激励方式。

### ◎ 员工持股

首先应该对概念进行说明。本轮改革中所用的员工持股，并非全员持股的意思，只涉及企业经营管理团队、核心科技人员等关键岗位员工持股。

目前，国有企业推进员工持股，主要依据两个政策文件，一是《关于国有控股混合所有制企业开展员工持股试点的意见》，该政策文件规定了在混改过程中进行员工持股的相关细节。

第二个政策文件，是《国有科技型企业股权和分红激励暂行办法》，规定可以在符合条件的国有科技型企业中开展股权激励。

两个文件的政策规定各有特点，操作细节也有不同，但是基本意图是在新时代有效推动混合所有制企业和高新技术企业的核心团队持股探索，以进一步激发活力和动力。

### ◎ 分红权激励

《国有科技型企业股权和分红激励暂行办法》同时也对符合条件的国有科技公司展开项目分红和岗位分红进行了政策安排。

对于项目分红，文件规定"企业实施项目收益分红，应当依据《中华人民共和国促进科技成果转化法》，在职务科技成果完成、转化后，按照企业规定或者与重要技术人员约定的方式、数额和时限执行"。也就是说，如果实现了科研成果的转化，核心科技团队可以获得规定比例的收益分红。

对于岗位分红，文件规定"企业年度岗位分红激励总额不高于当年税后利润的15%。企业应当按照岗位在科技成果产业化中的重要性和贡献，确定不同岗位的分红标准"，明确了国有科技企业的核心技术人员可以根据创造的增量利润，从企业利润总额中获得相应的收益分红。

分红权激励，开创了"在国有企业内不动股权结构，只是进行利润层面分享发展成果"的政策，虽然是暂行办法，但是影响深远。

### ◎ 国有控股上市公司股权激励

2019年11月发布的《关于进一步做好中央企业控股上市公司股权激励工作有关事项的通知》，进一步明确了推动在国有控股上市公司中展开股权激励的原则和政策。

"股权激励方式应当按照股票上市交易地监管规定，根据所在行业经营规律、企业改革发展实际等因素科学确定，一般为股票期权、股票增值权、限制性股票等方式，也可以结合股票交易市场其他公司实施股权激励的进展情况，探索试行法律、行政法规允许的其他激励方式。"

股票期权、股票增值权、限制性股票，是目前政策推动的三种股权激励方式。从近两年的实践来看，限制性股票获得了更大程度的认可和选择。

◎ 项目跟投

项目跟投，是指对于企业需要投资的特定项目，通过将项目利益与员工利益挂钩，实现员工和公司收益共享、风险共担的投资方式；由跟投团队和员工出资，在项目约定的投资周期内，实现与国有股东共投资、共进退、共收益、共担风险。

需要注意的是，由于很多项目的投资都是以新成立公司为载体，项目跟投也体现为成为新成立公司的股东。但项目跟投不是员工持股，二者是有本质区别的。项目跟投是有特定项目周期、明确退出时间的投资行为。详细内容我们将在后文的问题中详细说明。

◎ 超额利润分享

超额利润分享，是指在国有企业确定当期合理利润目标的基础上，与激励对象约定当实际完成业绩超过这一目标时，激励对象可以获得一定比例的利润分配作为奖励。

容易理解，超额利润分享计划是一种激发团队提升业绩水平，获取超额报酬的激励方法。这种方法的好处是激励对象不必实际出资，目标的实现也有清晰保障，激励的周期以年度为单位，操作更为简单。需要注意的是，在工资总额管理的基本模式下，超额利润分享计划中的奖励部分和工资总额计算方式要充分衔接。

## ◎ 授予虚拟股权

虚拟股权是公司授予激励对象的一种虚拟的股权份额，激励对象可以据此享受一定数量的分红权和股价升值收益，但没有所有权，没有表决权，股权不能转让和出售，在离开企业时自动失效。

虚拟股权是企业资本收益权的一种表现形式，这种形式和员工持股相比，是没有实体对应的企业股权的；和岗位分红相比，激励对象持续享有企业分红之外的净资产增值部分权益。华为长期实行的股权激励方案，就属于虚拟股权的案例。

企业推进虚拟股权时，首先需要包括国有股东在内的各方股东同意让渡一部分收益权和对应的权益增值权，同时需要明确授予时的价格，也需要明确虚拟股权的收益分配管理以及动态岗位收益的管理等问题。

以上，我们总结了国有企业长期激励改革中的六种操作方式。按照政策规定，前三种形式要综合应用，后三种形式要探索使用，最终一企一策，通过长期激励的落实，实现企业的活力倍增。

## 58. 推进员工长期激励有哪些认识误区？

推进员工长期激励，国企都很感兴趣，纷纷摩拳擦掌，跃跃欲试，这是令人鼓舞的事情。但是，任何管理工具和手段，都有其适用的条件和有效的范围。长期激励不是万能良药，也没法对国有企业的所有问题都药到病除。

同时，我们要提前注意到的是，长期激励政策不同于工资制定和年度奖励政策，由于涉及投资、股权、分红等长期的管理事项，在落实政策过程中将面对更多的难题。

还有，正确的长期激励政策通常会产生良好的目标协同性，使得国家、企业、员工形成一股劲，实现利益共享。但是，如果长期激励政策的设计和使用不恰当，那么长期激励不仅没法给企业加分，反而有可能带来管理成本的高昂以及管理效用的背离。

为了说明这一点，我们来谈一谈设计和实施长期激励过程中的一些现象，如企业在落实政策中的两大误区。

◎ **误区1：员工对于长期激励一定是积极欢迎的**

通常大家认为激励政策都是企业管理层和员工欢迎和支持的，但是长期激励政策除外！这些年，我们在实际的咨询和实践过程中一直对此深有体会。长期激励在实施过程中有三个突出现象，可总结为三句话：

**给股权，员工不一定在意！**

现在有很多的国有企业都在探索员工持股，企业负责领导积极反复争取，费了很大的力气，终于获得了资格可以尝试开展持股，这在企业领导看来是一个偌大的政策红利，但是有些企业的情况是：领导兴高采烈地告诉员工可以持股了，跟员工谈，期望员工积极参与，员工反馈的心态有两种，第一种是"不好意思，领导，我没兴趣"，第二种是"这个事很好，但是不好意思，我钱不够"。

为什么员工会用这样不冷不热的心态对待持股呢？我们认为，一是员工对于企业的长期发展没有信心，二是员工持股中的投资问题还没有可行的设计。所以，这都给企业决策层提出了新课题。

**分利润，员工不一定满意！**

岗位分红计划、超额利润分享计划，都是从企业发展增加的利润当中确定一定比例的金额作为激励分配。这样的分配方法，员工应该有很大获得感吧？

实际情况是不一定。如果你的计划执行得有些问题的话，分了利润的员工不一定满意，反而有可能产生新的埋怨。因为在企业的整个体系中，利润的分配只是员工激励的一个部分，比如各年度计划目标制定不合理造成可分配利润有限，或者经过广泛宣传的岗位分红最终的激励效果与员工预期差距很大，员工满意度大幅度降低，或者是追求利润增量和分红造成寅吃卯粮的情况，都会把分红分利这个良好初衷搞偏。

**搞跟投，员工不一定乐意！**

跟投要跟员工绑定，分享收益，共担风险。这个时候，一些员工对于投资就没有企业期待的那样积极了。

跟投通常是用于一项新兴业务，其目标是促进项目团队和国有股东一起去把这件事做好，但由于很多企业规定核心项目团队必须跟投，这时一些员工的心态是这样的："领导，我在这儿工作，你是我的领导，你跟我谈跟投，如果我告诉你我不愿意跟投，你肯定会觉得我跟你不是一条心，估计我的工作都保不住。"最后的结果是，这些员工认为：为了保住我的工作，我就跟投，但是拜托领导让我少投点。跟投变成了花钱买工作，这就是现在一些跟投计划产生的实际效应。

◎ 误区2：长期激励可以直接作为新增激励模式单独搞

在近两年的实践中，一些国有企业为了积极响应和落实员工持股、岗位分红等长期激励政策，开始积极行动起来，制订专门的计划，推动本单位的长期激励落地。

问题在于，一些企业将长期激励看作一件独立的工作，而不是把它放到整个企业文化、业绩体系和整个激励模式当中去思考，做出来的持股或者分红政策就像一块新的招贴画，硬贴到现行的制度政策文件中来。我们认为，这样的激励效果将大打折扣。

我们以华为为例，这家公司的长期激励模式广为流传，长期激励效果也得到了社会的广泛认可。但是，当我们认真分析华为的人力资源系统时会发现，这家公司的整体人力资源管理模式是按照价值创造、价值评价、价值分配三大部分进行划分的，从整体上展现了华为高绩效产生的源泉。

从华为的人力资源价值链示意图（见图6-1）中，我们寻找知名的华为虚拟股权激励的位置。这项政策在哪里呢？在它价值分配结果的1/4的部分，最下角的位置，另外三个内容是薪酬、奖金、职务。大家都知道，华为1/3以上的员工都有虚拟股权，但是我们可以看到，在华为整个人力资源架构中，这个部分的位置并不是很突出。华为的长期激励只占价值分配结果的1/4而已；这样的价值分配还取决于公司价值创造的部分和价值评价的部分，最后才有价值分配的部分。

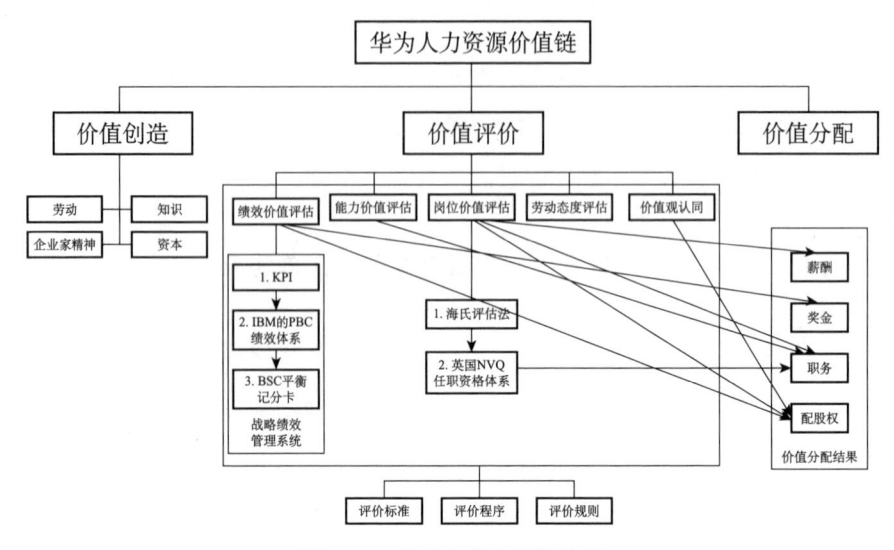

图 6-1 华为人力资源价值链

注：KPI 为关键绩效指标；IBM 为国际商业机器公司；PBC 为个人业绩承诺；BSC 为平衡计分卡；NVQ 为国家职业资格。

因而，我们在构建局部长期激励模式的时候也要考虑企业人力资源的整体结构完善。华为的人力资源价值链告诉我们一个基本道理：从价值创造的角度看，不是什么公司都可以长期激励，不是什么东西都需要长期激励，不是什么人都必须参与长期激励，不是什么岗位都需要长期激励。

## 59. 员工持股中的"股权"有什么特点?

员工持股其实在中国不是新鲜事,大家原来看过的《大宅门》《晋商》中,各地的掌柜都有股份。在国外的资本市场,员工持股更不是一个新鲜的名词。

在这一轮的国有企业改革中,大家想要自己的员工持股,那进行这样的员工持股的目的是什么呢?

我们用《关于国有控股混合所有制企业开展员工持股试点的意见》(国资发改革〔2016〕133号)中的话解读一下:"坚持增量引入,利益绑定……入股员工与企业共享改革发展成果,共担市场竞争风险。"

这一次,国有企业推动员工持股是想干什么?核心是利益绑定,不是管理绑定、决策绑定,更不是控制绑定,这是一个接近于 ESOP(employee stock ownership plan,员工持股计划)的利益分享、收益分享计划,绝非类似于 MBO(management buy-out,管理层收购)的计划。对于这个问题的理解要深刻到位。最终的目标是要共享发展成果,共享企业增量的利润成果,共担市场竞争风险,这是利益绑定的意思。

那么,本轮混改中员工持股从法律上讲,它的权利和我们买股票的权利有什么不同呢?有哪些特点需要注意呢?我们认为有五个基本特点:有全部的收益权和局部的表决权,岗在股在,岗无股退,难以继承、不能转让给第三方,不能设置第三方权利,有退出时间与价格限制。

◎ 权利范围

通常我们提到的拥有企业股票的权利,总体上来说包括两大类,一类是股票的收益权，另一类是参与经营管理决策权。对于员工持股的股权来说，这类股权具有全部的收益权特征，员工可以根据出资对应的股权比例，按照分红计划享有企业的分红，并且享有持股股权对应企业净资产份额价值的索取权。

从参与经营管理决策的角度来看，我们认为员工持股仅具有局部的表决权特征，这是因为每家企业的员工持股人数不止一人，少则几十人，多则数百人，在企业中参与重大决策的，只能是员工持股平台选择的代表。每个持股员工，不可能像上市公司股东一样参与股东大会并直接投票。

◎ 权利期限

如果我们持有一家上市公司的股票，或者一个普通股东持有一家企业的股权，只要被持股企业一直存续，我们的股权就一直存在下去。作为股东，权利期限是不受自身条件限制的。

但是，对于国企改革中的员工持股而言，股东的权利期限是有限制的。由于员工持股讲求的是在本企业做出的价值贡献与个人长期利益绑定，所以如果这个条件不具备了，那么长期激励的前提条件就不再具备，所以我们说"岗在股在，岗无股退"。

如果用一个比方形容就是，员工持股的股权类似于"身股"，有身份有股票，没身份没股票。所以说，无论是调离还是退休，还是出现其他的情况，没有岗位就没有股权。就此，133号文明确指出，"持股员工因辞职、调离、退休、死亡或被解雇等原因离开本公司的，应在12个月内将所持股份进行内部转让"。

◎ 权利继承和转移

法律保护投资者持有的上市公司股权资产，并视其为个人资产的一部分可以进行继承。同时，上市公司的股票可以按照上市规则进行交易和流通转让。

但是，非上市国企的员工持股，由于受到权利期限的限制，离岗后 12 个月需要内部转让，因而，这部分股权就没法实现继承；同样，持股的员工，也不能擅自将股权转让给持股平台不认可的外部人士。

◎ 第三方权利

如果投资者持有一家上市公司的股权，根据法律的规定，经过必要的程序，投资者可以利用这些股权进行担保、抵押，或者设置其他第三方权益。

但是，员工持股作为特殊的股权类型，是没法设置第三方权益的。比如，上市公司股票可以进行股权质押，持股股票的投资者完成股权质押之后可以从金融机构获得融资，但是员工持股的股权是难以质押的，这是员工持股的基本原则。

◎ 退出时间与价格

一般的股权或者股票资产，投资者可以在合法、有意愿的任何时间进行转让，并且价格由买卖双方协商确定。这一点在员工持股问题上也有不同。

133 号文规定，"实施员工持股，应设定不少于 36 个月的锁定期"。同时，"转让给持股平台、符合条件的员工或非公有资本股东的，转让价格由双方协商确定；转让给国有股东的，转让价格不得高于上一年度经审计的每股净资产值"。

## 60. 哪些员工可以参与持股？

员工持股方案的设计过程中，首先面对的决策就是"选择哪些员工开展持股是比较科学合理的呢？"就此，我们需要从政策和实践两个层面来进行回答。

### ◎ 员工持股范围相关政策

《关于国有控股混合所有制企业开展员工持股试点的意见》（国资发改革〔2016〕133号）规定："参与持股人员应为在关键岗位工作并对公司经营业绩和持续发展有直接或较大影响的科研人员、经营管理人员和业务骨干，且与本公司签订了劳动合同。党中央、国务院和地方党委、政府及其部门、机构任命的国有企业领导人员不得持股。外部董事、监事（含职工代表监事）不参与员工持股。如直系亲属多人在同一企业时，只能一人持股。"

根据《国有科技型企业股权和分红激励暂行办法》（财资〔2016〕4号），"激励对象为与本企业签订劳动合同的重要技术人员和经营管理人员，具体包括：第一，关键职务科技成果的主要完成人，重大开发项目的负责人，对主导产品或者核心技术、工艺流程做出重大创新或者改进的主要技术人员；第二，主持企业全面生产经营工作的高级管理人员，负责企业主要产品（服务）生产经营的中、高级经营管理人员；第三，通过省、部级及以上人才计划引进的重要技术人才和经营管理人才。企业不得面向全体员工实施股权或者分红激励。企业监事、独立董事不得参与企业股权或者分红激励"。

总结上述两项基本政策，可以说满足员工持股条件的人员很清楚，大致包括三类。第一类是核心经营管理人才，第二类是核心技术人才，第三类是其他核心骨干人才。"其他"就是最难把握的，其他的范围是多大？我们的理解是，企业里下到班长、组长这一层的核心骨干都是可以持股的。

同时，政策明确，虽然叫员工持股，但是不能面向全体员工开展，说明这不是一项福利政策，必须将激励用到真正有价值的岗位上。此外，国家任命的各级企业干部不能持股，外部董事、企业监事不能持股。

目前，员工持股方面有一个问题受到关注："上级公司的人能不能在下级公司持股？"

国有企业都是集团性的企业，都是上下关联的，上级公司和下级公司有诸多交集之处。133号文对此规定，持股人员必须和本企业签订劳动合同。也就是说，跟母公司签订的劳动合同，或者跟其他集团企业签订的劳动合同，是无效的。因而通过兼职行为在下级公司持股是行不通的。

但在2019年8月出台的"双百九条"进行了一个补充说明："'双百企业'及所出资企业属于科研、设计、高新技术企业的，其科技人员确因特殊情况需要持有子企业股权的，可以报经集团公司批准后实施，并报同级国有资产监管机构事后备案。"

从政策走向来看，对于员工持股的主体资格问题，我们的观点是要坚持从企业的发展所急需的核心人才出发确定激励对象，从本企业核心员工激励出发确定激励水平，从员工的出资能力出发确定持股比例，从科技企业的发展需要出发确定上级科技人才持股可能性。

◎ **员工持股范围的具体实践**

明确企业三类人员可以开展员工持股之后，一家企业大致能有多少人持股呢？根据一些成功的持股案例，我们大概估算了一下，总体来说，各家企业持股人数和员工总数的比例各有不同，但很多不超过总人数的30%，这算是一个经验数据。接下来，我们分别举几个例子。

西安市市政建设集团，2018年初做了员工持股改革，员工持股股权比例约29%，比133号文件规定的持股比例30%上限下浮了一点点。在持股人员中，整个结构是管理层占了1/5，其他员工占了4/5，持股的人员比例占到接近公司的1/3。这是目前为止员工持股比例比较高的案例。

北京国资企业庆丰包子铺在2018年完成混改，该公司在职员工合规的有700人，参与持股的核心人员最后确认是46个，持股人数占总职工人数的比例约为7%。

这两个案例中，参与持股的员工比例有较大的跨度，这说明每个企业确定核心员工的原则都有其特色，一企一策特点明显。

## 61. 怎么样合理确定员工持股比例？

通过员工持股的方式开展股权激励，是本轮改革中激活国企动力机制的一个重要抓手。既然涉及了持股，那必然会关系到一个问题，就是在企业100%股权比例中，员工持股能占有多少股比？在总体持股股比中，又如何科学考虑每个持股岗位员工的持股比例呢？

◎ 员工持股比例的政策规定

《关于国有控股混合所有制企业开展员工持股试点的意见》（国资发改革〔2016〕133号）规定，"员工持股比例应结合企业规模、行业特点、企业发展阶段等因素确定。员工持股总量原则上不高于公司总股本的30%，单一员工持股比例原则上不高于公司总股本的1%。企业可采取适当方式预留部分股权，用于新引进人才。国有控股上市公司员工持股比例按证券监管有关规定确定"。

另一个涉及员工持股比例的政策规定是《国有科技型企业股权和分红激励暂行办法》（财资〔2016〕4号）。这个文件明确，"大型企业的股权激励总额不超过企业总股本的5%；中型企业的股权激励总额不超过企业总股本的10%；小、微型企业的股权激励总额不超过企业总股本的30%，且单个激励对象获得的激励股权不得超过企业总股本的3%。企业不能因实施股权激励而改变国有控股地位"。

比较上述两个文件的员工持股比例上限规定，可以发现几个特点：

**持股比例整体要在 30% 之下**

在整体持股比例限制规定上，133 号文针对的是国有控股混合所有制企业，并没有划分企业规模，确定所有企业都可以在 30% 之内确定持股比例。而 4 号文规定，大型、中型、小微型企业有所不同，大型企业比例不得高于 5%，中型企业不得高于 10%，小微型企业才可能达到 30%。

按照规模不同选择不同的持股比例，这充分考虑到了持股成本、管控难度等因素，是一个现实的选择。

**单个员工持股上限规定不同**

133 号文件规定，单一持股员工股权比例不得高于 1%；4 号文件规定，单个激励对象获得的激励股权不得超过企业总股本的 3%。这两个规定适用范围不同，但是在这个方面的规定差异还是比较显著的。

从激励的效果看，核心人才的激励效果与其持有的股份多少有直接关联。对于科技型企业来说，更多是少量核心科技人才的专业价值贡献，因而适当放大他们在持股中的上限，增强其经营管理的权限，是有助于企业长期发展的。

◎ **确定员工持股比例要考虑的因素**

在符合政策规定的整体比例限制条件下，如何确定一家国有企业的具体员工持股比例呢？我们认为应该综合考虑如下因素：

**企业发展阶段**

员工持股是一项长期激励政策，必须既考虑当下，又着重考虑未来。

最重要的是，对企业的发展阶段和持股成长战略有个比较全盘的规划。

创业初期的新设企业虽然目前底盘较小，但是未来发展的空间较大，资本扩张的需要很大，也不断需要新的核心人才队伍加盟到公司中来，所以公司设计的员工持股计划就要为发展预留充足的空间，初期设计一个相对高的总体持股比例，同时保持足够的预留股权。这样，在未来持股融资和引进新股东的过程中，才能保证稳定的激励能力。

对于成熟期的大型公司，员工持股比例受制于诸多因素，但从企业发展的整体需要来说，公司已经进入平稳发展期，推行员工持股的目标是保留核心人才，并为可能的资本市场发行股票做好准备。这时，企业的资本规模已经较大，涉及诸多股东的利益，所以能够释放的股权比例空间是有限的。

**员工出资能力**

员工持股是需要缴付出资的，因而必须考虑到员工的出资能力，这样才可能起到理论上的激励作用。如果员工的人均出资超出了其经济能力，那么员工持股的方案就可能受挫。

目前已经成功进行的员工持股计划，从出资金额的角度来看，大致在什么水平呢？

前文所述的庆丰包子铺员工持股计划，增资完成后员工持股平台一共缴付出资800余万元，共计46人持股，人均支付出资约18万元。

2017年完成混改的东航物流释放了45%的股权给外部投资者，吸引了22.55亿元的投资，同步配套10%的员工持股计划，125名员工被纳入持股计划，出资约4亿元，人均支付约300万元，是比较高的。

所以，我们建议，在企业推进员工持股计划之前，需要对于员工持股能力进行初步的评估，结合结果对员工持股的可能比例进行优化调整。

◎ **员工持股的内部比例分配**

在确定整体比例控制之后，下面要完成的，就是对纳入员工持股计划的核心岗位员工的个人股权比例进行内部平衡和确认，这也是一个不容忽视的问题。

股权内部分配结构，取决于五个因素，分别是岗位价值、人才潜力、平均基数、预留股权、最低认购等。

岗位价值。岗位价值贡献程度，是决定持股员工分配股权多少的基本依据。通常根据岗位价值评定的结果，确定企业股权分配的若干个档次，不同岗位层次的员工匹配不同的档次。

人才潜力。长期激励是针对特定人才，并非福利行为。所以，要对企业的核心人才进行评价和甄别，评价的基本方式是看其绩效表现和发展潜力，为未来的发展准备"粮票"。

平均基数。将股权激励的总额度，除以将纳入激励计划的员工总数，可得到股权激励计划的人均出资金额，或者人均股权份额。用这个标准作为确定分配的基本标尺。

预留股权。成长型企业通常都要预留股权，有的企业预留激励股权的20%，有的企业则更多些，这取决于企业的发展需要。可分配的部分，是扣除预留股权的部分。

最低认购。激励股权作为长期政策，需要一个相对长期的预期，对于持股员工来说，就需要一个确定的最低认购标准，这样才能使得股权的管理有效果，激励产生效用。

## 62. 员工持股的对价如何确定？

在员工持股的方案设计和实施过程中，资产对价成为股权激励中最敏感、最核心的一个部分。一方面是因为涉及员工本人实际出资，掏出真金白银；另一方面，国有企业的员工持股，要对国有企业产权价值进行资产评估，关系到国有资产保值增值、防止国有资产流失的严肃政治问题。所以，持股对价的问题是否得到明确和有效执行，事关员工持股的成败。

就目前员工持股的相关政策进行汇总和比较分析，我们认为可以分成三种情况来分别讨论持股对价问题。

◎ 新设混改企业配套员工持股

总体来说，持股对价一般分为新设公司持股对价和存续公司持股对价两种情形。新设公司需整体遵守企业投资项目的管理规定和审批流程。核心岗位员工在完成身份转换后，可以根据新设企业的注册资本以及员工持股的比例，具体计算持股出资金额。这是一种比较简单的对价方式。

我们以河北华北制药华恒药业有限公司（以下简称华恒药业）为例，说明这种对价操作细节。

华恒药业成立于2015年12月18日，由华北制药股份有限公司出资300万元、河北沿海产业投资基金合伙企业（有限合伙）出资200万元共同设立。

华恒药业致力于打造以抗生素和维生素等高端特色原料药为主的具有国内外竞争力、影响力的高端研发和生产基地，目前主要从事维生素 $B_{12}$、青霉素 V 钾等原料药品的生产与销售。

作为华北制药转型升级的重要项目,华恒药业被河北省和石家庄市两级政府同时列为重点建设项目。这个公司在混改并持股前处于项目建设期,注册资本比较少,只有 500 万元;两个股东,一个是华北制药,一个是河北沿海产业投资基金。

2018 年,华恒药业实施"老股东增资扩股＋员工持股",注册资本由 500 万元增至 2.1 亿元。最终,华北制药持股 58.057%,河北沿海产业投资基金持股 38.705%,员工持股平台持股 3.238%。

员工持股的激励对象是华恒药业在职在岗的管理人员及核心骨干人员,共计 50 人,占华恒药业员工总数的 35%。华恒药业规定单一员工出资比例不超过华恒药业总股本的 1%。根据员工岗位不同,员工持股额度分为 5 档,分别为 35 万元、30 万元、25 万元、15 万元、10 万元。最终 50 名员工通过员工持股平台出资 710 万元实现持股,持股锁定期为 36 个月。

这个案例告诉我们,河北省国有企业牵头的、有民营投资者参与的市场化基金,也是混合所有制的典型代表,也可以执行员工持股。同时,公司通过增资行为实现员工持股,原有股东利用建设过程中的工程投资进行增资,同步按照注册资本增资的金额让员工持股平台的员工持有了 3.238% 的股权。

◎ **存续公司混改配套员工持股**

根据《关于国有控股混合所有制企业开展员工持股试点的意见》(国资发改革〔2016〕133 号)的规定,对于存续的国有控股混合所有制企业,在配套进行员工持股时,需要进行国有资产评估,而后通过国有股权的公开挂牌交易,在吸引外部投资者的同时,按照交易价格来进行最终的价格确认。

在这样的过程中，基本原则是"同股同价"，也就是员工持股价格和外部投资者的入股价格保持一致，同时员工应该以现金的形式进行投资。不存在"先员工低价持股，再增值提价引入投资者"的逻辑。

我们以哈尔滨电站设备成套设计研究所有限公司（以下简称"哈成套所"）的混改并配套员工持股案例进行说明。

哈成套所成立于1978年9月，经过40多年的建设和不断深化改革，已由国家科研事业一类研究所发展成为集科研、设计、工程为一体并能提供全价值链一站式电站领域专业化服务的国家级高新技术企业。哈成套所曾为原国家机械工业部直属一类研究所，1999年转制加入中国机械工业集团有限公司，2003年成为中国电力工程有限公司全资子公司，2011年改制成为有限公司，为首批获得国家认定的高新技术企业，2017年成为国机集团科学技术研究院有限公司全资子公司。

哈成套所2018年进行了混合所有制和股权多元化改革，国机集团持有64.82%的股份，杭锅股份和黑龙江大正投资集团分别持有10%、5%的股份，剩余20.18%是员工持股的部分。

这20.18%的价格如何定？充分体现了"同股同价"的基本原则：

哈成套所共有118人被纳入持股范围，占公司职工总数的39.33%。员工按照战略投资人购股价格认购股权，即购股价格为3.416元/单位注册资本。

因此，员工共计支付购股款3 860.434万元，对应哈成套所新增注册资本1 130万元。

◎ 科技型企业员工持股

《国有科技型企业股权和分红激励暂行办法》（财资〔2016〕4号）提

出，可以对满足条件的国有科技型企业开展股权激励。根据这项政策，员工持股的价格和混合所有制企业员工持股的对价略有差别。

"企业实施股权出售，应按不低于资产评估结果的价格，以协议方式将企业股权有偿出售给激励对象。资产评估结果，应当根据国有资产评估的管理规定，报相关部门、机构或者企业核准或者备案。"

同时，财政部、科技部、国资委关于《国有科技型企业股权和分红激励暂行办法》的问题解答文件中，也明确说明，"根据《办法》第十一条规定，企业实施股权出售，应按不低于资产评估结果的价格，以协议方式将企业股权出售给激励对象，股权出售不需要进场交易"。

以上政策说明，满足条件的国有科技型企业推动员工持股，可以采用增资、股权转让等方式，对价以资产评估结果为基础，通过协议的方式直接进行，而不需要按照133号文件规定先通过挂牌寻找投资者，同时以投资者价格进行员工持股对价。

## 63. 如果员工持股实施中出现不愿买、买不起的现象，怎么办？

在新一轮的国企改革过程中，员工持股、跟投等多种长期激励方式正在渐次推开，很多改革试点案例成功实施了员工持股。不过，在实践过程中，也有很多企业管理者反映出几个具体问题：

企业的员工持股政策，不仅没有受到追捧，反而遭到冷遇，这怎么办？

即使说服职工入股，但面对比较大的投资金额，大家也苦于资金问题，这又怎么办？

以上这两大问题，如果没有一种清晰的系统分析，可能会对一家企业推进员工持股机制改革产生制约影响。我们来讨论一下。

### ◎ 设计员工持股激励机制四大关注点

一项出发点很好的员工持股计划，遭到了管理层和员工的冷遇，热脸贴上了冷屁股，这种滋味不好受。出现这样的问题，说明企业期望的利益捆绑目标和员工个体目标之间有明显偏差。要弥合这种不一致，我们首先要回到问题的根本："为什么要搞员工持股？这种机制能实现什么样的人性诉求？"

我们认为，一个对企业、对员工都有效用的员工持股机制，应该有一个前提，那就是"建立对未来的持久预期！"只有这样，企业才能通过落实这种激励用好、留住核心员工，而员工也才能受到这种计划的吸引和引导，努力提高生产率。问题是，如何建立一种能使员工有长期发展预期的机制呢？我们认为，应该做到如下四点：长期目标，清晰的成长战略；长期能力，稀缺的团队技能；长期奋斗，诱人的业绩挑战；长期回报，持续的人力投资。

首先是企业应该有一条能使员工看得见、摸得着，并且可信任的长期发展战略路径。如果职工对于已经为之工作了较长时间的本企业没有建立起发展信心，出资持股将是比较困难的。因而，企业在推出员工持股的同时，应该对未来的改革发展、资本运作、业务增长有更加清晰的规划，并切实让员工感受到。

其次是认真选择甄别哪些员工要激励、哪些不用。对于任何一家企业，出让股权用于激励都是提供了难得的资源和机会，不能变成员工福利，更不是将股权视为推销不出去的库存。企业需要引进竞争机制和选择机制，分步骤地激励那些需要长期捆绑，并且对组织有用的核心技能人员，不要天女散花——那样会把好牌打烂。

再次是员工持股计划应该与有挑战的业绩目标结合在一起设计和实施。企业的目标是让团队和员工跳起来摘苹果，而不是随意送苹果。因而，这项持股计划应该是循序渐进的，与绩效目标完成情况保持一致，我们并不赞同一次性分封制。员工持股变成福利项目，再变成让员工反感的一次性出钱买股项目，那就变了味道。

最后，还要注意的是，员工持股不能与企业人力资源的其他激励政策割裂，更不能单兵突进。从员工角度分析，持股带来的未来收入，是本人工资、福利、奖金之后的另一个组成部分，这就需要在设计持股机制时，充分考虑到短期收益和长期收益的平衡关系。通常从国外的实践数据来看，短期收入和长期收入的比例在1∶1到1∶2区间较多。当然，企业内部的高层岗位，长期性股权收益的比例应该更高。所以，在进行持股机制设计时，还要对于企业现行薪酬激励体系和人工成本结构进行考量，也要统筹兼顾员工成长通道、非物质激励的作用。

## ◎ 员工持股资金问题如何解决？

2017年，国家八部委联合下发《关于深化混合所有制改革试点若干政策的意见》,对于员工持股的基本政策原则是:"坚持依法合规、公开透明、立足增量、不动存量、同股同价、现金入股、以岗定股、动态调整等原则,积极推进混合所有制改革试点企业员工持股"。因而,以现金形式投资进行增资扩股是混改中员工持股的基本模式,员工持股资金问题便成为一个必须解决的操作性问题。

如何100%解决持股过程中的资金来源问题?我们认为应当从两个层面推动。

首先,从方案设计上,要充分考虑到改制公司的净资产和回报水平,在此基础上平衡考虑员工持股的总体比例。根据混合所有制企业的员工持股比例上限,综合确定首次开放股权的比例,不一定一次性到位,可以将未来年度核心员工的短期收入作为新计划增资扩股的资金来源的一部分,边收益边扩股比,使员工投资得到相应的回报。

其次,多方完善政策,开发更多可选择的融资产品,让金融市场为员工持股提供服务。目前,可采用的相关融资工具不多,而且国家政策不允许混改企业在这个方面提供直接或间接形式的融资支持,所以,我们也建议尽快在市场化金融体系中设计和开发相应的金融产品,供企业员工选择。

总结一下,我们认为员工持股需要系统思考和设计,而不是简单的股权比例分配。解决好员工不愿投、不敢投、没钱投这几个问题,要落实到机制的配套以及方案整体考虑的完备性。建立员工对未来持久的预期,是其中的关键所在。不是哪家公司都需要员工持股,如果企业经过思考,发现建立对未来持久预期的可能性不存在,我们建议选用其他改革和激励手段,这样更好。员工持股不是神药,更不能包治百病,有的放矢方为正道。

## 64. 员工持股方案设计要避免哪些雷区？

员工持股作为长期激励政策，对于发挥企业动力和活力机制起到重要作用。但是，这项改革工作政策性强，也具有实践中的复杂性。为了规范操作，国有企业需要保持清醒，随时注意可能的操作风险和陷阱。实践中此类问题很有普遍性，所以一并举几个典型的例子给大家参考。

◎ **定价雷区**

**产生动因**

公司的经营层和核心人员在计划持股方案时，一般有一种自然而然的愿望，那就是让持股团队的持股时间尽可能早于其他投资者。随着经营不断发展，这样的安排会使持股成本更低，同时也会在未来引入投资者的时候，让自己的股权价值得到比较好的增值与回报。

**典型案例**

假设有家设计类研究院，有多年从业历史，在行业内具有一定的经营基础，人员大致300人，每年创造的收入为3亿~5亿元，利润5 000万元左右，目前是一家100%国有资本的公司。为了发展，公司制定了未来的战略规划，希望能够在3~5年后登陆资本市场。公司也寻找到了一些外部的合作伙伴，可以成为公司进一步发展和股权多元化的投资者。但是，由于是设计院所，公司希望能够真正发挥人才的核心作用，所以希望优先进行核心层持股计划，并且初步制定了通过增资将国有股降低到70%、核心层占30%的方案。一年以后，公司继续盈利，会吸引外部投资者进来，再释放股权。

**雷区解读**

这是一个看似完美的分步实施股权多元化和混改方案，同时实现了核心层持股。不过，这种操作方案有一个硬伤，那就是先进行了员工持股定价，把吸引投资者放在第二步，这样的结果是：员工持股定价低，外部投资者定价一定增加。这样的定价方式过程虽然可能没有暗箱操作，但是客观上产生了"同股不同价"的情况，进而埋下了不规范的可能性。

所以，目前的员工持股，所谓"公开透明、同股同价"是指外部投资者和员工同时进行持股，外部投资者用市场公开竞争方式定价并取得股权，员工持股按照这个价格进行交易，而不是一先一后。或者是先行引入投资者，再推动员工核心层持股。这样的定价才是稳妥的。

◎ **净资产雷区**

**产生动因**

企业的账面净资产高低，对于核心层持股显得太重要了。如果不考虑资产评估的增值等因素，这个净资产值就大致相当于企业核心层持股对价的基本参照标准了。

如果企业的净资产低一些的话，核心层花同样的钱就可以购买到更多一点的企业股权，或者用更少的钱买到同样的股权。

所以，出于人的本性，企业核心层都会有一种冲动，那就是尽可能让自己企业的账面净资产在混改和持股前更低一些，以便于未来的持股成本降低。

### 典型案例

一家工程设备组装和营销企业,在某省内市级国资委监管下,一直保持着相对稳定的发展。企业的经营性收入在近几年达到了10亿元级别,公司利润一般稳定在1亿~2亿元的水平,账面净资产大致为3亿元。这家企业有母公司和全资控股的两家下属企业,母公司开展营销业务,下属企业一家从事制造,另一家从事重要备件的加工和销售。由于公司从事的业务是由核心业务团队一手做起来的,因而地方国资希望这家企业能够尽快实现团队持股,以便推动企业更快更稳定发展。不过,管理层评估以后,感觉目前3亿元净资产对于自己的持股压力太大了,就提出要对企业进行优化整合。基本方案是,将一家下属备件企业分拆出来,使之成为国资拥有的独立型企业,然后将母公司和另一家核心制造企业作为一个整体实现混改和核心层持股。这样,混改企业的净资产就降低到了2亿元以下,持股成本大大降低了。企业核心层认为,这个分离出来的企业,本来就是国资委在历史上重组进来的公司,和本公司主业关联不是十分紧密,因而这样的分拆方案是合理的。

### 雷区解读

净资产雷区是混合所有制改革和员工持股中最容易出现的问题。为了降低公司净资产,有很多理由,也有很多方法。这个模拟案例就是其中一个典型。

不过,如果通过分拆的方法保全了拟改制企业的团队,但是分拆出来的企业还是100%的国企,未来的发展失去目前的企业支撑,出现经营效果的波动,那么实际上便产生了国有资本的结构性损失。

所以，我们在实务工作中，对于混改与员工持股前大幅度调整企业账面净资产的行为，是难以支持的。不仅是因为这样会使未来的国有资本产生不确定性，更是因为考虑到企业经营的完整性，要保证企业在一个连续的业务曲线上前进。

◎ 持股比例雷区

产生动因

核心层持股政策，为长时间与企业共同成长的企业管理层和核心技术骨干提供了新的事业平台，他们不仅可以分享事业成功的利润比例，还能够通过持股参与企业的管理决策。所以，一些经理人员就有一种冲动：能不能借助于核心层持股政策，进而实现经营层对于企业的控制，实现变相的管理层收购呢？所以，在进行股权结构设计时，就想方法超过总量30%、个人1%的比例限制，以尽可能达到对企业进行影响和控制的目标。

典型案例

有一家商业零售连锁型的企业，本来是两家国有股东，来自不同的行业背景，持股比例分别是60%和40%，公司发展比较稳定。后来，其中拥有40%股权的国有企业提出要转让持有的全部股权，或者给另一家股东，或者双方寻找共同的股权受让方。控股股东认为，所持股企业的管理层有比较强的能力，可以借此机会实现混合所有制改革，同时通过管理层和骨干出资成立持股平台，来接手这40%的股权。这样，这家商业零售连锁公司就可以变成国有股东，持有60%的股权，核心层持股平台持有40%的股权。同时，为了进一步激发管理层活力，国有股东管理者提议，40%的股权里，不低于20%要授予核心高级管理人员，这样更有利于保持核心层的高度稳定。

**雷区解读**

这一轮国企改革中，推动核心层持股计划目标是实现长期利益绑定、实现利润分享，这是一种收益权的共享，并不是实现管理层控制，也不是MBO计划。

上述案例中，突破了30%股权比例的限制，也突破了个人持股1%的限制，看似是一种创新，同时也推动公司的股权结构向管理层控制前进了一步，但实际上这种方案是与国企改革政策有明显背离的。

作为本轮国企改革的重大政策创新，核心层持股计划是推动国有企业活力倍增的重要举措。但国企混改和股权多元化是激活国企，而不是要出售国企，也不能使国企私有化。所以，核心层持股要严守收益权共享的原则，距离各种变相的管理层收购远一些，这样才能行久至远。

定价雷区、净资产雷区、持股比例雷区，这三个核心员工持股雷区，是我们在五彩斑斓的国企改革和核心层持股的大潮中捕捉到的三个侧影，能够从中折射出核心员工持股的一些操作问题，值得各位朋友思考、品味。

## 65. 哪些公司需要谨慎开展员工持股？

国企改革列车呼啸而来，大家列队欢迎。这列车上满载着各类改革政策红利——投资红利、授权红利、市场红利等，当然，对社会来说，最吸引眼球和视线的是"激励红利"，特别是长期激励当中的"非上市企业开展核心经营管理层和技术团队持股"政策。

不过，政策好、用意好，更要执行好、落实好，才可能把好的改革期待转化为改革的红利和实实在在的企业业绩提升。如果对非上市公司的核心岗位持股政策没有深刻的理解和吸收，没有对本企业是否适用于这样的政策进行深刻思考，就盲目买票、随便搭车，很可能结果是上错了车，不仅没向前行进，反而造成反复，甚至是企业的波折，得不偿失。

结合我们在此领域的粗浅理解，本书总结一下哪些公司适合做核心层持股，哪些公司不适宜直接开展核心层持股。

在我看来，有六种企业在考虑核心层持股时要谨慎（见图6-2）！

图6-2 应慎重考虑核心层持股的六种企业

## ◎ 成熟期大企业

这类企业有两个特点。一是核心业务已经进入成熟期，也就是说过去一些年度里面，企业的收入和利润增长有限，未来产业和业务也难有重大的改变和突破，简单说就是比较稳、比较慢。二是企业规模大，净资产规模一般有几十亿元，企业内部的组织结构复杂，有二级、三级乃至多层公司，不同企业间的差异也不小。

结合在一起看，成熟期的大企业表现出"底盘大、行驶缓、组织多"的特点，对于有这样特征的企业，如果在没有上市前推进核心岗位持股计划，将会有以下难以克服的问题：持股成本较高，对于核心层资本承受能力和预期回报水平造成压力，这和企业规模大直接相关；企业增长有限，员工持股积极性不高，即使持股也会面临未来的不稳定心理影响。正是因为存在这些问题，我们认为成熟期的大企业在单独推进核心层持股方面要三思后行，因为管理投入产出不成比例。

## ◎ 上市公司核心下属企业

对于母公司已经上市的企业，还能不能继续推动混改，特别是推动本层企业的核心层持股计划呢？我们的建议是，如果企业没有未来分拆或者进一步资本市场运作的计划或者可能性，推动核心层持股计划也需三思而后行。

上市公司的核心下属企业推动核心层持股，将面临两个直接的挑战，首先是面临上市公司的监管政策，因为任何上市公司核心下属企业的股权多元化行为，都将影响到上市公司的收益和股权权益。其次是面临持股成本高的考量，因为上市公司的股票价格一般溢价率较高，作为核心下属企业的资产评估价格如何确定？如果持股成本较高，未来没有进一步资本增值的机会，员工持股的动力必然受到重大影响。

所以，上市公司的下属核心企业在考虑核心层激励时，或许可以请母公司尽快推动上市公司的股票激励计划直接覆盖到本企业，这样的工具更直接、更有效。

◎ 知识资本贡献小的企业

企业是在各种生产要素共同作用下发展的，这里面有知识价值，也有资本价值，还有资源价值，等等。必须明确的是，与人有关的智力贡献，在不同的行业、不同的企业里是不同的。

核心层持股，要在知识资本贡献大的企业中努力推行，因为股权激励能够产生较强的协同联动效用。同时，我们要考虑的是，一些国有企业所在行业，有资本密集型、投资密集型、资源密集型或者其他非知识贡献的特点。那么，对于这些企业来说，分散股权进行核心层激励，实际是从水库里引流，不会起到增量创造的效果，也不符合国企改革的初衷。

◎ 员工基数过大的企业

员工基数比较大的国有企业如何考虑核心层持股呢？

我们的建议是，员工基数过大的企业，慎用上市前的持股计划，因为有两个操作性问题：

首先是持股人的选择难题。假设在一个上万人的企业里面推动核心岗位持股计划，如果适当考虑大部分核心骨干，即使不按政策规定上限30％来计算，按照2∶8估计，那么正常情况下将有2 000人持股，这项持股计划的管理是项很大的工作量。如果像东航物流一样只选择最高级别的员工，控制总持股人在200人之内，那么我们用什么标准才能让所有员工感到信服，而不是导致公司产生一种持股是为极少数领导谋福利的猜测或怨言？

其次是相伴相随的持股平台的运作难题。由于每家持股平台合伙机构不能超过50个股东，所以如果有上千人持股，那么企业将不得不为此成立几十个员工持股平台。可以设想，仅是这些平台的管理，就需要一个专门的部门来负责。同时，这样的千人持股计划，如何实现直接激励，如何分配计算每个人的收益和价值贡献？这些问题导致管理成本激增，会不会得不偿失呢？

## ◎ 市场化程度低的企业

国家的政策，开宗明义，核心层持股计划要在充分竞争的商业一类国有企业积极推动。也就是说，员工持股这件事情，是和"竞争"这个关键词绑定在一起的。这也是开展这项管理改革的初衷，即：通过持股来释放活力，帮助企业打赢更多竞争之战。

如果一家企业的市场化程度不高，员工持股的作用发挥就受到很多制约。这里的市场化程度，首先指业务的市场化程度，其次是指组织和管理的市场化程度。一内一外，互有关联。

有些国有企业的业务，基于很多历史原因，存在不完全市场化以及在某些领域里有先入优势。对于这些存量业务，我们并不主张开展核心层持股。

更为重要的是，组织和管理市场化程度如果不够，企业多数还是在传统国企的模式和文化下打转转，干部没法上下、员工没法进出，组织臃肿，行政机关作风盛行。在这样的情景下，无论如何没法让人联想到可以推进核心层持股计划或者让持股人拎起泳衣、走向市场。

## ◎ 业务独立性不足的企业

最后一类不适用直接核心层持股的企业，是那些大企业内部从事服务或者支撑其他企业和业务的公司。这类企业最大的特点是，自身业务收入多数（50%以上）来源于大企业内部的转移性收入，如果没有这些内部的收入支持，企业的发展可能就存在问题。

这样的企业，属于典型的业务独立性不够、自主生存和发展能力受到限制的企业。既然独立性不够，那么开展核心层持股计划显然意义就打了折扣。就此，133号文件曾经做出过严格的规定，说明进行混合所有制企业员工持股试点的条件之一是外部市场化收入的水平要达到一个相当高的比例。

总而言之，有六类企业在考虑核心层持股时要谨慎。这并不是说我们反对这六类企业进行长期激励，而是在这些情况下，我们建议选取其他的激励模式，而不是一条路走到黑。"明知山有虎，偏向虎山行"这种改革的决心可以有，但还需要匠意于心、从容不迫，方能求得改革真经，抵达激励彼岸。

## 66. 员工持股法律形式有哪几种？有何优劣势？

国有企业开展员工持股，除了关心持股主体、持股对价等核心问题外，还有一个问题不能回避，就是既能保障持股员工的法律权利，又能够充分应对员工变动、流动等动态变化，同时适应相关的税收法律法规。这就使得用什么样的持股平台来代表出资主体，变成一个现实和重要的问题。

就此，133号文件说得很清楚："持股员工可以个人名义直接持股，也可通过公司制企业、合伙制企业、资产管理计划等持股平台持有股权。通过资产管理计划方式持股的，不得使用杠杆融资。持股平台不得从事除持股以外的任何经营活动。"

这个文件中提到了开展员工持股的几种基本形式，那么，国有企业在使用的时候，应该如何进行比较并个性化选择呢？我们在此做一比较说明。

◎ 个人名义持股

最直接、最简单的持股方式，就是以员工个人名义持有激励股权。这种方式的优点是，入股时简单直接，容易操作，同时变更工商注册登记手续，实现员工的法律权利保障。这种方式的缺点也很明显，它没法应对员工身份和岗位变化后频繁的变化和调整。由于一家企业的持股员工少则几十人，多则数百人，如果全部用个人名义持股，每年因为岗位变化而产生的工商注册变更将难以管理。

所以，个人名义持股只适合于公司规模小、持股人员十分集中、未来持股人员变化小的情况。

## ◎ 公司制企业持股

这种方式，是所有持股的员工出资成立一家有限责任公司，成为这家公司的股东，同时由这家有限责任公司投资成为混改企业的股东。持股员工间接持有混改企业的股权。

公司制企业作为持股平台，好处是解决了持股员工流动性管理的问题，保持有限责任公司长期稳定的持股地位，避免经常性工商变更。不足之处是也会造成有限责任公司的股东数量较多，也有管理的问题存在；另外，由于税法规定公司制企业面临企业所得税和股东个人所得税两层纳税机制，容易造成税负过高。

现实中，公司制企业作为持股平台的案例也是有的，西安市市政建设集团就是一例（见图6-3）。西安市市政建设集团通过混改，释放了29.53%的股权作为长期激励，持股平台是"西安中瑞丰市政投资有限公

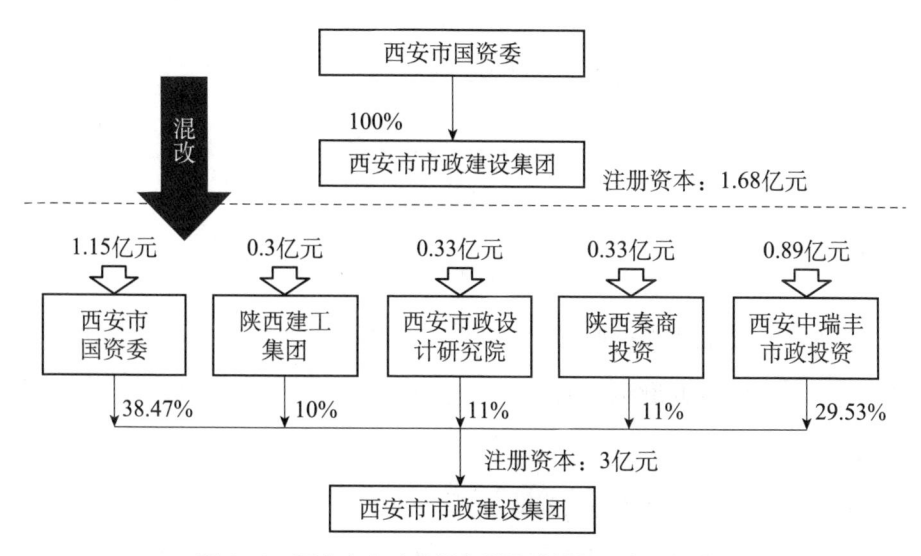

图6-3 西安市市政建设集团通过持股平台进行混改

司"——一家公司制平台。这家公司有两个股东,一个是公司的工会委员会,另一个是公司的办公室主任(挂名)。西安市市政建设集团的其他持股员工,个人股权是通过协议方式让工会委员会代表。

◎ 合伙制企业持股

合伙制企业持股是目前国企推动员工持股计划较为常用的方式。这种方式为,由公司核心经营管理团队和持股员工按照《合伙企业法》成立一家合伙企业,分别充当普通合伙人(GP)和有限合伙人(LP),通过这家合伙企业成为混改企业的股东(见图6-4)。

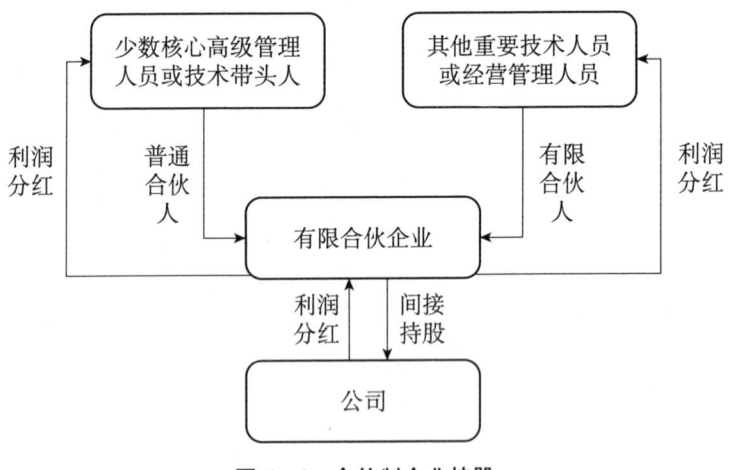

图6-4 合伙制企业持股

有限合伙企业作为持股平台,好处是利用其法律地位实现了企业所得税和个人所得税合并缴纳,减少了重复纳税可能,所以目前成为广为使用的方式。

我们以庆丰包子铺的持股激励案例简单做个介绍。

庆丰包子铺的员工持股平台叫作"华庆天丰管理咨询合伙企业",这家企业的普通合伙人是庆丰专门成立的一家从事持股管理的公司，叫作"天丰庆合管理咨询有限公司"，负责人来自该公司领导层。另外，持股的46名员工作为公司的有限合伙人，进行持股出资（见图6-5）。

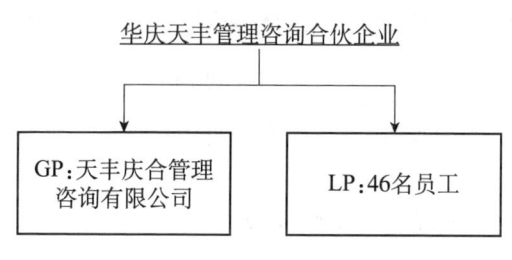

图6-5 庆丰包子铺的持股激励

◎ 资产管理计划持股

资产管理计划持股是指通过证券公司、信托公司等金融组织形式，定向发行资产管理计划，同时以这项资产管理计划来购买激励股份的形式。对于混改企业来说，出资方提供的就是一项资产管理计划。

用金融性质的资产管理计划作为员工持股的平台，其优点是充分利用了金融机构提供的产品，通过市场化的形式完成了激励股份的操作；这种金融属性的产品，比起有限公司或者合伙企业来说，更加具有法律的安全性，参与方违约风险更低。不足之处是，金融机构参与后，涉及的投资成本就相对高一些；同时，国家相关规定对于投资资产管理计划的个人、家庭资产规模和最低投资金额均有要求。

## 67. 员工持股过程中如何进行身份转换？

员工持股过程中，持股人员是否必须转换身份，如何转换身份，一直是大家关注的问题。从国有企业的干部和职工变为混改企业的持股"股东"，确实是一个巨大的转变，在这个过程中，如何来理解"身份转换"呢？

◎ 什么是混改持股中的"身份转换"？

历史上，在不同的国有企业改革阶段，都有关于"身份转换"的类似表述。之前所提及的内容，多数是关于一家国有企业通过改革改制等方式转变为非国有控股企业时，原先国有身份的干部和职工切换到新的非公企业时，涉及的身份变化和经济补偿。

本轮国企混改中，以133号文件为基础，规范的是国有控股混合所有制企业的核心员工持股问题，并不涉及国有控股公司转变为非公企业，所以与之前所理解的"身份转换"不同。

那么，混改员工持股涉及的"身份转换"有什么内涵呢？133号文件规定，员工持股的企业要达到"公司治理结构健全，建立市场化的劳动人事分配制度和业绩考核评价体系，形成管理人员能上能下、员工能进能出、收入能增能减的市场化机制"。同时，"参与持股人员应为在关键岗位工作并对公司经营业绩和持续发展有直接或较大影响的科研人员、经营管理人员和业务骨干，且与本公司签订了劳动合同。党中央、国务院和地方党委、政府及其部门、机构任命的国有企业领导人员不得持股"。

这些规定标识了混改员工持股当中的"身份转换"要求：最重要的变化一个是要职业化，一个是要市场化。国企干部身份的人员，需要职业化，脱掉上级任命干部的"马甲",变成真正的职业人士。这样才能完全符合持股人员的条件。要充分引入市场化竞争机制。建立市场化的劳动人事分配制度和业绩考核评价体系,形成管理人员能上能下、员工能进能出、收入能增能减的市场化机制。建立这样的劳动人事制度,就需要参与持股的人员与企业签订有期限、有考核、有淘汰的新劳动合同,打破事实上的"铁饭碗"。

总体来说,核心员工持股的过程,可以比作拎起泳衣,走向市场的过程,激励和约束并存,不可能既持有长期激励股份,又希望保持从前的行政级别、福利待遇和稳定保底预期。

◎ 混改持股中身份转换的核心步骤

在清晰政策边界的条件下,混改持股员工的身份转换大致需要哪几个步骤呢?通过实践的总结,我们认为大致可以划分为四个先后衔接的步骤:

**混改企业设计并公布新组织和新岗位**

所有的用工制度改革,都是从组织结构和岗位设计开始的,混改企业也不例外。为了让企业的管理体系更加市场化,混改企业可以对于未来发展所需的组织结构和岗位数量进行重新规划,本着流程再造的目标,明确在市场化机制下,到底需要多少人?需要什么资质的人?同时匹配什么样的考核和薪酬标准?

这些工作结束后,混改企业要向公司员工公布新组织和新岗位,请员工自我评估,准备竞争性选择。

### 竞争性选聘

通过公开的竞争性选聘，企业员工重新选择岗位，本着双向选择、择优上岗的原则，实现新的人岗匹配。原先岗位的员工，也可能会转变岗位，也可能会没有竞聘成功。

竞争性选聘不是一种形式，更不能走走过场。一些企业搞"全体起立"，但初衷不是选择人才，而是做做样子，这样的企业是很难建立起市场化用工文化的，转换身份也很难。

### 切换劳动合同

竞聘之后，重新找到岗位的员工，需要切换劳动合同，这也就是通常比喻的"脱马甲"。一方面是解除原来的劳动合同，另一方面是和本企业重新签订双方认可的市场化劳动合同，确保实现能进能出、能上能下。

### 未签订合同人员安置

对于由于各种原因，没能在上述进程中实现签订新劳动合同的员工，企业要进行多种方式的安置，可以在母公司范围内安排其他岗位，可以组织培训，可以按照法律规定解除合同关系，进而全面完成企业员工的身份转换过程。

## 68. 项目跟投的形式和方法是什么？

2018年下半年以来，中国国企改革明显加速。作为国资委落实"1+N"政策的具体举措，"双百工程"已经拉开了序幕。在新时代如何推动更多的国有企业通过深化改革来实现体制活力和机制创新同步提升，成为下一阶段卓有成效地推动混合所有制改革和释放国有经济市场化活力的新课题。

我们要讨论的问题，是国企改革过程中的"项目跟投"机制。这一长期激励的模式，在过去一些年兴起并且开始在越来越多的行业内受到企业的欢迎。但项目跟投能否在国有企业有效运用？政策是否支持和配套？实施效果对于国企激励机制改革有多大作用？我们做一概要分析。

◎ 跟投机制为什么能激发活力？

跟投机制，顾名思义，就是在新的业务开展过程中，具有重要决策影响力的核心层和骨干成员同步出资，与企业共同承担风险、共同分享收益的一种机制。从本质上说，这是一种投资行为，并不是通常所谓激励机制涵盖的内容。但是，跟投机制经过检验却能发挥有效的激励作用，这是因为它有两个重要特点：

第一，它有足够强的收益预期。跟投形成的股权将是一项长期资产，并且能够在未来事业发展过程中不断增值。跟投的事业一般收益水平相对高、回报水平高，给跟投主体很强的激励信号。

第二，风险对赌锁定，激励约束统一。跟投机制与其他长期激励不同的是，这是一项大多数情况下需要跟投者自己掏出真金白银进行投资的行为，从而有效地实现了经营管理人员和企业角色由不对称转换为统一一致，大家利益目标捆绑，风险共同承担。这种具有对赌特点的模式，实现了激励和约束的高度统一。

所以，从近几年的实践情况来看，跟投作为一种新机制开始在各个行业得到广泛的应用，不论在何种所有制形式下，都显现了它独特的激励效果。

◎ 国企改革为什么更需要跟投机制？

正是因为跟投机制有如上两个独到之处，我们才认为在新时代的国企改革浪潮中，应该更为积极和大力推动这种创新业务和人才发展模式在更多的国企实践中落地。对于国企而言，跟投机制还能够实现更多、更大的价值：

跟投机制是国资的安全阀。有实践感受的朋友能够知道，在一项新的科技研发、一个新的投资项目、一项新的工程建设、一家新的公司运营中，作为主要决策者的核心团队成员有没有自己付出资本和对价，对于决策心态的影响是很大的。如果团队成员出了资，能够真正与企业目标一致，大大减少由于信息不对称、投资权责不统一而形成的"为批资金而找项目""为可行而可研"等现实中大量存在的问题，而这些问题又是投资效益低、投资风险加大，特别是国有资产减值和流失的基础性原因，那么，在国有企业市场化经营中大力推广跟投机制，实际是保证国资保值增值的重要工具，能够起到安全阀的核心作用。

跟投机制是国企的创新梯。创新已经成为中国经济发展的必由之路。我们的国有企业在不断发展过程中，必须不断推陈出新，向广阔的市场和行业进军，特别是在新技术、新模式层出不穷的新时代，商业模式的快速迭代使得竞争通常十分严酷。国有企业遍布各行各业，就像驶入大海的航船，持续在未知海域前行，对于创新业务领域不熟悉、缺少专业技能，这个时候就需要更大力地发挥组织的学习动能，变未知为熟知。如何实现创新发展的低风险？跟投机制是一种经过证明有效的长期工具，通过这种机制设计可推动国企持续创新，并且大大降低创新的决策风险。

从安全的角度来说，跟投机制保护国资；从发展的角度来看，跟投机制推动创新。我们也大声呼吁中国有更多的国企能够采用跟投这种多赢的长期激励创新。

◎ 国企改革中的跟投机制如何设计？

跟投机制是一种创新业务伴随式投资的形式，不同的国企业务不同，发展战略差别较大，组织模式林林总总，因而各家企业的跟投机制将特色各异，需要量身定做。知本咨询经过总结近些年成功的国企跟投机制的案例，设计研发出"五维跟投模型"（见图 6-6），用来帮助国企设计跟投方案时做方法参考。

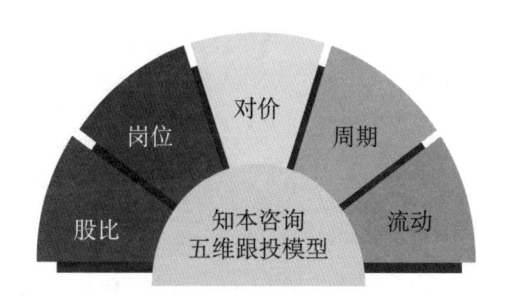

图 6-6 五维跟投模型

简单来说，通过本模型，第一，企业可以对跟投主体和员工的股权比例进行安排，并对跟投平台内部股权结构系数进行设计；第二，针对企业内部不同层级和岗位人员的职责，科学地划分在对新业务跟投的过程中不同参与者的责权利，进而明确谁是必须参与的、谁是可以参与的、谁是欢迎参与的，针对不同的岗位和人群，制定不同类型的跟投计划；第三，系统地规范跟投主体和员工的投资和对价模式，确定出资主体、出智主体、资本来源、实股和增值股权转换问题等；第四，根据业务特点定义和明确跟投项目的对赌周期、投资安排与收益获取模式；第五，有效、科学、可操作地管理绩效考核、人员变动、职责转换等因素带来的跟投责权利变化。

我们正处在一个改革的新时代，国有企业的新成长将在很大程度上取决于各家企业推动新一轮改革的决心和行动的敏捷。在即将到来的浪潮前，决策不同，结果可能差别很大。跟投机制作为一种新形式的改革工具，给每个国企打开了一扇门，这是机遇之门，我们也希望越来越多的国有企业都通过这扇门找到新的成长空间。

## 69. 项目跟投和员工持股有何区别与联系？

近一段时间，有不少朋友都在问，在长期激励中有两个看起来特别像的概念——员工持股和项目跟投，从政策到实操，都有些含糊不清的具体问题。我们尝试做一解释。

总体来说，这两种长期激励方式有三个基本的差异。

◎ 政策依据不同

还是需要先回到这两个概念的基本意义层面。

员工持股，是指在一家企业的股权结构中，包含一部分企业核心骨干员工的股权。形成这样的股权，可以是持股员工通过对现有企业增资形成（目前政策暂不支持老股转让），也可以是企业新设时由员工本人或者员工持股平台出资持股。前一种方式涉及国有企业存量资本的结构调整，后一种方式属于新设企业——从零做起。

项目跟投是从另外一个角度来谈的模式。国有企业在新兴业务领域、高新技术领域或者其他不确定性比较大的业务发展中，通过国有股东和核心员工共同出资，实现利益绑定，共同承担风险，而形成新设下属项目公司或者科技型初创企业。从形式上来看，员工跟投形成的结果和新设公司的员工持股是一样的，但是，员工跟投有更强的风险对赌成分以及开发创新型业务的特征。

在现行政策当中，对于员工跟投和员工持股都有一些表述。比如在9号文《改革国有资本授权经营体制方案》中，就明确指出："支持国有创业投资企业、创业投资管理企业等新产业、新业态、新商业模式类企业的核心团队持股和跟投"。

那么,问题是,在实际执行员工持股和员工跟投的激励创新时,是参照同样的标准,还是有所区别呢?

就我们的理解,它们的政策依据是不同的。

涉及员工持股的改革文件,最核心的如133号文件《关于国有控股混合所有制企业开展员工持股试点的意见》,所针对的是国有控股混改企业推动员工持股的政策边界。这里所针对的规范对象,是国有资本的存量如何在涉及员工持股这样的股权结构变动中得到保障和维护,这是政策的出发点。在此基础上形成的其他政策文件,也是针对国有资本存量的员工持股政策问题。

如果摆在面前的问题,不是国有资本的存量,而是创新业务,从零开始的增量,是不是依然遵循包括133号文件在内的政策规定呢?或者说,适不适用呢?我们认为,存量业务的政策不一定适用于增量业务,也就是说,企业可以大胆去尝试。

员工跟投实际上要解决的问题就是国有资本的创新性业务增量问题,完全可以做出更多更大胆的创新性设计。

## ◎ 上限规定不同

133号文件明确规定,员工持股的股权比例不得超过总股本的30%,个人的持股比例不得超过总股本的1%。我们称之为持股上限规定。

我们认为,这个规定就是要从股权上进一步落实员工持股是利益绑定的收益分享机制,而不是管理层收购计划,是一个很有道理的规定。

这个持股上限规定,对于员工跟投计划来说,有差异吗?有的。

这和上文所说员工跟投的目标有关。我们提到员工跟投,是期望对于一个有风险的创新性业务或者项目，国有股东、其他股东和核心员工进行风险绑定，核心员工通过出资投资的形式实现责权利对等。一般来说，这里的员工跟投，都会根据项目的时间设定一个锁定期限，在完成风险期的对赌后，员工跟投将实现退出。所以，员工跟投计划是一种在有限期内，对于特定业务和项目的投资和风险共担机制。

所以，从这一点来说，133号文件规定的持股上限，与员工跟投确定的跟投比例是不同的。

我们可以拿海康威视2017年开始实施的创新业务员工跟投计划为例说明。海康威视在这个计划中，规定的创新跟投比例为40%，而且可以划分为强制跟投和参与跟投两种，同时有出资跟投和非出资跟投两类选择，退出期限确认为五年。

这些规定都说明，员工跟投机制在投资上限规定上，与其他政策规定是不同的。

◎ **上级公司员工在下级企业持股/跟投的规定不同**

根据相关法律和政策规定，在推进员工持股的改革过程中，具有持股资格的员工需要与本企业直接签订劳动合同。这就说明，持股人员必须是这家企业的员工，而不能是其他人；包括持股企业的上级单位管理和技术人员在内的其他人，由于没有劳动合同，所以很长时间以来，都是不能直接持有下级企业股权的。这个规定在302号文件中有所改变，新文件规定如果由于特殊原因必须实现"上持下"的，可以报经中央企业集团批准，同时事后报国资委备案，但是限定为科技人员，并不包括经营管理层。

不允许"上持下"的规定，对于员工跟投计划来说，如何理解更准确呢？我们认为，员工跟投计划从出发点来说，就无法回避上持下的问题。

举个例子，一家科技企业想试制一种新产品，成立一家新的创业项目公司来进行，并推动项目跟投计划。这个时候，参与跟投计划的人员全部都是这家企业本部的研究人员、经营管理人员等，已经变为"上持下"了。之后，由于企业业务不止一个，所以这些跟投人员并不可能都重新和新成立的创业公司改签劳动合同，因而"上持下"问题是长期存在的。但是由于这是有限期的项目跟投，属于风险绑定的投资行为，并非激励持股行为，所以性质不同。

总结一下，我们讨论了项目跟投机制和传统理解的员工持股计划的三大核心差异。虽然二者看似相同，但在政策依据方面、上限规定方面、上级单位人员在下级企业持股/跟投方面，都有明显的不同。

## 70. 科技型企业岗位分红方案有哪些要点？

《国有科技型企业股权和分红激励暂行办法》(财资〔2016〕4号)规定，在符合条件的国有科技型企业中，推动岗位分红的设计和实施工作。这项规定，对于提升科技型企业活力，激发科技研发人才动力，已经显现出重要的作用。

不过，在国有科技型企业实施这个文件的过程中，还存在一些具体的操作细节把握问题，比如科技型企业要满足哪些资格条件？科技型企业的分红额度如何计算确定？岗位分红金额如何得出？等等。我们在此做一总体说明。

◎ 科技型企业实施岗位分红的条件与标准

这个问题，实际已经在4号文件中进行了充分的说明。我们做个概括，总体来看，科技型企业实施岗位分红要达到五个方面的标准。

净资产增加额。这项规定的意义在于，科技型企业如果要实行岗位分红，需要保证前三年合计形成正利润，并且这些利润对于本年度的净资产形成10%以上的增量作用。也就是说，如果一家企业前几年总体算来是没有盈利的，也没有形成公司净资产的沉淀积累，那么它难以符合岗位分红的假定前提。

研发强度。这是一项衡量企业科研能力和潜力的通用指标。从横向比较来看，2017年度中国企业整体研发强度已经超过2%，4号文件规定的3%比例并不算高。

研发人员规模。这项指标是为了保证受到岗位分红激励的都是科技开发人员及科技贡献比较大的岗位。如果一家企业的研发费用高，但是全部依靠外委研发，没法自主研发和创新，显然进行岗位分红激励的人员基础就不存在。

当年未分配利润。要求岗位分红企业当年未分配利润为正数，是对企业当年经营利润的基本规定。在本规定中并没有对净资产收益率、销售利润率等指标进行更严格的规定，体现出政策的温暖。

财务规范。所有符合条件的企业，必须是内控严格、财务规范、没有假账、全面审计的企业，也不能有税务方面的问题，这是计算企业利润和分红的底线。

总体来看，科技型企业岗位分红的条件是适度和宽松的。一家经过相关部门认定的国有科技型企业，要达到以上五个标准并不困难，都能够积极努力。

## ◎ 科技型企业岗位分红激励四步法

满足条件的国有科技型企业，如何具体设计符合自身特点的岗位分红方案呢？知本咨询开发了"岗位分红激励四步法"（见图6-7）。

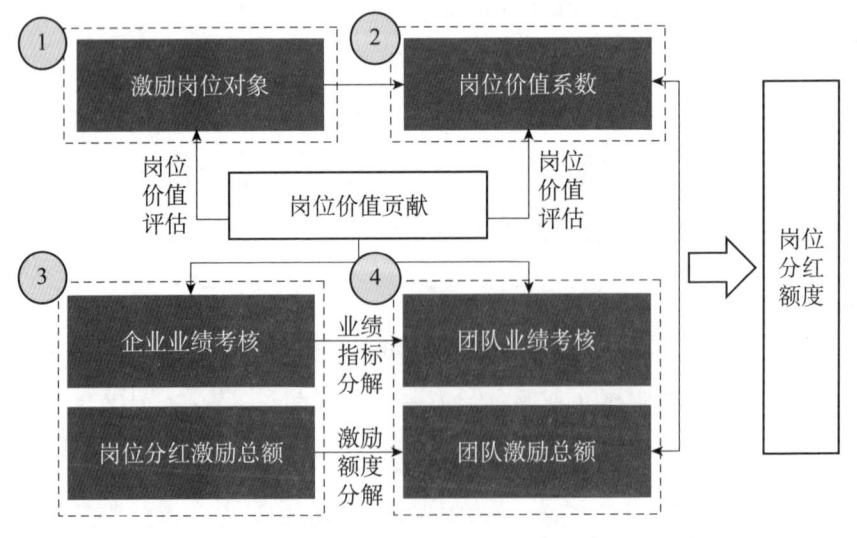

图6-7 岗位分红激励四步法

岗位分红的设计,要解决企业整体业绩、团队激励水平、岗位价值贡献等几个方面的系统联动问题。这样才能够保证企业业绩增量具体分解到每一个需要得到激励的岗位和人员,并科学界定业绩,实现长期激励的效果。

### 确定激励岗位对象

根据4号文的规定,岗位分红激励对象应当在该岗位上连续工作1年以上,且原则上每次激励人数不超过企业在岗职工总数的30%。

岗位分红是一项针对科技型企业激发创新创造能力的专项政策,那么受到激励的对象应该首先来自企业内部的核心研发和技术岗位,而不是重点倾斜到经营、管理、市场类的岗位。而且,虽然叫作岗位分红,但并不是所有部门、所有岗位都齐步走,维持一个控制比例,而是需要在科技型部门和岗位中加大比例,或者维持一个大比例,在其他部门和业务中维持一个小比例,这是需要选择激励对象时明确的。岗位分红是科技人员的长期激励,并非企业领导人员和中层干部的长期激励。

根据文件,有三类人不能纳入岗位分红的激励对象范围:董事、监事和控股股东经营管理人员。同时,同一激励对象不得就同一职务科技成果或产业化项目进行重复激励。

### 确定岗位价值系数

确定公司参与岗位分红的激励对象后,需要解决的问题是,如何在不同的岗位之间确定必要的系数,来明确公司整体利润价值贡献中不同岗位的价值坐标。通常,我们利用岗位价值评估的方法,通过行业的比较和企业内部的评分,来量化确定不同岗位的价值系数,为进一步分解分红结果奠定基础。

目前,全球范围内有多种衡量评价岗位价值的方法,其基本原理是根据不同的岗位要素，进行分级别的评价，最终综合确定岗位价值。

### 确定岗位分红激励总额

岗位分红可支配额度是执行4号文件最核心的问题。"企业年度岗位分红激励总额不高于当年税后利润的15%。企业应当按照岗位在科技成果产业化中的重要性和贡献，确定不同岗位的分红标准。"值得提醒的是，岗位分红政策是以激励国有科技型企业持续创造利润增量为目的而制定的政策，因而计算可用于岗位分红的激励额度，也需要以企业当年实现的增量利润为基础，而不是在原有存量的基础上简单计算不超过15%的比例。

具体来说，岗位分红的激励总额＝（存量净利润增长额＋增量净利润增长额）×企业业绩考核系数。

### 确定团队激励总额

岗位分红激励额是以所在团队业绩完成为前提的。企业激励总额首先要在团队层面进行分配，然后在团队内依据岗位价值系数进行分配，形成岗位激励额。实施岗位激励的企业，需要制定一个清晰的团队业绩考核目标，同时要把这个目标和公司整体业绩增量目标挂钩，最终形成团队业绩指标的比例，再通过年度统一进行的业绩考核工作，将激励的额度科学地分配到每一个团队中去。下一步，每个团队负责人就可以参照岗位价值系数，对参与岗位分红的每个岗位人员进行激励和分配了。

总结科技型企业岗位分红激励四步法，应注意四个要点：增量激励是前提，岗位价值是基础，科技人才是主力，绩效考核是必备。

## 71. 限制性股票激励方案要注意哪几个关键要素？

限制性股票激励，作为上市公司股权激励的重要内容之一，这几年在国有控股上市公司市场化激励改革中获得了普遍欢迎。不过，很多朋友对于上市公司限制性股票激励的方案设计仍不是很了解，我们在此做进一步的分析和解读，提供些帮助。

根据2016年颁布并在2018年修订执行的《上市公司股权激励管理办法》（以下亦简称《激励办法》），限制性股票的激励方案有八大设计要点，分别是：对象、比例、价格、期限、考核、股份变动、会计损益、审批。我们选择其中四个核心的要点一一说来。

◎ 激励对象

根据《激励办法》的规定，限制性股票激励的企业人员包括四类人：董事，高级管理人员，核心技术人员或者核心业务人员，对公司经营业绩和未来发展有直接影响的其他员工。

这里需要说明的是，由于很多国有上市公司的董事大多是母公司的相关负责人，就需要区别判定。《关于进一步做好中央企业控股上市公司股权激励工作有关事项的通知》明确规定，"中央和国资委管理的中央企业负责人不纳入股权激励对象范围"，地方国有控股企业一般会参照执行，那就是国资系统管理的负责人员不能成为股权激励对象。所以，各个国有控股上市公司在确定董事岗位的激励人员时，要注意区别上级单位管理的干部岗位与本企业专职的董事岗位。

同时，如果我们对比非上市混合所有制企业员工持股和科技型企业股权激励政策，可以看出限制性股票政策并没有对激励对象的总人数比例进行类似"不超过30%"的限制，所以从实践来看，上市公司限制性股票的激励对象可以更为广泛。

不能参与限制性股票激励的人员也有几类：持有上市公司5%以上股份的股东或实际控制人，以及他们的直系亲属；出现违法、违规等情况，被认为不适当的人选；独立董事和监事。这几类人员规定属于例常规定，也符合股权激励的基本原则。

## ◎ 授予价格

限制性股票被通俗地称为"半价股票"。这是因为《激励办法》指出，限制性股票的授予价格不能低于激励计划公布前一个交易日或者是前20、60、120个交易日平均价格较高者的50%。

这种规定的用途在于，如果处于熊市，市场价格不断下跌，限制性股票的授予价格基数应该以半年内交易的平均价为准；如果处于牛市，市场价格不断上涨，限制性股票的价格基数就是最近一个交易日的价格；如果是一个波动市场，那就看半年内哪个阶段的平均价格更高而确定为基数。用半年的交易时间来平衡股票价格的波动周期，选择整体上稳健的最高平均价格，能够在一定程度上排除市场因素对股权激励效果的影响，会显得更为客观。

同时，在基础价格之上，再实行不高于50%的价格折扣，使得限制性股票真正具备了价格的激励空间，也承认了公司激励对象的物化劳动带来的市场价值，因而受到很多上市公司的欢迎。

《关于进一步做好中央企业控股上市公司股权激励工作有关事项的通

知》进一步说明，如果"股票公平市场价格低于每股净资产的，限制性股票授予价格原则上按照不低于公平市场价格的60％确定"。对于一些股价低于净资产的上市公司，明确了新的最低价格，不是50％，而是60％。

◎ **激励考核**

长期激励不是福利项目，不是应得的，而是需要通过努力提升业绩，达成所有股东的增长期待后，由股东用来激励的工具。所以，上市公司的股权激励都需要有明确的考核目标来衡量和评价，根据评价结果决定是否能够行使激励的权利。业绩考核直接决定了公司和个人是不是有资格实现限制性股票的解除限售。

在制定考核方案时，最重要的是如何选择考核目标。根据政策规定，目前可以综合考虑的限制性股票激励考核指标包括五项：净资产收益率、每股收益、每股分红、净利润增长率、主营业务收入增长率。其中，综合利用净利润增长率、净资产收益率和主营业务收入增长率三项指标，我们认为是一个相对完善的选择，因为这三个考核指标兼顾了规模的增长、收益的增长和资产利用效率的提高三个方面的经营结果，相对稳健和完整。

这几个考核指标的目标值，可以采用与近三年或近一年进行比较的纵向对比法确定，也可以采用与行业同类公司同类指标比较的横向对比法确定；如果选择横向对比，政策要求"选取的对照公司不少于3家"。

在确定公司整体考核目标后，对于每一个激励对象都要有详细的个人岗位考核指标，只有达成了考核指标的规定内容，才有可能得到限制性股票的激励解锁。

## ◎ 审批程序

由于国有控股上市公司推进限制性股票激励，涉及国有资产监管和上市公司监管两个层面，所以履行合规的审批程序是十分重要的。

《关于进一步做好中央企业控股上市公司股权激励工作有关事项的通知》指出，中央企业控股的上市公司股权激励方案最终审批权限在国务院国资委。由此推论，各个地方国资控股上市公司股权激励需要报本地区国资监管部门审批。

《激励办法》从证券市场监管的角度指出，上市公司确定的股权激励方案，应该由公司董事会薪酬与考核委员会发起制定，由董事会审议后，最终在股东大会进行表决通过。

以上，我们通过对象、价格、考核、审批四个要点，对国有企业推进控股上市公司限制性股票激励计划进行了整体的解读。限制性股票作为一种新生激励工具，效能有待时间检验，也需要各个国企积极参与实践。

## 72. 管理员工持股平台的组织形式是什么?

当前,持股平台已经成为开展员工持股计划的主流方式。根据《关于国有控股混合所有制企业开展员工持股试点的意见》(国资发改革〔2016〕133号)的规定,"持股员工可以个人名义直接持股,也可通过公司制企业、合伙制企业、资产管理计划等持股平台持有股权"。

一家国有混合所有制企业的员工持股计划,少则有数十名核心岗位员工参与,多则有数百位员工参加,他们通过出资等形式获得了企业一部分股权,需要按照法律的规定行使属于自己的权利。但是,如果通过员工持股平台的形式,形成间接持股的模式,如何通过这些不同类型的平台来行使权利?同时,持股平台又如何有效地开展持股员工流动的动态管理和实现平台自身的正常运作呢?

133号文件规定,"员工所持股权一般应通过持股人会议等形式选出代表或设立相应机构进行管理。该股权代表或机构应制定管理规则,代表持股员工行使股东权利,维护持股员工合法权益"。政策很清楚,持股平台需要一个所谓"持股人会议选出的代表或者机构"进行日常管理,但是上文说到的持股平台一共有三种形式,分别是公司制企业、合伙制企业、资产管理计划,这三种组织的法律特征有不小的差别,那么反映在持股平台管理机构上就有不同的要求(见表6-1)。

表6-1 持股平台的三种形式

| 持股平台类型 | 权力机构 | 日常管理机构 |
| --- | --- | --- |
| 公司制平台 | 股东会 | 董事会 |
| 资产管理计划平台 | 持有人会议 | 管理委员会 |
| 合伙制平台 | 合伙人会议 | 普通合伙人<br>(执行事务合伙人) |

我们在此分别做个说明。

**公司制持股平台管理主体**

虽然采用持股公司的形式作为平台的实践选择并不多，但还是有必要简单进行介绍。《公司法》规定，公司型企业要有股东会，代表全体股东进行重大决策；在股东会下通过选举建立董事会，根据股东会的授权开展日常决策。

如果一家公司成立的目的只有一个，那就是通过这家公司持有另外一家目标公司的股权，那么这家公司股东会的重要任务自然就集中于代表所有公司股东进行相关的决策，董事会就受股东会的委托履行相关的日常管理决策的职责。

所以，公司制持股平台的管理主体，第一是公司的股东会，代表全体持股员工；第二是公司的董事会，经过股东会授权，处理持股过程中的一些日常决策事项。

**资产管理计划持股平台管理主体**

用资产管理计划作为持股平台，通常是由企业的持股员工出资，与第三方金融机构合作，定向成立一项资产管理计划，再通过这项计划持有企业的股权。

我们要强调的是，资产管理计划是一个契约型的组织，其管理主体作为契约的管理方，与上述公司制组织不同。资产管理计划需要通过"持有人会议"选举成立"管理委员会"进行日常管理。

"持有人会议"虽然全面代表所有持股员工，但是其基本职责只有两项，一是选举、罢免、更换管理委员会委员，二是审议持股计划的重大实质性调整。在持股计划的日常管理中，主要是"管理委员会"进行工作，这个委员会的基本职责大致包括召集持有人会议、行使股东权利、分配持股收益等九个方面。

**合伙制持股平台管理主体**

企业激励对象成立一家有限合伙企业，再间接持有本企业股权的方法，目前成为员工持股平台选择的主流方案。根据《合伙企业法》，这类组织形式的权力机构为"合伙人会议"。合伙企业的普通合伙人（执行事务合伙人）负责管理持股平台的日常事务。

有限合伙制的持股平台，经普通合伙人提议，或经单独或者合计持有10%（含）以上合伙份额的其他合伙人提议，合伙企业应当召开合伙人会议。

普通合伙人管理的合伙企业事项不少，一共包括16项。

也就是说，由于国企员工持股平台的组织形式不同，持股平台管理的主体就有很多不同，但通常都有一个执行机构负责打理日常事务，负责由平台运转、持股员工流动变化、公司利润和资产分配等带来的工作，保障企业员工持股计划的顺利进行，为国有企业的混改保驾护航。

## 73. 对员工持股平台的管理要解决哪些核心问题?

员工持股平台作为统一代表企业持股员工的法律主体,可以通过公司制形式、契约制形式和合伙制形式的组织管理方式开展管理工作。无论是参与投资的员工,还是混改企业本身,都需要大致了解这样的持股平台组织如何开展日常的工作,如何保证持股员工的分红利益,又如何在员工发生变动时进行对应的股权调整。

◎ 持股平台主要管理哪些事务?

从成立目的上看,企业的员工持股平台无论是以法人组织形式还是以契约组织形式成立,其组织的目标只有一个,那就是代表持股个人,从事在持股期间的各项有关法律和管理工作。即使如此简单的目标,在实际运作中,持股平台还是有四类必不可少的工作要完成。

**基础程序类事务**

基础程序类事务,是指持股平台作为一个组织,涉及工商、税务等国家法定机构要求的相关程序,必须及时完成。这类工作有注册和变更手续、会计和账簿记录、纳税申报、按程序进行审计等。

**服务告知类事务**

持股平台对应的持股员工数量很多,为了保障持股人的利益,持股平台需要及时取得持股企业的运营情况报告、年度报告等,并发送给各持股员工,定期召开持股人大会,汇报投资收益、各持股人权益比例情况及其他事项。

**收益分配类事务**

持股平台作为持股代理人，每年根据持股混改企业的利润分配安排，获得持股员工的总收益，然后在持股平台内部，根据法律要求完成税务手续后，进行二次利润分配，将剩余利润部分按出资比例分配给出资员工。

**股权变更类事务**

成立持股平台进行管理的主要目的，就是应对持股员工由于多种原因不能继续持股的变化情况。因而应对持股平台内部的股权变化是这个组织最主要的职责之一。

◎ 员工分红如何落实？

持股员工最为关心的问题，就是持股平台如何保障持股收益能够顺利落实到自己的账户上。这是一项看起来比较简单但操作流程相对较长的持股平台工作。

员工分红落实的第一步，是持股平台作为混改企业的股东参与到董事会和股东会当中，审议混改企业的年度经营数据，并就当年的利润分配比例和金额与其他混改企业股东达成一致，形成公司利润分配决议。

员工分红落实的第二步，是持股平台进行相关的财务核算，确定最终可能支付给持股员工的利润金额。这一核算大致包括如下两部分：一部分是收入来源，包括混改企业的利润分配金额、平台可能的其他资金收益。另一部分是成本项目，包括需要缴纳的税、费，平台日常管理费用支出。

员工分红落实的第三步，是根据上述计算的结果，在持股平台内部，由持股平台的管理机构（董事会、普通合伙人或者管理委员会）将本年度混改企业的经营情况和利润分配决议，以及持股平台计算出的每个投资者年度可分配利润通告所有持股员工。

员工分红落实的第四步，是持股平台收到混改企业的利润分配金额后，按照程序缴纳税费，扣除成本项目，并按事先通告金额将分红转至每个持股员工指定账户。

◎ 股权转让如何操作？

持股平台最核心的工作之一，就是管理由于员工变化而必须进行的股权转让行为。这是一个政策性较强的环节，我们需要结合政策进行说明。

**必须进行股权转让的六种情形**

根据133号文件，"持股员工因辞职、调离、退休、死亡或被解雇等原因离开本公司的，应在12个月内将所持股份进行内部转让"。这里面提到了必须进行股权转让的五种情况。我们再增加一种，由于持股员工在持股后工作表现没有达到绩效考核预期目标，根据考核管理规定需要扣除其持有的公司股权数量。

必须进行股权转让的六种情况，大致可以理解为三种触发条件。第一种触发条件是由于岗位变动或者个人原因离开了企业，根据"岗变股变，动态调整"原则，需要出让所持股权；第二种触发条件是绩效表现没有达到企业和员工达成的协议的要求，根据约定需要出让部分或者全部股权；第三种触发条件是由于员工触犯了法律受到处分以及有与企业制度规定重大不相容行为受到除名、解雇等处理。

当然，在上述六种必须进行股权转让的情形外，员工可以出于个人其他考虑，主动提出将自己持有的部分股权或者全部股权进行转让。

### 股权转给谁？

与一般企业的规定不同，员工持股平台中的持股转让不能随意进行。一是不能转让给企业外部人士，二是其他持股员工也没有优先购买权。

员工持股平台的股权转让，需要由持股平台的管理机构负责，转让给三类主体：转让给新进的持股员工或者按规定确认的现有持股员工，转让给持股平台，转让给混改企业的国有股东或者是其他股东。

### 股权转让价格

133号文件规定，"转让给持股平台、符合条件的员工或非公有资本股东的，转让价格由双方协商确定；转让给国有股东的，转让价格不得高于上一年度经审计的每股净资产值。国有控股上市公司员工转让股份按证券监管有关规定办理"。这里讲得很明确：员工持股的转让是内部转让，转让价格分成两种，一种是协议价格，大家可以协商确定，另一种是审计净资产价格。

协商价格是怎么确定的呢？通常每个年度持股平台会确定一个股权转让的窗口期，所有一年的股权转让都集中在这个窗口期办理。在窗口期前，公司将组织一项资产评估，对于企业的股权价值进行基本评定，由持股平台管理机构主持确定当年股权价值的基本价格；持股平台确认后，由股权转让双方签订协议，并办理变更手续。

### 股权锁定期

133号文件规定："实施员工持股，应设定不少于36个月的锁定期。在公司公开发行股份前已持股的员工，不得在公司首次公开发行时转让股份，并应承诺自上市之日起不少于 36 个月的锁定期。锁定期满后,公司董事、高级管理人员每年可转让股份不得高于所持股份总数的 25%。"

股权锁定期的安排,是为了进一步提高员工的长期激励预期。这一个三年时间,要求员工持续在企业工作,保证管理的稳定性。

以上,我们讨论了员工持股平台的几个主要问题,简单总结一下:持股平台管理有四项主要事务;员工分红有四个基本步骤;股权转让要注意四个关键点。

持股平台管理,除了法律的依据外,更多是在管理层面的约定和管理架构的搭建。随着员工持股企业的持续增加,这个管理架构的重要性就更显突出。

第 7 章

# 混改管控

## 74. 为什么有些混改企业的管理"换汤不换药"？

很多混改企业的朋友都有点困惑：一项原本设想得很美好的混改计划，在真正实施一段时间后，觉得实际变化并不大。这里到底是出了什么问题？我们应该如何分析和理解其中的原因？如何找到破解之道呢？我们这里通过一个小案例给大家做个解读。

◎ 一家混改企业的管理困惑

2019 年初，我接待了一位国企改革的负责朋友。他所在的国企是一家在 2017 年刚刚顺利完成混改的中型企业，坐落于京津冀地区，母公司是一家国有绝对控股的上市公司。通过努力，朋友所在企业引入了一家来自深圳的民营同行作为战略投资者，把公司的股权从国有占 100％变成"51％：49％"的国有控股，民营部分占接近对等股比。

在他们这个竞争激烈的服务行业里，实现南北两地的企业"联姻"，完成股权合作，说实话挺不容易的。双方股东都抱有对混改新企业的美好期望。不过，混改完成一年后，这家企业并没有出现期待中的腾飞、创新、增长，国有企业惯性仍在，民营企业机制无存，山还是山，水还是水。大家不禁疑惑了，"混改的效果怎么这样了呢？混合所有制的活力和理论中的市场化机制怎么落不了地呢？"

我问这位朋友："你们混改后，公司的董事会是不是变了？"

"自然变了，增加了两个董事位置给投资者。我们三个，他们两个。"

"那董事会一年开几次？"我继续问。

"董事会当然开不了几次。我们这边的董事大部分是上级公司派来的，平时工作也不少,投资方在深圳,这两地时间也不好协调。况且,你知道的,董事会上哪能讨论出什么大事,例行程序,总结总结,相互表扬表扬……"

"噢,那混改后,你们公司的领导层有什么新变化没?"

"公司原来的总经理和副总经理都是我们上级公司任命的。这次混改,根据协议,领导班子里增加了一个位置,管经营的副总是投资方派的人。"

"这个新高管一定带来很多好的主意和办法吧?"

"呵呵,刚来的半年,还经常找我们总经理,说我们需要改改,比如像我们这个行业,去多拿些资源,搞搞连锁,还比如内部需要整合。这些事情听起来都对啊。不过,一是我们上级有不少管理规定,投资的、岗位的,等等,这些事情也没法自己都做主;二是总经理也做了不少年了,风险意识还是够的,也不太敢动。所以呢,过了半年,这位新副总也没再说什么……"

"员工有没有感觉到什么新变化?"

"混改时为了保持稳定,专门和投资方说了,原有劳动合同在三年内保持不变,不能改啊。所以,原来怎么管的,现在还是怎么管的。"

"大家对这种现状满意吗?"

"不可能满意。我们已经是混合所有制了,领导觉得你们应该好好搞,结果什么新东西都看不见;职工觉得企业都混改了,怎么还不涨涨工资;我们管理层也郁闷,想改革,但是好像什么都没法干。你说这是什么原因?怎么解决这个问题?"

## ◎ 机制改不动的"老"病因:"五老企业"

听完朋友的疑问,我只能乐了,"原因你刚才都说了","董事会还是老摆设,上级管理还是老办法,干部观念还是老路数,'一把手'还是老模式，员工还是老习惯","我看就是这'五老'一起联手，把你们这个原来挺好的改革和'婚姻'给搞成'打酱油'了"。

"我先说说这董事会吧。全资企业，一股独大，董事会容易成为一个摆设，所以国外很多现代企业都聘请外部董事、独立董事作为董事成员的大部分，期望这样来制衡股东的决策，实现科学化；或者干脆简化董事会，只设立执行董事，更好地执行股东意志。"我开始解释。

"混改了，就是实现了股东多元化，那么按照公司治理原则，就需要把这个董事会做实，真正让董事会为决策负责。这个事情的难度在哪呢？就是因为现在董事会治理的很多东西都只有原则的描述，就像《公司法》里那几句，没有可供管理实践应用的细节指导，所以现在很多混改企业签订的章程里都没有治理细节规定。比方说，如何让董事深入企业？兼职董事如何兼顾企业？董事如何与高管层讨论？股东和董事如何沟通？等等。这些问题的细节答案没有，董事会就增加几个外部投资者名额，依然只是一个定期投票的摆设吧。"

"下面再说说上级单位，这个环节产生问题更直接。"

"国有企业经过这么多年发展，国有资产管理经过这么多年完善，都已经形成了完整的体系了，这个完整的体系是适应全资国有企业的深度管理要求的，在一些关键方面，必须一竿子插到底。那么现在，一些国有企业的二、三级单位混改了，有的从全资变成50对50了，有的变成三四三了，这时候原先的国企管理体系怎么跟着调整？这个问题是混改企业之外的环境问题，但是也是核心的生存环境问题啊。""如果不变，上级单位还是直接发文给对口部门，原先的制度政策都要混改企业继续全盘执行，监管模式还是老路数，那混改企业的改革环境一定不会太好吧？""我们都说混改重在改，这个'改'字，我看不只是混改公司自己的改，还需要国有股东单位意识到自己首先要改过来才行。"

"下面一个问题有关干部和'一把手',我看要得罪你们领导了。"

"一个混改公司有没有活力,股东说了不算,关键是几个带头人有没有动力、激情和推动力"。"人都有疲劳期,如果现在班子成员都时间久了,我看对这项事业的动力都至少衰减一半,能正常工作就算还行了。所以,调动这几个人的活力,是改革直接成功的基础呀。"

"激活领导班子,我看有两种方法"。

"第一,让他们的利益和公司的长期发展直接捆绑起来。最好就是实现核心层持股,当然是优秀的干部,不是谁都给股份。现在国家对于混改企业的股权激励,政策在逐步放开。当然,如果没有办法一步到位,我建议你们还是可以考虑通过利润分享计划或者分红权等等方式,把好的管理层激发出来。"

"第二,就是内引外招相结合,从领导班子这一层推进市场化经理人机制"。"市场化,就是让这些干部都脱掉马甲,放下干部身份、级别待遇这些国有行政的东西,从国有体系辞职,把人事社保关系都转到人才交流中心","同时,根据市场水平和业绩水平,给这些转型的新干部更有吸引力的激励"。"这样,才能做到责权利对等,股东提要求才有底气,干部作为才有压力和动力。""你们是市场化程度高的行业,完全可以更加多用外部人才,多用竞争选拔机制来激活干部队伍。"

听到这里,朋友觉得我说得够多了,直接就问:"那你说我们应该怎么改吧?"

◎ 机制落地的三件事:政策、干部、章程

"其实,我刚才已经说了","核心是解决三件事"。

"首先是需要政策。混改公司必须要有一个相对宽松的生存和发展环境，更不用说现在是试点时期"，"这个环境只靠公司自己做不到，必须由国有股东单位精心培育和创造"。

"创造什么样的环境呢？我看两点特别关键，一是授权，二是容错。国企混改后，国有股东要管什么、要放什么，必须重新思考。我看核心是管资本、管党建、管干部，同时大胆放开经营。""经营权并不简单，要给混改企业市场所需的投资决策、用工找人、薪酬激励、采购物资、资金调度等必要经营掌控自由度。""容错，就是对事不对人，容许试验，容许失误，容许创新，这个对传统的监管将提出不小挑战。"

"其次是需要干部。混改企业一定要配置一个好的'一把手'，一个市场化的领导人，再加上一批市场化机制支撑的高级管理团队。""这个'一把手'最好是持股的，也需要有长期激励给予保证，这样能解决股东意志与干部想法难以一致的问题。"

"最后，我们再来解决章程问题。这是混改企业的核心宪法，不能只抄条文，没有企业自己的管理思想。""混改章程，要把它当作企业根本大法来定位，涉及治理的问题，涉及冲突的问题，涉及发展的问题，都应该在混改章程里得到最为明确的表达。"

好了，以上就一家国企混改后产生的机制难改问题进行了案例分析。需要反思的问题是，混改国企如何经常性地梳理自己的"五老"问题，通过政策、干部、章程等的具体规定，来形成一些具体可操作的流程规范，同时利用这些制度性约束，保证混改企业走上一条有化学反应的市场化道路，而不是到最后机制复归，混改半途而废。

## 75. 混改企业管控出现的核心问题在哪里？

一家原先的国有全资企业，通过混改或者引入了新的投资方和股东，或者同时进行了股权激励，成为一家股权多元化的企业。那么，对这样的企业应该怎么管控？

在国企实践中，很多混改企业是从原先国有全资、国有控制转变为国有股权多元乃至国有参股，在管控的理念、模式、机制上都出现新要求和新摩擦。国有股东如何应对好这样的新情况，调整自己的管控方式，就变成一个重要而且十分迫切的现实问题。

◎ 治理之困

每次谈起中国企业的治理，我总用一句话来开局："全世界最复杂的家庭关系问题"。我们现在所学习和应用的治理格局，一是来源于西方的现代公司治理，股东会、董事会、监事会都是必备要件；二是来源于中国计划经济转轨过程中的历史传承，职工代表大会等也是必需必要的；三是来源于党的领导和组织建设需要，党组织、党委会的地位和作用也必须得到加强。

每一家企业，三个体系都要有，三个体系都要加强，这是美国公司、日本公司、欧洲公司都没有实践经验的，只有通过摸索才能得到答案。

如果这种最复杂的家庭关系再与国企混改结合在一起，复杂程度又增加许多。这是因为，目前混改企业多数是一家企业集团的下属公司，混改企业管控不仅涉及企业自己，还涉及上级公司治理、下属企业治理，至少三级联动，纵向治理难度提升。同时，混改的对象多数是非公资本或者背景不同的国有资本,需要实质性的管理控制和参与,横向协调难度加大。

所以,在一些已经完成"混"的企业中,这两年出现一些"改不动"的新问题,其根源就是难以找到上面综合复杂治理难题的解决方案。比如:

- 混改企业的董事、监事怎么管?其他国企内部的董监事都是兼职的,开会表决都是走个形式,混改企业必须改变,但是如何保证董监事的资源、能力和时间呢?

- 混改企业的党建怎么抓?党的领导系统在国有企业内部已经完备,那么,在一个国有股比为50%或者更低一些的股份制企业里,如何体现党的意志,加强党的领导?

◎ 监管之困

混改企业生存不易,一个原因是它很难离开国有股东母公司各个职能线条的影响和监管。

从十多年前开始,中国大量国有企业都进入集团公司的发展阶段,这是全球公司成长壮大的必然趋势。集团公司的管理,要解决的最核心的问题是,如何在产业分工、资源配置、风险控制等关键管理领域,实现对下属数十家乃至成百上千家企业的有效责权分配和集约化控制。我们给这样的问题起了一个名字,叫作"集团管控"。

根据集团管控的思想,在过去的十多年间,很多国有企业集团都实现了集团化的财务管控、集团化的信息管控、集团化的人力资源管控,还有部分集团实现了采购和销售等核心业务的供应链集中管控。

与此同时,集团管理权限不同程度开始上移,包括战略规划权限、投资发展权限、人事干部和分配权限、资金动用权限、采办商务权限等,都从三级单位上移到二级单位,也有个别是集团一张工资表、一个章,进行集中管理。

所有集团的职能体系，都根据集团管控的要求进行了重新配置，实现了不同职能线条的垂直监管。

一家企业集团在适应了这样的纵向管控系统后，面临下属公司进行混改，该如何应对呢？问题就显得十分突出。举几个例子：

混改企业要求市场化的人才管理和薪酬激励，但是如果是国有股仍然占有第一大股东的位置，那么这家混改企业要不要纳入工资总额管理？这家企业的经理人得到高薪或者股权，要不要和其他同类公司原本一样的干部进行平衡？

混改企业要求独立的财务运作，那么集团的财务统一管理、特别的资金集中管理体系是不是要进行调整？如果一家国企集团的不少下属公司都进行了混改，那这家集团的财务统一管理是不是就名存实亡了？

混改企业要进行独立的业务开发，需要市场化地选择供应商和合作伙伴。但是，在集团集中采办体系下，走内部流程通常复杂和漫长，那么，混改企业能不能独立于采办系统之外？

诸如此类，混改企业的职能监管问题，已经是下一阶段中国国企集团面临的大课题。

## ◎ 机制之困

第三个管控困境，来自混改企业的机制改革。

这几年，新改组和新设立的混合所有制企业达数千家，既实现"混"又实现"改"的企业有多少家呢？

现实中的混改企业，很多是"五老企业"。董事会还是老摆设，上级管理还是老办法，干部观念还是老路数，"一把手"还是老模式，员工还是老习惯。

混改企业机制革新难，源于几个方面：

头和脚的关系。机制改革从谁开始，从"头"开始还是从"脚"开始？如果没有认真地、实实在在地进行管理层的身份、职责、激励革新，希望从下面的中层干部和职工开始进行彻底的改革，显然是不现实的。但是，改"头"需要决心、需要资源，这需要国企母公司多做功课。

皮和毛的关系。混改企业多数是一家大型集团公司的一个部分。在没有改革前，混改企业的员工和其他企业一样，管理机制也和其他企业一样。如果单独进行改革，实行完全不同的市场化机制，就像把皮和毛分开，既不现实，也不可能。

治理之困、监管之困和机制之困，是混改企业管控体系重构的三大基本问题，每家企业都需要细细思考、深入体会，只有找到了病因，才可能找到正确的解决之道。

## 76. 如何破解混改企业的管控困境？

解开困局，没法等，只有实践和探索。

好在《中央企业混合所有制改革操作指引》（简称《指引》）就混改企业管控治理问题，开出了一副很有针对性的药方。我们认为，这个文件帮助我们找到了解决混改企业管控问题的三把钥匙，那就是：用修改章程打开治理之锁，用股权董事打开监管之锁，用市场干部打开机制之锁。

◎ 修改章程

《指引》正文指出："混合所有制企业要完善现代企业制度，健全法人治理结构，充分发挥公司章程在公司治理中的基础性作用，各方股东共同制定章程，规范企业股东（大）会、董事会、监事会、经理层和党组织的权责关系，落实董事会职权，深化三项制度改革。"

章程，从没有像如今这样重要。谈判和修改章程，从没有像今天这样迫切。

如果要做好公司治理、做实董事会，那对于股东各方的责任、权力的详细规定就显得十分必要。有很多混改企业在股权多元化之后，一些具体问题事先没有讨论明白，导致股东之间不愉快，产生裂痕。举一个例子，比如国有股东一方需要根据规定实行集团内部审计和监察，混改的控股型下属企业按内部要求也需要接受，那么这个问题就需要通过讨论，事前告知外部股东，并写到章程里，作为大家共同遵守的规则。

我们把类似这样的细则问题梳理出来，在公司章程中进行明确规定，就能够避免很多将来的不确定性问题，为公司的长治久安创造条件。

## ◎ 股权董事

《指引》就混改企业监管问题，提出了"股权董事"的概念。"转变混合所有制企业管控模式，探索根据国有资本与非公有资本的不同比例结构协商确定具体管控方式，国有出资方强化以出资额和出资比例为限、以派出股权董事为依托的管控方式，明确监管边界，股东不干预企业日常经营。"

我们需要延伸一下这个概念。股权董事不只是一个名词，它的提出，实际是要求中央企业对于混改股权多元化企业的管控模式，要从之前的多线条纵向垂直管控，改变为以股权董事为枢纽的节点型管控。"上面多根线，下边一根针"。

比如，人力资源的管控，就不是集团母公司的人力资源部门按集团管控要求，直接接口下属公司的人事部门，而需要通过股权董事这个角色，间接传递到混改企业的董事会。虽然从母公司的角度来看，这样影响效率，不直截了当，但从混改企业整体法治环境来说，具备了一定的宽容空间。

同时，我们需要了解，股权董事这个岗位挺不好干的，特别是在目前很多国企派出的董事、监事都是兼职的情况下，要行使好股权董事的职权，保证国有股东的权益，有效防范风险，挑战很大。

所以，股权董事需要而且应该成为一类国企治理的专门性岗位，应该由全职的干部、熟悉综合管理的干部、擅长沟通协同的干部组成企业集团内部的专职董监事团队，这样才会更好地完成混改企业治理这一历史性新课题。

## ◎ 市场干部

企业兴衰，系于一人。

没有人质疑"一把手"对于企业的重要性。在民营企业中，企业发展潜力主要取决于企业家的眼光、魄力和水平。国有企业的领导人也很重要，但是由于有任期制和轮换制的干部管理体系，很少有领导人像民营企业家一样能够对一家企业产生终身的影响。

那么，对于一家国民共进的混改企业，这个"一把手"的人选怎么定，任期要多长，怎么发挥企业家的作用呢？要学习民企的企业家制度，还是靠近国企的高级干部选拔制度？这个问题，目前还有很多国企集团没有想清楚。所以，我们发现，很多混改的企业都是把目前在任的企业领导班子原封不动地切换到新的混改企业，让他们表面上转换了劳动合同，成为混改企业的领导层，老的"一把手"自然而然成为新企业的"一把手"。

这样做好不好呢？从平稳和熟悉角度考虑，自然没有比这个办法更好的选择了。但是，从混改企业战略发展和持续稳固角度考虑，我们认为，这种新瓶装旧酒的模式是传统国企机制的一种惯性延续，说得严重一些，是国有股东单位对自己出资管理企业的不慎重。

一家混改企业，既然是国有出资的股权多元化公司，在"一把手"和高级干部选择方面，需要更多参考非公企业"一把手"选择方式，利用市场化的手段进行选择。

具体来说，如果一家国企要变成混改企业，首先要考虑的是，如果这家企业是一家市场化的公司，有没有一个称职的"一把手"长期承担这个重担，帮助各方股东增值，推动企业持续发展？如果目前的班子里有，那么如何激励他发挥企业家的作用,长期为各方股东做出贡献?如果没有,那么能不能在系统内或者市场上找到这样优秀的"一把手"?

再进一步引申,我们认为,如果一家拟混改企业目前没有这样的企业家领头人,进行混改的基本条件就不具备,混改方案就没必要得到批准!

一把钥匙开一把锁,混改企业管控的问题需要不断尝试各种解决方案。《指引》已经给出了三把钥匙,通过修改章程、股权董事、市场干部来应对三大管控困惑。开锁的效果怎么样,留待实践证明吧。

## 77. 混改企业如何组建实质性董事会？

一家国有企业，从全资状态走向混合所有制的股权结构，难题之一是，如何将从前国有全资的管理模式切换到多元投资主体的新模式上来。而这个变化的起点，就是建立现代公司制的法人治理结构，特别是把理论上的公司董事会，变成现实中的有实质性作用的混改企业董事会。

对此，本轮国企混改的政策也给予了充分的重视，《中央企业混合所有制改革操作指引》专门给出了原则性要求，我们可以清晰地看出国家对于混改企业公司治理的期望：决策和治理的中枢要从国有股东转移到混改公司的股东会，特别是董事会；给董事会充分授权，国有股权董事在董事会发表意见。

也就是说，改革的目标是要在混改企业中使董事会真正发挥作用，成为实质型的治理主体。不过，在现实当中充分达到这一目标，不少企业还是感到存在难度。我们不妨就此问题做做深入讨论，看看国有混改企业建立实质型董事会为什么会出现问题，有什么影响因素，又如何来解决这些现实的矛盾。

1993年正式颁布执行的《公司法》，奠定了中国企业建立现代企业制度的基本准则。国有企业也一样，不断通过改制、改组、新建等多种形式，成为满足《公司法》要求的有限责任公司或者股份公司，按法律规定组建企业的"新三会"。

知本咨询通过分析归类发现，就像人的生命需要成长发育一样，国有企业的董事会组织也有成长和发展的历史进程，大致可以划分成三个阶段（见图7-1）。

## 图 7-1 董事会发展的三个阶段

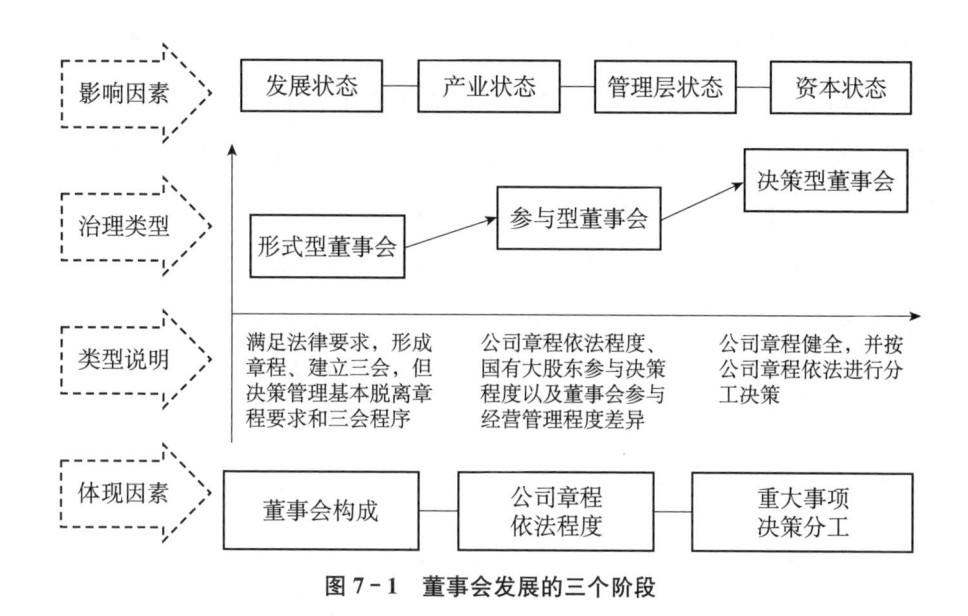

| 影响因素 | 发展状态 → 产业状态 → 管理层状态 → 资本状态 |
|---|---|
| 治理类型 | 形式型董事会 → 参与型董事会 → 决策型董事会 |
| 类型说明 | 满足法律要求，形成章程、建立三会，但决策管理基本脱离章程要求和三会程序 / 公司章程依法程度、国有大股东参与决策程度以及董事会参与经营管理程度差异 / 公司章程健全，并按公司章程依法进行分工决策 |
| 体现因素 | 董事会构成 — 公司章程依法程度 — 重大事项决策分工 |

## ◎ 阶段一：形式型董事会

顾名思义，形式型董事会只是具有一种满足法律规定的形式，有挂名的董事长和董事，有法律规定的相关议事规则，也有按法律要求必需的签字和决议。只不过在企业内部，这样的治理结构和会议决策都停留在形式上，真正起作用的并不是董事会，而是企业原有来自国有集团管理的纵向决策体系和经理层决策。

大家不要误解，形式型董事会是不是一个不合格的或者得分低的董事会呢？不是。

形式型董事会是适应企业成长发展的必然现象，也是国有企业发展过程中一个不可缺少的阶段，就像一个人没有少年，就不可能有青年和中年一样。形式型董事会的优点是既满足了法律规定，又满足了企业发展的实际需要，简单直接，并不因为多了一层法律要求就额外增加了企业的管理成本和负担，要单独开会、反复讨论一个原本一次就能解决的问题。对于不少新企业、小企业、股权简单的企业来说，形式型董事会可能是最好的选择。这也是《公司法》提出对于一些小公司可以不设董事会，改设执行董事的基本初衷。

对于国有企业来说，形式型董事会的阶段也推动企业逐步适应了"老三会"和"新三会"的关系，让国企集团开始重视董事职权的定义和行使，为进一步开启第二阶段的董事会奠定了基础。

## ◎ 阶段二：参与型董事会

参与型董事会，开始向董事会的实质性效用进行演变。也就是说，董事会不光是有名字、样子和架子，也开始发育神经、肌肉和血管。所谓参与，有四个表现：首先是股东会、董事会开始按照企业需要定期召开了，有了专门的审议议程，不再是事后补签字；其次是董事、监事开始知道这个岗位的职责要求，开始看董事会文件，开始意识到需对担任董事的企业有所了解，开始在董事会上真正投票和签字；再次是董事会专业委员会也有了专门的碰头和开会讨论机会，虽然每年没几次，但是正式的专业委员会文件已经成型；最后是外部董事、独立董事开始出现在董事会当中，虽然人数不多，也没有特别发表不同意见，但是董事会的结构开始发生变化。

如果对照上面四个特点，我们可以发现，目前很多大中型国有控股企业的董事会都已经或者正在进入这个阶段。参与型董事会的参与，体现在董事代表参与决策活动，法人治理参与企业整体治理。然而，从主体地位上看，董事会的讨论和决策，还是停留在依托国企上级单位的职能意见上，董事会独立决策的权力和能力尚有不足。

## ◎ 阶段三：决策型董事会

决策型董事会，就像前文所述的混改管控目标模式那样，是真正要在混改企业中建立的董事会。这样的董事会具有独立的组织人格，实现了《公司法》规定的董事会各项职权，真正承担起委托代理机制下对内行使重大决策权、对外对股东负责的重担。

决策型董事会的所谓决策，知本咨询认为要有四重特性，它们分别是"授权、独立、尽职、平衡"（见图7-2）。

图7-2 决策型董事会的特性

决策型董事会，起点是有足够的授权。这种授权来自包括国有股东在内的所有股东单位。董事会接受的权力，包括"定战略、议大事、管团队、控风险、盯绩效"等五项内容，使得董事会在这些方面可以代表股东单位真正发挥作用。

决策型董事会，保障是有充分的独立性。这里的独立性并不同于企业外部的独立性，而是指在一家混改企业中，国有股东单位或者其他投资者在授权董事会后，应该给予董事会和各位董事代表相对独立的决策空间，让他们有权力、有精力、有动力为混改企业的战略大局贡献力量。国有股东，特别是企业集团的母公司职能体系，可以通过董事代表参与科学决策并提供建议，但不建议直接采用红头文件、行政命令等方式干预企业的独立决策和经营。

决策型董事会，效用取决于董事尽职程度。真正的董事，需要确保有足够的时间和工作精力履行董事职责，同时一定要划清股东职能部门和董事的职责边界，也要对董事进行激励和考核，做到责权利对等。

决策型董事会，成败在于能否包容和平衡不同的股东意见。一个董事会内部，如果永远只有一团和气、一种声音，没有不同的利益诉求，没有对问题的不同处理意见，就没法真正长期科学决策。董事长如果听不进建议和其他意见，就不是称职的董事长；董事如果不敢在决策流程中发表独立意见和观点，就没法履行职责；董事会议如果永远都是全票通过，就还是形式主义。

当国企领导们认真思考国有企业董事会成长发展的三个历史阶段后，可以比较容易地找到自己企业所处的阶段。知本咨询认为，一家国企的董事会建设，不是吹气球那样能够一下子膨胀起来，从第一阶段形式型董事会直接跨越到决策型董事会。同时，我们也认为不是每一家国企都要理想化地争当决策型董事会的代表，因为每家企业都有每家企业的发展阶段、产权结构、企业特点，只有最适合的董事会，没有最完美的董事会。

## 78. 混改企业党建如何推进？

有很多国企朋友都问我一个共同的问题："我们说要加强党的领导和党组织的建设，我们作为一家全资国有企业全力推动。不过，如果企业正在推动的混合所有制经济落地了，公司变成国有股东不再是全资拥有，成为有很多不同背景的外部投资者的多元股权企业，甚至变成国有股权退到参股位置上，成为一家民营经济为主导的国有参股企业，那么如何能够在新形势下继续做好企业党建工作，又同时和企业的所有权结构变化相适应呢？"

这是一个非常重要的问题，涉及国企混改后，企业管控中如何推进党建工作的核心议题。我们有必要就此进行充分的思考和诠释。

就此我想说，关于混改企业党建工作，我们总结了一个"三、四、五"原则，简单来说是：明确界定三种混改企业类型，清晰把握四个核心政策依据，区分制定五项关键工作内容。

◎ 三种混改企业类型

我们谈混改，主要是指一家国有全资企业通过吸引非公投资者，将国有股权比例适当降低，形成多种所有制结合、多元股东参与的市场化企业。同时，目前推动的混改实践，包括吸引不同背景的多种市场化国有投资者的股权多元化，以及国有控股企业通过进一步吸引投资者降低国有股权比例、提升市场化程度等多种类型。

对于混改的股权结构，国家相关政策明确规定"宜控则控，宜参则参"。也就是说，混改后形成的新企业类型，可能是国有控股的，也可能是国有参股的，对于这样不同的情况，谈论党建问题显然不能"一刀切"，也难以简单处理，还是要回归到"分类管理"的基本原则上。

那么，对于党建这个话题来说，将混改企业划分成哪几类比较妥当呢？知本咨询建议划分成三大类：

**国有绝对控股的混合所有制企业**

有很多国有企业通过混改的方式来推动本企业的市场化机制落地，同时对接外部行业或者区域的资源，释放企业组织的动力和活力。这样的企业通常会保留国有股东的绝对控股地位，股比保持在50%之上。这类企业混改后依然是国有资本占绝对主导地位的企业。

另外，虽然原国有股东的股权降低到次要位置，但是引进的投资者中有其他背景的国有资本，各种国有资本的联合股比超过了50%，也将属于这种类型。

**国有股东产生重要影响的混合所有制企业**

第二类混改企业，是指那些企业原先国有股东的股比降到了50%之下，但是依然可以保持相对大股东的位置，或者与其他外部投资者具有股权相当的决策地位，董事会成员来源相对分散和平衡，国有股东成为混改企业的联合控制者但是没法进行单独的实际控制。这种情况下，我们说国有股东可以产生重要影响。

**国有参股的混合所有制企业**

顾名思义，国有参股的混改企业，是指那些通过混改，国有股权退出主导地位，成为参股股东，实际控制权转移给其他外部非公资本的企业。

我们将混改企业进行这样三种类型划分，是因为按照现行的企业党建相关政策规定，三种企业适应的党建模式和方法将有诸多不同。每家混改企业都要根据自己的实际情况先定好位，选好通道。

◎ 四个核心政策依据

关于混改企业的党建问题，需要参照和执行的党和国家基本政策有哪些？从宏观政策上看，每家企业都要遵循《公司法》，每个党内人员都要遵守《中国共产党章程》。这两个基本规定文件中都对党的建设提出了明确的要求。从操作执行上看，经过知本咨询梳理，有四项政策直接相关，包括：《关于国有企业发展混合所有制经济的意见》《关于加强和改进非公有制企业党的建设工作的意见（试行）》《中央企业混合所有制改革操作指引》《中国共产党国有企业基层组织工作条例（试行）》。

我们综合以上四个核心政策依据，能够发现几个政策共同点：

首先，加强党的建设，无论所有制形式，无论企业大小，都是法律和政策的基本要求，不能因为混改而忽视或者削弱了党建工作。

其次，不同类型的混改企业要遵守不同的党建政策，适应不同的党建模式，国有绝对控股公司要执行《中国共产党国有企业基层组织工作条例（试行）》，国有参股公司要参照《关于加强和改进非公有制企业党的建设工作的意见（试行）》，分类管理，分类执行。

最后，混改企业的党建工作，要始终围绕党组织建设、党组织作用、党组织人员、党组织活动、党组织经费等五项主要内容展开，不同类型的混改企业执行的具体内容有所不同。

◎ 五项关键工作

根据国家法律法规，根据党章党规，三类不同的混改企业党建工作的核心，是围绕五大方面进行的，分别是党组织建设、党组织作用、党组织人员、党组织活动、党组织经费。以下我们就党组织作用、党组织人员和党组织活动这三个方面展开说明。

**党组织作用**

中国共产党是先进生产力的代表，党组织在国有企业中起到核心作用。对于混改企业来说，也需要根据其类型，根据政策规定发挥核心价值。具体来说：

对于国有绝对控股的混改企业，党组织的作用划分为两个层面。企业党委（党组）发挥领导作用，把方向、管大局、保落实，依照规定讨论和决定企业重大事项，核心职责有七项。党支部（党总支）以及内设机构中设立的党委围绕生产经营开展工作，发挥战斗堡垒作用，核心职责有六项。

对于国有参股的混改企业，根据《关于加强和改进非公有制企业党的建设工作的意见（试行）》的规定，非公有制企业党组织是党在企业中的战斗堡垒，在企业职工群众中发挥政治核心作用，在企业发展中发挥政治引领作用，核心职责有六项。

对于国有股东能够产生重要影响的混改企业，需要根据企业实际情况结合上述两种规定进行综合确定。

**党组织人员**

党组织人员是落实好混改企业党建目标和作用的基础。一个有效运转的党的基层组织，关键性岗位一是党组织负责人的选配，二是党务工作者的职能配备。对于这个问题，三类不同的混改企业需要如何解决呢？

对于国有绝对控股的混改企业，坚持和完善"双向进入、交叉任职"领导体制，符合条件的党委班子成员可以通过法定程序进入董事会、监事会、经理层，董事会、监事会、经理层成员中符合条件的党员可以依照有关规定和程序进入党委。党委书记、董事长一般由一人担任，党员总经理担任副书记。确因工作需要由上级企业领导人员兼任董事长的，根据企业实际，党委书记可以由党员总经理担任，也可以单独配备。国有企业党委按照有利于加强党的工作和精干高效协调原则，根据实际需要设立办公室、组织部、宣传部等工作机构，有关机构可以与企业职能相近的管理部门合署办公。领导人员管理和基层党组织建设一般由一个部门统一负责，分属两个部门的应当由同一个领导班子成员分管。

对于国有参股的混改企业，党组织书记一般从企业内部选举产生，注意从生产、经营、管理骨干中推荐人选，也可从党政机关干部、国有企事业单位经营管理人员、党务工作者和复转军人、大学生村官中推荐人选，或面向社会公开招聘党务工作人才，再通过党内选举程序任职。要重视选派优秀专职党务工作者担任联合党组织书记。提倡机关优秀年轻党员干部到企业挂职，从事党建工作。规模大、党员数量多的企业主要出资人担任党组织书记的，应配备专职副书记。提倡不是企业出资人的党组织书记、副书记通过法定程序兼任工会主席、副主席；也可以由党员工会主席通过法定程序担任党组织书记、副书记。通过多样化选用、规范化管理、专业化培训、制度化激励等途径和方式，建设一支素质优良、结构合理、数量充足、专兼职结合的非公有制企业党务工作者队伍。要重视建立党务工作者人才库。规模大、党员数量多的企业，要配备专职党务工作者。

对于国有股东能够产生重要影响的混改企业，需要根据企业实际情况结合上述两种规定进行综合确定。

**党组织活动**

混改企业党组织的具体活动，是根据党的整体部署，结合企业发展实际而开展的各项具体工作。这些具体工作取决于不同类型的混改企业党组织职责作用定位,定位不同,活动的核心内容也会有差异。

对于国有绝对控股的混改企业,党组织要充分发挥好"把方向、管大局、保落实"的领导作用和基层战斗堡垒作用,依照规定讨论和决定企业重大事项。要明确党组织研究讨论是董事会、经理层决策重大问题的前置程序,落实党组织在公司治理结构中的法定地位。

对于国有参股的混改企业,按照企业需要、党员欢迎、职工赞成的原则,注意取得非公有制企业出资人的理解和支持,把党组织活动与企业生产经营管理紧密结合起来,实现目标同向、互促共进。要建立党组织与企业管理层共同学习制度,熟悉党和国家政策法规、了解上级决策部署、沟通企业生产经营情况。探索建立党组织书记参加或列席企业管理层重要会议制度、党组织与企业管理层沟通协商和恳谈制度。党组织要邀请企业出资人、经营管理人员参加相关活动,注重发挥企业管理层中党员和党员工会主席的作用,做好党的工作。创新党组织活动方式,除党章规定的党内活动外,提倡党群活动一体化。

对于国有股东能够产生重要影响的混改企业,需要根据企业实际情况结合上述两种规定进行综合确定。

做好混改企业党建工作,可以再次总结一下这个"三、四、五"原则:

● 明确界定三种混改企业类型,将混改企业进行定位和归类。
● 清晰把握四个核心政策依据,不同类型企业适用不同政策。
● 区分制定五项关键工作内容,分门别类确定党建方式方法。

推进中国特色现代公司治理体系,充分发挥好党组织的核心作用,可以为国企混改提供助力,为其未来的发展保驾护航。

## 79. 国有控股混改企业如何开展党建工作？

《中国共产党国有企业基层组织工作条例（试行）》（以下简称"条例"）在 2020 年初正式颁布，给广大国有企业的党建工作提供了完整可操作指南。该文件规定，国有绝对控股的企业也适用。这就告诉我们，通过混改形成的国有控股企业，也需要执行和遵守该文件规定的党建工作内容。所以，可以说，对条例的理解和掌握，是做好国有控股混改企业党建工作的基本功。

从混改企业的角度，如何来解读这个条例，如何正确地执行政策规定呢？我们通过研究，认为可以从四个核心问题——原则与职责、干部与群众、党建与治理、领导与组织——来梳理和归纳条例的相关规定。由于篇幅所限，这里仅就原则与职责、党建与治理这两个大家关心的核心问题做个介绍。

◎ 原则与职责

目标决定行动，愿望决定结果。国有控股混改企业的党建工作，首先要解决的问题不是怎么做，而是向哪个方向和目标做，明确作为一家国有控股混改公司的党组织，要依据的基本原则是什么。就此，条例开宗明义，给出了"五条基本原则"，我们认为这也可以作为所有混改控股企业的党建基本原则。

**党组织和公司治理融合统一**

这是要解决建立现代企业制度的中国国有控股公司，学习西方治理模式形成的股东会、董事会、监事会、经理层等治理体系，如何与中国社会实践更紧密结合的大问题，切实形成中国特色的现代企业制度。

党组织与公司治理不能你是你、我是我，形成事实的两张皮；或者过分强调西方治理的形式，削弱党组织的地位和作用；或者是反过来把现代企业制度扔到一边去。这项原则告诉我们，这些都是不可取的。

**党建与生产经营融合一致**

国有控股公司开展党建工作并不是为了党建而党建，其核心目标仍然是推动生产力的发展，党建的相关工作和企业生产经营实际情况不能脱钩。所以，要"以企业改革发展成果检验党组织工作成效"。

现实中经常有一种误区，即：党建工作热火朝天，但多数是做做样子，没有和企业现实问题结合，也不讨论如何利用党组织推动企业成长发展。这样的党建，显然经不起实践的检验。

**党要管好干部**

从我党成立到现在，善于管理和培养干部，是党和国家核心竞争力的基础保证。所以，党的建设和发展必须结合党员干部的管理。

"坚持党管干部、党管人才，培养高素质专业化企业领导人员队伍和人才队伍"说明，作为国有控股混改企业，管理其核心岗位干部是企业党组织的基本权限，即使是采用市场化职业经理人的管理机制，引进经理人员的程序和后续管理规范也需参考国有企业干部管理的规定执行。

**党组织立足基层**

基层的党组织是"战斗堡垒"，所以要"抓基层打基础，突出党支部建设，增强基层党组织生机活力"。这说明，党建工作的重点之一是强化基层组织的建设和管理，激活基层，搞活一线。

作为一家混改企业，基层党建工作要下沉到一线的科室、班组、车间和团队，建立起与生产经营紧密贴合的党支部，切实帮助混改企业实现机制的突破和生产力的提升。

**团结依靠群众**

"坚持全心全意依靠工人阶级，体现企业职工群众主人翁地位，巩固党执政的阶级基础"，从群众中来，到群众中去。

混改企业的党建，需要依靠企业中的一线员工力量，认真倾听他们的声音，反映他们的诉求，通过职工代表大会等形式让广大群众参与进来。同时，要通过丰富多彩的群众活动，激发和团结最广大的员工团队，为企业的长期发展和各方股东利益全力工作。

◎ **党建与治理**

国企混改后，需要建立市场化的公司治理体系和市场化的经营管理机制。引入了外部股东后，董事会决策的重要性进一步提升。那么，在此情况下，如何厘清党建工作和公司治理的关系？对于国有控股的混改企业来说，党组织领导地位的边界在哪里？这些问题需要厘清。我们讲两个方面。

**党建与治理的组织关联**

党建与公司治理的关系，首先是它们所对应的两类组织之间的相互关系。它们怎么样独立运转，又怎么样联系在一起？

两个关键点请明确：

第一,党组织研究讨论是董事会、经理层决策重大问题的前置程序,这一点先要明确。也就是说,在国有控股的混改企业里面,对于一些重要事项,需要先召开党的组织会议讨论意见,再履行法人治理结构的流程。

第二,"双向进入、交叉任职"领导体制下,符合条件的混改企业党委班子成员可以通过法定程序进入董事会、监事会、经理层,公司董事会、监事会、经理层成员中符合条件的党员可以依照有关规定和程序进入党委。通常来说,国有企业的党委班子成员中,党委书记将兼任董事长,专职副书记可以成为监事会主席,其他副总经理级党委成员将进入经理层。同时,我们也建议,吸引外部投资者后,外部投资者除派入企业董事、监事外,也可以派入经营层人员或者市场招聘的经理人,这些人员满足条件者也可以通过党员代表大会选举成为党委委员。

**党建与治理的决策关联**

刚才谈到,混改企业的一部分重要事项在董事会、经理层讨论之前,需要在党委进行前置讨论。有哪些事项进入这个范围呢?条例说明了六大类:

"贯彻党中央决策部署和落实国家发展战略的重大举措"。这是指落实国家的重大战略和顶层安排,是自上而下的,所以讨论空间不大。

"企业发展战略、中长期发展规划,重要改革方案"。党组织要对企业的未来发展方向把关负责,所以对于战略性的规划和安排,三到五年的资本性支出和业务布局,企业发展的重要改革如经营模式改革、技术体系改革、人力资源改革、业务重组改革等,需要前置研究。

"企业资产重组、产权转让、资本运作和大额投资中的原则性方向性问题"。这是指涉及国有资本进行可能的变更,需要党组织集中前置讨论决策。请留意这里并非审议每一个投资项目或者资本运作项目,而是就这类投资和重组中的原则性方向性问题进行明确,起到管大局的作用。具体的投资项目审议,需要根据权限在经营层、董事会和股东会决定。

"企业组织架构设置和调整,重要规章制度的制定和修改"。我们认为,这里所说的组织架构的设置和调整,是指本企业进行比较重大的组织变更或者职能优化时,需要进行前置讨论,并不是说每一个岗位人数的变化都要启动这一程序。同理,混改企业可能经常会出台各种经营管理制度和流程,其中涉及企业长期发展和模式变化的,需要前置讨论,而不是每事必议。

"涉及企业安全生产、维护稳定、职工权益、社会责任等方面的重大事项"。这是国有企业的基本责任。如果出现重大事项,党组织需要前置讨论。

"其他应当由党委(党组)研究讨论的重要事项"。一企一策,各家混改企业都可以指定具体的重要事项清单。

## 80. 国有参股混改企业如何开展党建工作？

各位朋友，在国有企业混改进程中，除了很多国企改组为国有控股多元股东公司制企业之外，还有一部分充分竞争类的企业，在"宜控则控，宜参则参"的政策精神指导下，国有股比降低到参股的地位，成为国有参股的混改企业。

这样的企业有几个特点：国有股份只是多种股份的一个部分；公司非公背景出资人拥有更多决策和运营管理权；企业正在向完全市场化的机制转变；企业员工从国有全资企业或控股企业劳动合同身份变化为参股企业劳动合同身份。

在这样的情况下，混改企业的党组织需要如何调适，以进一步与公司成为国有参股企业相适应呢？

我们认为，国有参股混改企业的党建问题解决，需要参考《关于加强和改进非公有制企业党的建设工作的意见（试行）》（以下亦简称《意见》），结合混改企业改革前的党建具体状态，由国有股东和其他非公股东进行深入讨论后，具体拿出解决方案。

根据这个文件，我们建议国有参股混改企业的党建工作原则上需要达到"有目标、有组织、有活动、有力量、有保障"的基本底线要求。这五个基本底线要求简称"五有基准线"（见图7-3）。

◎ **有目标**

国有参股混改企业党建的基本目标是什么？党组织要体现什么样的作用？这些问题需要首先解释清楚，才能使得混改企业的党建工作走上持续

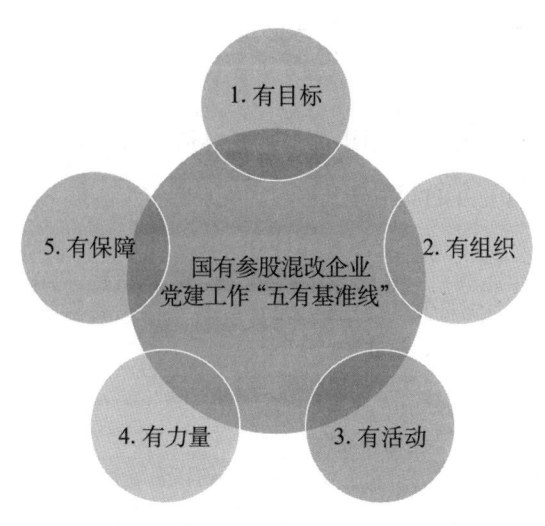

图 7-3 国有参股混改企业党建工作"五有基准线"

(图中内容：1.有目标、2.有组织、3.有活动、4.有力量、5.有保障，中心为"国有参股混改企业党建工作'五有基准线'")

发展的大道。

根据《意见》的内容，"非公有制企业党组织是党在企业中的战斗堡垒，在企业职工群众中发挥政治核心作用，在企业发展中发挥政治引领作用"。这也就是说，在一家非公企业里，需要有党组织的存在，目的是联系和团结广大员工，为了企业的成长发展发挥重要指导作用。非公企业如此，有国有参股成分、有党组织基础的混改企业更应如此。

在这个整体目标指引下，国有参股混改企业要明确党组织工作的具体方向和目标。

思想保障。就是要通过党组织，向上对接国家和党的方针政策，不断深化学习，向下对接企业广大员工和管理层，持续贯彻和执行，成为党与企业组织的连接器。

推动发展。企业发展和经营成果是检验党组织工作成效的标准。在国有参股混改企业经营发展中，党建工作始终围绕解决经营和生产中的实际问题和困难展开，做经营层和股东层的推动器。

团结维护。在参股混改企业中，党组织可以充分发挥自身的作用，一方面团结全体员工，另一方面团结和维护包括非公出资人在内的各方股东，成为协调各利益相关方的润滑剂。

塑造文化。实践证明，企业文化建设的好坏是企业竞争力的重要影响因素。党组织有重要的责任帮助和推动国有参股混改企业塑造良好的企业文化。

◎ 有组织

国有参股混改企业需要建立和完善党的组织。就此，《中国共产党国有企业基层组织工作条例（试行）》指出，"国有企业在推进混合所有制改革过程中，应当同步设置或者调整党的组织，理顺党组织隶属关系，同步选配好党组织负责人和党务工作人员，有效开展党的工作"。

通常在对既有国有企业进行改组改造，使之转换为国有参股混改企业的过程中，原有的国有企业党组织需要进行调整，根据属地原则，理顺党的关系，建立一个符合各方利益的党组织机构。

在党组织建设方面，第一个问题是如何产生混改企业的党委或者党支部书记。虽然原先的国有企业已经有了完备的党组织体系，但是由于企业改组为国有参股，所以在党的体系方面，需要充分考虑平衡非公大股东，成立一个与参股企业相适应的、具有广泛代表性的党组织机构。

在党组织建设方面，第二个问题是党的组织机构和党务人员任职与安排。《意见》指出，"通过多样化选用、规范化管理、专业化培训、制度化激励等途径和方式，建设一支素质优良、结构合理、数量充足、专兼职结合的非公有制企业党务工作者队伍。重视建立党务工作者人才库。规模大、党员数量多的企业，要配备专职党务工作者"。

## ◎ 有活动

党组织需要通过积极、广泛、有效的党内活动推动各项工作取得进展。在国有参股混改企业里面，依然需要活跃的党员活动，需要搞清楚这样的活动应该把握何种边界、以什么样的形式来进行。非公企业的党建工作要求可以提供参考以下内容。

### 党建活动四条原则

《意见》提出了国有参股企业党组织活动的四项原则：企业需要、党员欢迎、职工赞成、股东理解。

我们的理解是，国有参股企业党组织活动首先要符合企业发展的要求，也要符合广大职工切身利益，同时，所有股东都理解和支持，并非不加管理、随性为之。

### 活动方式 "四结合"

党建活动的具体内容、方式、时间要切合实际，合理安排。在活动内容上，坚持围绕企业生产经营这个中心，宣传贯彻党的路线、方针、政策，坚持正确的政治方向。

一些地方的非公企业总结党建优秀经验，提出实现"四结合"。我们认为是一种可借鉴的活动方式：实现经济活动与党建活动相结合，坚持围绕企业的经营管理、注重实效实用的原则；实现提高党员政治素质与提高业务技能相结合；坚持利用工余时间、班前班后、节假日为主的原则，实现脱产与业余相结合；坚持活动形式小型、多样务实的原则，实现原则性与灵活性相结合，努力做到简便易行，提高实效。

## ◎ 有力量

国有参股混改企业党组织应该具备并且表现出应有的能量和力量，不能成为摆设，更不能变成形式。

连接各级党组织有力量。国有参股混改企业的党组织是党组织体系内必不可少的重要一环，对上要积极联系上级党组织，持续贯彻和学习各级党组织的部署，积极践行本级党组织的职责。

团结职工群众有力量。国有参股混改企业党组织要发挥基层组织战斗堡垒的优势，团结一线员工，通过努力在岗敬业奉献推动企业发展，通过多种丰富的活动激发企业活力，塑造良好的正能量型企业文化。

推动各方股东共同发展有力量。国有参股混改企业党组织要通过多种方式与非公出资人融合互动，全力推动企业发展。

监督保护有力量。国有参股混改企业党组织要利用自身特点，承担企业各方利益相关者的联系、保护、监督责任，保护企业发展的根本利益；保护各方出资者的合法权益，积极向社会和相关党的部门反映企业面临的问题，争取政策支持；保护职工群众的利益，广泛地听取一线员工的意见和建议，并反馈给企业管理层；保护国家和社会的利益，督促企业严格依法经营。

## ◎ 有保障

国有参股混改企业的党建工作必须由各个方面提供后台综合保障，保障党组织有经费、有场地开展活动。

经费方面，《意见》指出，"将非公有制企业党组织工作经费纳入企业管理费用，建立并落实税前列支制度"。

场地方面,《意见》明确,"按照有场所、有设施、有标志、有党旗、有书报、有制度的'六有'标准,加强非公有制企业党组织活动场所规范化建设"。

总体来说,国有参股混改企业的党建工作是混改企业在改革过程中必须同步规划、同步设计、同步实施的重要内容。本书提出的"五有基准线",只是参股混改企业执行党建工作的及格线。每家企业都要根据自身发展特点和现实需求,制定更高标准的党建目标,推动党组织真正成为混改参股企业的核心竞争力所在。

## 81. 如何推动授权机制的作用发挥?

授权,就是把权力层层下放,传递到它应该到达的地方。换句话说,"要让听得到炮声的人指挥炮火"。

为什么企业特别呼唤授权?因为上上下下的决策层都意识到,国资监管、国企治理、集团管控都到了一个不得不改的时间。国资管理中积累的越位、错位、缺位问题需要改变,国企管控中滋生的集权钢化、决策低效、远离市场问题需要调整。

这是一个核心问题、基础性问题,国企想要激发活力,先从授权分权做起。中央和地方的一级企业集团,如何把这份国资监管层竭尽全力准备的大礼包用好,如何进一步分解好?我们给大家介绍国企授权管理四大基本原则。

无论是集团公司向下属企业的授权,还是一个领导向下属员工的授权,都要遵循几个基本原则(见图7-4)。

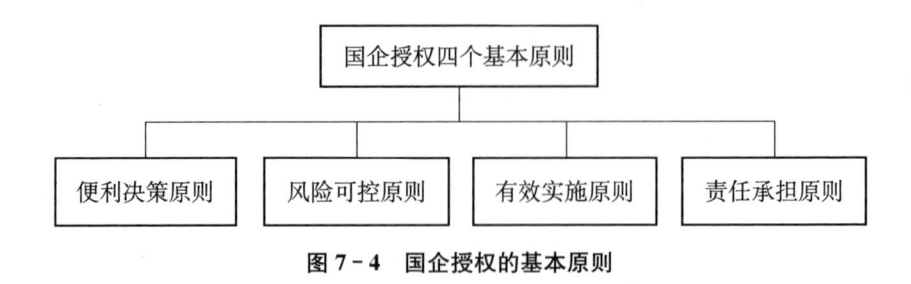

```
            国企授权四个基本原则
    ┌──────────┬──────────┬──────────┐
 便利决策原则  风险可控原则  有效实施原则  责任承担原则
```

图7-4 国企授权的基本原则

◎ 便利决策

便利决策既是授权的第一项基本原则,同时也是授权的基本目标。

市场竞争行业，"时间就是金钱，效率就是生命"，有时候决策必须在短时间内做出，才能抓住市场机遇，有效歼灭敌人。只有一线指挥员有了呼唤炮火的权力，才有战场上的随机应变，守正出奇。

企业"打仗"，和军队实战类似，但还有所不同，这就使得我们需要恰当地理解"便利决策"。

**例行性决策需要压缩流程**

企业的管理体系是一个网状系统，纵向是组织，横向是分工，用流程把这些点串联起来。决策大部分发生在不同的流程节点上。

通常，一家企业有数百个流程，每个流程都有判断"是"或者"不是"的决策点，那这样算下来，就至少有上千个决策点。企业真的就是部精密机器，每个决策点都像一个关键轴承，相互关联，连续动作。

这也就不难理解，如果核心的业务决策都不停上报再上报，企业轴承都在等待下一个动作的命令，那么机器很难有效率地工作，也没法系统性地产出。

所以，企业管理流程中的决策点，我们或者称之为业务和管理例行性决策，重要的是压缩流程，快速决策，推动企业高效率运行。

**模糊性决策需要集体智慧**

企业的一些核心决策行为，不是例行性的，而是面向未来的模糊性、不确定性决策。打个比方，公司要制订一项明年的计划和预算，需要配置和分解资源，需要决定为明年发展招多少人，需要根据市场情况决定吸引高级人才，等等。这些决定，对于企业发展未必紧急，但是显得非常关键。

对于这些"重要但不紧急"的决策事项，我们大力提倡通过专家委员会研讨，企业领导集体讨论决策的模式。

这个时候，企业集团上级单位的专家不是一推了事，而是要积极参与建议。集思广益，才能获得最满意的答案。

## ◎ 风险可控

**一手抓授权，一手抓监督**

这样才能最大限度地激活国有企业，同时防止额外风险的发生和积累。在这个问题上，我们要有个清醒认识。

**控制风险，不是消灭风险**

国有企业提到风险，大家都怕了，所以决策的基本原则是消除一切可能的风险。但是，经济理论已经充分说明，商业发展具有很大不确定性，风险与收益相生相随，消除了风险，同时就丢掉了收益的所有可能。所以，我们要的是超出正常水平的风险控制，是高代价成本的风险控制，而不是把所有风险都消除。

这就需要每家企业在思考授权时，明白哪些是高风险区域，也就是风险发生概率高、风险发生后代价大的区域，并且清晰地界定出来。

**控制风险，不是干预，而是监督**

企业在市场经营过程中，在连续执行既定的战略和战术过程里产生的风险，用什么方法发现出来并且控制住？

国有企业有机制体制上的优势，那就是充分利用审计、监察、财务这样的系统手段，建立一个有效的监督网络，保障权力运行在合理区间，远离高风险区域。

国资委给国有资本投资公司和运营公司、一级企业集团充分授权，充分体现了从管国企到管国资的角色转变。那么，得到这些授权的企业，也要从防控风险的角度进行重新设计，保证风险监管的同步到位。

◎ 有效实施

授权的到位、授权的效力，不仅取决于授权者，也取决于接受者。在错误的时间给错误的企业授权，得到的估计不是负负得正的结果。

有效实施授权，就是能够根据下属企业的能力、阶段、特点，有所区别，有所变化，因企而异，分类分层。

**授权评估，动态调整**

一企一策的原则，是很有道理的。企业行权能力的建设，也显得十分必要。作为母公司，如何针对不同下属企业的特点，分层分类进行评估呢？我们在这里给大家推荐"授权评估六要素"进行参考（见图7-5）。

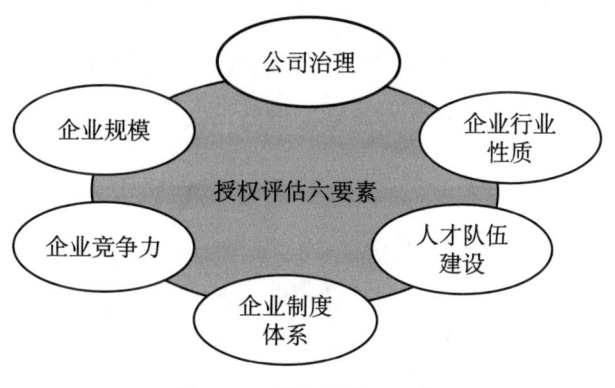

**图7-5 授权评估六要素**

六个要素分别从企业发展的不同方面，帮助企业集团母公司管理层对下属企业接受权力的"成熟度"进行综合的比较。比如企业竞争力比较强、独立运作能力完善的下属公司，就可以得到更高的评估值，得到更充分的授权。

**动态调整，不要年年调整**

国资委提出一企一策，动态评估被授权国有集团的行权能力，并且及时调整授权的原则，非常清晰。企业集团向下授权，依然是动态调整、及时优化。问题来了，动态，怎么个动法？每年都搞一次评估，每年都把授权清单重新搞一份授予下属企业吗？非也。

企业授权，尤其是业务战略决策权、投资项目决策权、核心干部选择权、人事用工分配权、长期激励设置权，都是着眼于长期、落脚于未来的权限，效果的显现需要时间，权力的有效执行也需要稳定的时间保障。如果每年都变，企业丧失了长期预期，就可能短视化，反而对于有效行使起到了反作用！

那么，动态应该是多长周期呢？三年为一个周期最好！我们的观点是，每年对下属企业进行一次评估，对于行权能力有改进空间的、授权六要素评估还有不足的，及时要求企业进行优化改进，同时执行积分制，三年总算，一并调整。这样是一项相对稳健的策略。

◎ **责任承担**

权力从一个侧面看，是利益；从另一个侧面看，是责任。责任、权力、利益一致，是管理追求的目标，也是正常人性的基石。

本书谈到的授权，就是谋求被授权企业、被授权领导人能够责权利一致，指挥部队持续取胜。这里不只有能力问题，还有态度问题。态度问题，是要求被授权的单位和负责人要勇于担当，勇于承担起这份来之不易的权力，而不是依然满眼茫然，左顾右盼。

要提倡责任担当，反对逆向授权。

我们发现一个有意思的现象：各个级别的负责人对于明明是职权范围内的事情，不仅自己不拿主意，反而要层层上报、层层请示，这就是所谓"逆向授权"。

产生这种管理习惯，一个原因是上级领导管惯了，习惯于什么事情都包办、代办，有一种包办、代办满足感。这样，下属就顺水推舟，本应自己办的事交给领导们去办，责任也全部转交，自己无责一身轻。另一个原因是下级负责人有意减轻负担，推卸责任。把问题转交给上级，把好处留给自己。

"逆向授权"是企业管理系统中有百害无一利的毛病，我们坚决反对。就像华为公司任正非先生所说，"高层要砍掉手脚，基层要砍掉脑袋"，就是指不同层级的人员都要承担起自己必须承担的责任，不要包办，更不能推责。

授权体系改革的成功，不是几张授权清单就能决定的，这是一项系统性工作，需要系统性设计，更要从四大基本原则入手，进行整体架构。

## 82. 国企混改过程中，国企集团总部如何扫除"机关化"障碍？

对于国资系统组织各家中央企业开展整治央企总部机关化、行政化趋向的专项工作，如何来理解？如何才能有效推动？这是一个很有意义的话题。

不光对于央企，对于所有国有企业，还包括一些大型民营公司的总部，整治"机关化"倾向都到了一个关键时期，不能不改，必须要改。

国有企业改革正在加速推动期，在这个历史进程中，起到关键承上启下作用的中央企业总部改革，如果能够改得好、改得到位，必将大大助力下属企业的混合所有制改革和市场化经营机制改革。站在这个位置看待总部机构"去除机关化"专项整改，我们清晰地认识到，它是整体国资国企改革的重要组成部分，也是保证国企混改真正发挥作用的基础环境改革，是"动一子，活一盘"的关键手。

如此核心的国企改革内容，如何做到药到病除？国资委领导的专项行动只能起到统领和倒逼作用，而每家央企必须做到观念到位、设计到位、行动到位、保持到位，才能实实在在推动本企业去除行政机关式的管理风格，又能保证今后不反复、不走回头路。因而确实有必要对"扫除机关式总部"进行系统评估，并给出全面的参考答案。

◎ 机关化国企总部的自画像

一家国有企业、中央企业的总部，通常由百人以上，多则数百人、近千人的职能性机构和人员构成，除了领导层外，多数都是参谋性岗位。现在我们经常说起部分央企总部像机关、像衙门，是由于很多管理现象出现。

**四多**

人员多。我们在21世纪初期曾经与一些中央企业合作，改革这些企业的总部机构，十多年过去了，有些企业的总部机构，从原先的一二百人持续增长到500人甚至700人。这里面有事业成长、下属公司增加的重要因素，也有很多原先没有的管理系统不断叠加，造成总部的很多部门从一个总经理带领几个高级主管，演变成一个总经理、两三个副总经理率领六七个处，每个处下面再有若干主管的庞大体系，一个部门从十几个人增长到50人以上。这样的总部，人多，官多，层次多，这就是机关。

程序多。正是因为负责的人多了，所谓参与、会商、把关的部门多了，一些中央企业的报签、审批流程持续复杂化。下属公司一个重要事项在总部进行审议时，要在各个层级和环节上转签、审议，由知情或者不知情的职能人员反复查看。有些企业总部的程序就像一道道关卡，不是为了帮助下属公司尽快推动发展而设置，而是为了帮助总部职能部门免责而设。

文件多。国有企业管理的规范性，体现在书面的文件记录规范上，这是国企的核心竞争力。不过，当一家企业把发文和收文作为日常工作的主要方式，并占据总部人员大部分精力时，这些文件就变成了包袱和形式。之前，我们经常看到类似《关于转发〈关于×××问题的讲话〉的通知》这样没有任何附加价值的文件出没于机关式总部。为了应付每层的机关不断加码，不仅国企总部人手不够，下属企业也必须跟着不断增加人手，久而久之，固化的低效作风就形成了。

会议多。有文山，必有会海。为什么要开这么多的会议？两个原因，一是程序上的要求，二是集体决策机制的要求。这两点本没有错，不过如果和机关式总部不担风险、不敢担责的主观意愿结合在一起，就可以变成一种通过集体决策、层层会议讨论而免责的工具。企业业务问题上的大量会议和文件，不仅大量占用了人力和时间资源，还减慢了企业决策和反应的速度，结果是由于各种不同意见，文件被否的概率大大增加。机关式总部带来的大量会议，没有增加价值，反而在不断减损价值。

## 四讲

讲级别。企业没有级别，企业干部也不需要级别，这是多年来企业改革政策的基调。不过，这些年来我们发现，不少国企内级别观念不仅没有淡化，反而持续加强。曾经有一家中央企业，在改革的过程中将曾经用过的"处长"等岗位名称取消，改称为"岗位经理""部门经理"，但是执行一年左右就改了回来，原因是没有了"处长"的官衔，在企业外面开展工作往往不被重视。就此，这家企业又多出了很多"处级干部"。这次央企总部去除机关化改革，要求改掉"办公厅"等机关式组织名称，改变"处长"等行政式级别，很好，很到位。同时，我们也呼吁在整个社会中营造弱化级别观念的环境，好让国企的行政级别真正消亡。

讲形式。形式主义要防。在一些机关化的国企总部里，行政化的趋向直接反映在各种形式上。比如，为了体现领导层的级别，将企业内部的会议有时搞得形式上像行政会议。总裁、副总裁的出访、接待等等标准，都要讲求与行政官员对等、对齐。"宰相门前七品官"，在一家处处讲形式、人人有级别的企业总部，高高在上的衙门感十足。

讲辞令。不知从何时开始，一些企业内部的公开言论开始有"外交辞令"的倾向。用词非常圆滑，形容词、副词修饰多，但决定性、方向性的动词、量词很少出现。下级对于这些总部文件和讲话的意图都要用心去猜。当全体企业人员都开始模仿一种行文方式，都在以看不出任何破绽的方式遣词造句时，这类企业的机关化倾向就十分明显了。

讲逢迎。有没有机关化倾向，还要看一个指标——"领导重要还是客户重要？"我们都知道，在华为公司有句很重要的话，叫作"眼睛盯着客户，屁股冲着领导"，这是典型的市场型企业特征。如果一家国企的每一层次都把领导怎么想、领导喜欢听什么、领导有没照顾好、领导怎么安排好、怎么样让领导舒服等问题放在第一位考虑，逢迎讨好之风兴起，公司作风之忧就很大了。

以上"四多""四讲"，是我们这些年来观察国有大型企业总部机关化发展特点的感受总结，作为一面镜子，供广大企业朋友对照、参考。知道问题是第一步，如何来解决机关化问题呢？

◎ 消灭"机关化"的三项核心工作

我们这里给大家推荐一个方法，简称为3J解决方案。3J是简写：第一个J，是"警"；第二个J，是"精"；第三个J，是"竞"。

**J1：警**

警示、警醒、警觉。

机关化问题的病因是观念。所以，最重要的是防患于未然，把问题消灭在苗头出现时。一家企业，不管是不是国有企业，都要时刻保持对总部效率降低、程序烦琐、相互推诿、面向领导过多而面向一线太少现象的警觉，并且持续通过评估、诊断、复盘等方式，每年对总部的机构和人员工作进行检讨。

组织要保持对于臃肿、低效的恐惧感和不适感，这样才能持续保持变革的动力。

**J2：精**

精简、精干、精深。

"小而美"的总结不一定对。对于大型企业来说，小总部不一定美，但很大、很多人、很多部门的总部确实显得臃肿，必须减重。国企机关化经常是由于"和尚多了要有庙，和尚有了庙必须念经"。在这样持续扩大组织和人员的循环往复中，闲人多了，闲事多了，自然给机关化倾向预备了土壤。

所以，招商局集团等对总部进行了大比例的精简。要用精简的总部人员、大幅度授权放权为企业整体发展做好内功。

总部人数减少不是很难，关键是总部人员的观念、能力要进一步改变，从审批型转换为专家型，真正把角色从掌握下属企业的生杀大权转换到帮助下属企业创造专业价值的新维度上来。从前有权力，现在有专业，这种专家型的深入参与才是价值型总部的要义所在。

**J3：竞**

竞争、竞聘、竞赛。

流水不腐，户枢不蠹。总部规模要控制，同时总部的人员需要通过人才竞争机制充分焕发活力。

我们提倡，每三年左右，一家大型企业集团总部的所有人员都要重新在集团内部开展竞争上岗，把基层实战的干部选拔上来，同时完成总部人员的上下轮岗。

此外，我们也提倡在总部进行赛马，让每个人、每个部门都能接受业绩的考验，进行横向的比较，实现优胜嘉奖、末位淘汰，用竞赛机制巩固改革成果。

国企改革任重道远，国企总部改革需要尽快配套。我们利用3J模型给广大国企总部竖立一面镜子，开出一个药方，帮助大家清除机关化、行政化，每家企业情况不同，一企一策，可以参考，可以思考。

## 83. 管资本模式下可能会有哪些新热点？

自党的十八届三中全会以来，调整优化国有企业监管模式已经从概念设计阶段进入全面实施落地的核心时期。就像《关于以管资本为主加快国有资产监管职能转变的实施意见》所说，"加快实现从管企业向管资本转变"，"适应国有资产资本化、国有企业股权多元化的发展阶段和市场化、法治化、国际化发展趋势"，"从监管理念、监管重点、监管方式、监管导向等方面作出全方位、根本性转变"。

那么，具体来说，我们应该如何来理解"管资本"模式下的国资管理体系变革？这样的变革在未来应该如何落地和推动？对于广大的中央和地方国企来说，这种新的监管模式将会给自身的发展带来怎样可能的影响？

以下代表个人略做展望和建议。

◎ **三类公司：管资本模式下的核心主体**

从管企业到管资本，是要解决从前"政资不分、政企不分"的错位、越位、缺位同时并存的监管问题。根据《关于以管资本为主加快国有资产监管职能转变的实施意见》的要求，管资本的模式改革主要有三个方面的重大改变：一是国资委厘清自己作为政府部门的职责边界；二是国有资本的管理通过现代企业的法人治理结构开展；三是国有企业作为市场主体要得到充分授权放权，从而更有活力地运营。这样的顶层设计清晰、完整，将国有资本的总体监管路径明确摆在每个人面前。

这项顶层设计如何落地？如果没有一个关键的角色枢纽，肯定不行。

谁来代表已经明确自己行政职能边界的国资委，行使在企业法人治理结构中的出资人职权？

这个问题，在过去几年的国企改革文件中，已经有了总体答案，那就是通过"国有资本投资公司"和"国有资本运营公司"这两种国资全资组织形式，推动国企监管进入资本时代。

两类公司的建立或者改组，是我国国有资本管理模式的创新。但是，我们也注意到一个尚未解决的问题。中央企业一共有96家集团公司，扣除21家已经通过改组列入两类公司的企业，还有70余家中央企业集团仍然直属国资委管理，这些企业要么属于关系国计民生的战略性行业，要么是只有一个特别突出的核心主业。具有这些特点的中央企业，确实无法简单地用充分竞争领域的国有资本投资公司或者运营公司来实现改组。

那么，对于这些中央企业对应的国有资本或者地方同类国企的资本，应该如何落实通过现代法人治理结构进行管理的设想呢？

对此，我们建议，要在两类公司之外，建立第三类国有资本出资者平台，姑且暂时称之为"国计民生平台公司"。

国计民生平台公司，承担国有资本在国家四梁八柱和基础性行业的投资者和持股人角色，负责监管相关行业的国有资本。与两类公司不同，这第三类出资主体考核国有资本的目标更加具有战略性、公益性和社会性。目前，中央企业中的相关企业可以改组或者并入几家国计民生平台公司，实现监管模式的变革。同时，其他单一主业的中央企业或者地方国企，可以组建或者联合成为新的国有资本投资公司。

我们认为，需要将目前的国有企业逐步全部梳理到三类核心出资主体的市场化监管体系当中，以彻底实现"管资本"的三大转变目标。

## ◎ 三个市场：管资本模式下的配套建设

《关于以管资本为主加快国有资产监管职能转变的实施意见》当中，对于优化管资本的方式手段，提出实行清单管理、通过法人治理结构履职、分类授权放权、加强事中事后监管等多条具体意见。

我们认为，这些方式手段的落实，需要及时进行配套机制和体系的建设。目前来看，最为关键的是在全国范围内建设和完善"三个市场"：国有股权交易市场、专职董监事市场、国企职业经理人市场。

### 尽快形成全国性国有股权交易市场

国有股权交易市场，已经在国有资产交易监督法律法规要求下取得了明显的发展。目前，全国各个省份都有自身的国有股权交易市场，中央企业的国有股权交易可以在北京、上海、天津、重庆的四大产权交易市场进行。

但是，如果从管资本的角度、从全国国资一盘棋的宽度来审视，目前国有股权交易市场急需升级和优化。

从规模来说，各省份国有股权交易机构每年挂牌和成交项目有所差别，总体规模不大，即使是占有最大中央企业产权交易比例的北京产权交易所，目前的规模也和其他各个级别的全国性资本市场一样，有较大提升空间。

从结构来看，国有股权交易机构仍是区域性为主，虽有不同地区相互挂牌，但是整体上仍不利于国有资本一盘棋目标下的国有企业股权和资本跨省、跨界流动与市场化配置。

所以，在管资本的模式下，作为国有企业股权多元化的市场化交易载体，也作为我们多层次资本市场的重要一级，全国一盘棋的国有股权交易市场确实有设立和发展的必要性和紧迫性。

**尽早建立专职董监事市场**

通过法人治理结构履职,是管资本模式下的核心监管行为。

行政性监管模式,是通过政府部委的司局、处室制定政策和规章。未来要转变为通过企业法人治理形式实现监管和履职,那么最重要的角色不再是国资系统的干部,而是数百、数千派驻到不同企业的董监事,他们代表出资人行使监管权力。

未来要使董监事成为代表国资监管的核心角色,就需要从上到下,形成"有能力、有时间、有职权、有归属、有报酬"的专职董监事队伍,不断培养和壮大,并且采用特定的考核和激励,在未来的时间内,让专职董监事独立出来、成长起来、流动起来,成为代表国有资本监管的主力军。

**大力培育国企职业经理人市场**

激活国有企业主体,关键是激活广大国企经营者。为充分适应国企的市场化、法治化、国际化发展特点,近年的国企改革当中,将职业经理人制度和契约化管理机制作为重要内容,抓住了关键性问题。

不过,在一些国有企业推动职业经理人制度建设过程中,也出现了一些实际问题:比如,虽然职业经理人在民营和外资企业中久已普及,但是由于国有企业体制机制的特殊性,这部分体制外职业经理人大量进入国企并不现实,很多国有企业市场化选聘的职业经理人还是来自本企业、兄弟企业、本系统内或者其他国企。再比如,合格的职业经理人的职业经历是丰富的,有很多不同公司的从业经验,但国企所谓职业经理人多数都在一个企业或者一个集团终身从业,竞聘职业经理人岗位,至多也就是换了件衣服，和市场化职业经理人有很大区别。

这些问题告诉我们，我们是不能把国企职业经理人队伍和一般的职业经理人放在一起思考的。如果要让市场化、职业化成为管国资模式下的企业经营人才基本原则，那就很有必要在全国范围内推动国有企业职业经理人市场的培育和发展。

国有企业职业经理人市场，应该是一个中央和地方联动的市场，应该是一个全国各行业国有职业经理人人选的数据平台，应该是一个国有职业经理人选聘、培养、考核评价、流动、分层的管理体系。

有了这个全国性市场后，可以更好地推动国资监管，也能够与党管干部系统紧密结合，真正解决干部管理和职业化管理相结合的重大课题。

总结一下，"管资本"是近二十年来的重要国资监管变革目标，《关于以管资本为主加快国有资产监管职能转变的实施意见》的出台，一定会大大加快这一模式变革的进程。从我们的实践来看，落实"管资本"需要在组织层面推动"三类公司"的建设，也需要在功能层面加速"三个市场"的培育。

## 84. 混改中国有资本投资公司和运营公司组建可能面临的问题是什么？

国有企业的改革浪潮正在以同心圆方式向全国各个省份延展。最为显著的表现，就是改进本省份国有资本监管和授权模式，同时加快国有资本投资公司和国有资本运营公司的组建。

中国的国有资本投资、运营公司建设实践，实际是在进行全世界创新的一次国有资本管理改革试验。能不能成功？怎么样才能成功？如何积累成功经验？有什么必须防范的问题和风险？这四个问题的答案，只能依靠中国人、中国企业和中国国资的原创智慧。

从实践角度观察，90多家中央企业集团中，已经有19家企业在过去的两三年内开始作为国有资本投资公司的试点单位，2家企业进行国有资本运营公司的试点。可以说，中央企业中的两类公司，无论实际的改革进程快慢、改革力度大小，都已经基本具备了国资监管新态势，那就是20%多的企业成为两类公司。

下一步要做的，也是正在各个省份发生的，就是深化推动国有资本投资公司和运营公司在省一级和核心省市一级国资监管体系的试点落地。这项挑战比较大，也需要我们更多的系统思考！

### ◎ 小号"两类公司"怎么找

无论是国有资本投资公司，还是国有资本运营公司，都有突出的特征。"管资本"是最突出的共同特征。

为了实现管资本，就要有投资管理的属性，对于两类公司的企业选择就有了基础标准：一是自身的业务规模要比较大，资本规模可以达到满足产业投资、产业重组的要求;二是既然国有资本的投资和运营是在产业结构上做好文章,那么成为两类公司的企业需要在产业结构上有所多元化,最好有一个以上的支柱性产业,同时,这些产业又可以通过市场化的竞争衡量业绩,通过资本化的运作实现进退。

目前,中央企业中 19 家国有资本投资公司,多数都具有这样的特点,这也算是选择标准吧。不过,这项标准放在各个省级国资体系里面,答案就会区别很大。

原因在于,中国各个省份的经济规模差别大,江苏、山东等省份 2018 年入选中国 500 强企业的公司数量都达到 50 家以上,也就是说这些省份里面,收入规模达到 300 亿元以上的企业,都有 50 家之多,当然其中可选择作为国有资本投资公司、运营公司的企业就能够比较多一些。其他省份则差距明显,以中部省份湖南为例,只有 6 家企业进入中国 500 强企业行列,其他的企业都没有达到这个基本规模。

所以,如何在地方国企规模整体偏小的环境下,找到"小号"国有资本投资公司和运营公司的玩法,是各省份推动此项工作落实的第一大挑战。

## ◎ 如何防止"换汤不换药"

无论是中央企业的 21 家,还是地方已经组建的 122 家,还是新宣布建立的各省份两类公司,都有另外一个共同的特点:通过改组的形式成为国有资本投资公司或者国有资本运营公司。

比如 2019 年 9 月,甘肃省明确了三家国有资本投资公司,分别是甘肃省国有资产投资集团有限公司、甘肃省建设投资(控股)集团总公司、甘肃省电力投资集团有限公司;还有一家国有资本运营公司,即甘肃省新业资产经营有限责任公司。这几家企业都是通过改组方式转型为两类公司。

虽然国发〔2018〕23号文件里明确规定两类公司可以通过"新建或者改组"两种方式获得"准生证"，但到目前为止，我们还没有看到一些新建企业的实际落地案例，各级监管部门都先选择改组的方式。

原因很清晰，在很多行业里已经有国有资本的产业旗舰，不选改组而选择新建，显然不符合逻辑。

不过，这就会带来另外一个问题。这些国有企业集团一直是以产业集团或者是省属一级企业的模式生存和发展的，以前并不知道自己要升格为国有资本投资、运营公司。现在被授予这个靓丽的外表，就面临一个深刻变革的选择：要么是通过积极改革将自己的业务结构、管理模式、干部理念都从一家产业集团变为投资型企业；要么是换汤不换药，公司的牌匾换了，但是内部依然是习惯性的管理结构。

客观地讲，由于企业成长都有路径依赖，企业管理都有惯性，这些新的两类公司不由自主地滑到"换汤不换药"的第二选择，是大概率的事件。

所以，我们认为，各个省级层面上，国有资本投资公司和运营公司的试点与推进，不能够只重视给几个企业换个名字、加个身份，更为重要的是，要从内到外进行投资型公司的深入调整。

我们也建议，中央层面和各省份层面，对于已经有两类公司职能的所属企业，要把对公司管理的提升和转型作为考核这项改革试点成败的核心要素，加强推动，加强评估。

# 第8章
# 市场化机制

## 85. 国企推进职业经理人制度需要什么配套机制？

时间进入 2019 年，关于国企加速改革的好消息不断传来。其中，关于扩大国企职业经理人规模的政策受到广大国有企业和国企干部队伍的高度期待。

其实，职业经理人这个名词，不仅在国外是一个司空见惯的管理词语，在国内企业界也流行和讨论了近二十年时间。很多年以来，在外资企业、大型民营企业里，职业经理人的身影无处不在，"职业经理人"的标签，也和"市场化""高薪酬""强压力""高流动""守契约"这五个关键词如影随形。职业经理人就是社会中这么一群人，他们是优秀的高级管理者，凭借自己的高素质和深厚行业经验，在一段有限的聘期内，在公司核心经营决策岗位上，实现老板委托的目标，并就此享受市场化高水平报酬，同时任期结束经常转移到下一个公司继续职业生涯。可以说，我们所熟悉的职业经理人，本身就是一种在不同公司当高管的职业。

不过，当职业经理人和国有企业结合起来，成为所谓"国企职业经理人"的时候，我们却要认真地重新思考这个概念，重新认识它的内涵、机制和实施难点。在 2019 年进入国企改革关键时期，正式推动国企职业经理人制度试点扩大化的重要时刻，有必要从几个基本原则对这个制度进行把握，如此才能够在推行过程中立得稳、行得久。国企职业经理人有哪些特殊性？必须考虑哪些配套条件呢？我们认为，有五大配套机制显得十分重要：

## ◎ 治理机制配套

职业经理人制度是建立在有限期契约基础上的核心经营岗位聘用和考核制度，因此，明确聘用和考核的主体很重要。外资和民营大型企业，股权结构和治理机制清晰，董事会代表股东的意志，所以通常是董事会来决定聘用市场化经理层。我国的国企建立现代企业制度的进程尚在推进，有的还没有实质性推进董事会建设工作，有的董事会仍停留在法律层面而没有深入治理层面，同时大型国有企业董事会决策权限又受到国资监管。在此环境下，国企建立职业经理人制度，需要实质性有效运作、有充分授权的国企董事会治理机制配套。

## ◎ 干部机制配套

职业经理人所在的核心管理岗位，无论是某级企业的总经理还是副总经理，都将与干部管理体系产生交集。这就需要厘清职业经理人制度和干部任用制度的边界和相互关系，回答几个基本问题，比如职业经理人是不是干部？是不是纳入干部管理体系？如果是，那么对于国有企业体系外部的职业经理人员，是不是要把他们变成干部？这些拿高薪的新干部，和原系统内没有高薪激励的旧干部如何进行平衡？等等。如果职业经理人不受干部体系直接管理，那么在选拔、任用、监管中，这些重要人员与现行干部机制是什么关系，这类问题又不可回避。

## ◎ 用工机制配套

国企的用工机制改革，也将对职业经理人制度的扩大和持续产生重要影响。我们通常所说的通过三项制度改革，实现国企员工能进能出、能上能下、能多能少的目标，客观地评价，经过这么多年的实践，在很多层面仍然任重道远。实际的情况是，由于国企的特殊性，很多国有企业是能进难出、能上难下、能多难少，市场化的用工机制建设仍需要大量的努力。如果缺少市场化用工机制改革，国企内部流行终身制，那么花费很大成本和精力产生的职业经理人，面对的下属、同僚都在不同的契约约束条件下，职业经理人的职权履行将受到直接的影响，这也会反过来冲击职业经理人制度的最初目标。

◎ 授权机制配套

授权机制的健全，也是职业经理人制度发挥作用的重要条件。只有得到充分信任和授权的职业经理人深入经营一线，才能够发挥出不一样的作用。经常有人用"鲶鱼效应"来比喻通过职业经理人的引入转变周边干部和组织的观念，以提高整体组织的活力，理论上这好像是成立的，但是，几条没有充分空间的鲶鱼，力气再大，也是没法在结冰的水里游泳的，指望带动整体组织提升动力，只是一厢情愿的主观意识罢了。

国企职业经理人需要什么权力？我们认为有几项是比较关键的：首先是充分按照自己的责任选择下属核心岗位人员的权力，其次是考核权，最后是激励权。

◎ 流动机制配套

现实的情况是，多数试点职业经理人制度的国有企业，选拔的高级经理人才都具有国有企业中高级管理经验，更多的是本集团、本系统的干部通过市场化身份转变而来的，并不是在现成的外资、民营企业市场化职业经理人队伍中选来的。这种结果也符合简单的推理：拥有国有企业经历背景的人才，能够更好地适应国企整体机制和运作模式。但是，这种国有体系内部形成的"转型职业经理人"，如何在未来把职业身份长期发展下去呢？这就需要在流动性方面进行更完善的配套机制建设。

如果我们需要将国企职业经理人制度扩大，并作为一项长期的机制坚持下去，不能不考虑在三年或五年后，当目前受聘的职业经理人第一任期到期，他们的流动和出路问题。如果不流动，那么职业化、契约化的效应将大大减少，职业经理人会变相回归传统国企干部，我们推动职业经理人市场化改革的初衷就难以实现。如果流动，是让这些国企转型经理人直接消失在大海里，还是在国资系统内部，或者一个大型企业集团内部，建立一个职业经理人才池，让这些产生不易、拥有宝贵经验、观念超前的"鲶鱼"们能够实现在国企环境下的职业生涯变动？我们认为，显然后者是多赢的选项。

总而言之，对比由来已久的职业经理人制度，国有企业职业经理人机制的推广需要考虑诸多国企机制的特殊性，从而在治理机制、干部机制、用工机制、授权机制、流动机制等五大方面进行配套设计和落地，如此才能够保证以"市场化""高薪酬""强压力""高流动""守契约"为特点的职业经理人制度在国有企业顺利扎根和生长。

## 86. 国企职业经理人制度有何借鉴模式?

国企推进职业经理人改革,自党的十八届三中全会以来,在不同层面试点和落地。其中,新兴际华集团的职业经理人选聘改革,作为国资委改革试点,在政策完备性、实施体系性、效果呈现度等几个方面都令人眼前一亮,值得广大国有企业学习和借鉴。新兴际华集团在国企职业经理人方面的大胆尝试,被称为"新兴际华模式",这种模式的内容和意义在哪里呢?

新兴际华集团的职业经理人改革,起源于2014年7月该企业成为新一轮国企"四项改革"试点企业之一。在成为试点企业之后,新兴际华的职业经理人改革进程,从2015年开始加速,2016年到2017年不断向下向基层企业深入扩展,形成了全集团三四级企业大面积覆盖的市场化选聘格局。

◎ 新兴际华模式解读

2015年新兴际华选聘集团总经理时,把自己的模式总结为"党组织推荐、董事会选择、市场化选聘、契约化管理"。2018年新兴际华提出更加丰富的内容,总结为"党组织领导、董事会行权、市场化进退、契约化管理、人本化激励、共性化监督"。如何理解这一模式呢?

党组织领导。在市场化选聘职业经理人时坚持和加强党组织领导,是一项重要的政治基础。具体操作时,首先要从干部管理渠道提出需要市场化选拔的岗位,并且将选拔流程等重大政策报公司上级党组织批准。同时,党组织授权给公司董事会执行市场化选聘的工作,最终人选要经过上级党组织认可。

董事会行权。这句话充分说明了董事会在国企职业经理人选择中的角色。董事会接受党组织委托代行权利，组织和管理整个流程。董事会要完成的使命，包括设计选聘流程和政策、组织开展市场化选聘过程、提出最终任职人选建议、与聘用职业经理人签订聘用合同和业绩考核合同、对职业经理人进行管理和考核、激励约束机制兑现等。

市场化进退。新兴际华的市场化进退，采用了面向外部人才市场、执行竞争性招聘方法等选聘的前期管理政策；同时，结合内部干部竞争后转换为市场化身份政策；在此之后，选聘人员的市场化，主要体现在签订有期限的聘用合同、制定聘期考核目标、执行市场化薪酬、到期如果没有达到目标的退出等方面。

契约化管理。新兴际华的职业经理人，推动了公司内部契约精神的强化。董事会和职业经理人签订了聘用合同，明确双方责权利。董事会进行考核，同时要严格兑现承诺；职业经理人为契约目标奋斗，按合同规定的市场标准取酬，同时接受不能完成目标的退出结果。

人本化激励。就此，新兴际华前董事长奚国华讲过："实施人本化激励，强化经营者差异化薪酬改革，对实行准市场化的高管层，创新物质激励与荣誉激励联动机制，实施企业成长和经营者激励联动计划。让想干事、能干事、干成事的人才在物质上得到应有回报、精神上得到有效激励。"

共性化监督。共性化监督是新兴际华对于市场化选聘经理人提出的最新观念，认为有了这个内容，就能够实现管理闭环。我们理解，所谓共性化监督，是指在公司内部，市场化经理人和其他干部职工应该采用相同的标准接受规章监督、审计监督、党纪监督，通过这种方式解决内部控制可能出现的空白和潜在风险问题。

"党组织领导、董事会行权、市场化进退、契约化管理、人本化激励、共性化监督"这六点简单直接，高度概括了新兴际华市场化职业经理人制度的主要经验，值得仔细推敲。

◎ 新兴际华模式的特色

新兴际华模式对于中国国企来讲，有两个特色鲜明的做法值得学习。

**身份市场化**

从新兴际华市场化聘用总经理开始，身份市场化一直是公司坚持的原则。新兴际华通过聘用合同书实现身份市场化。其中明确了相关权责，使聘用的经理人员真正成为生产经营的第一责任人，同时明确了市场化退出机制。如在集团总经理合同里规定："乙方当年考核没有完成年度生产经营利润目标，或者业绩考核在 C 级以下，且无董事会认可的正当理由，甲方有权解除本合同"。

解除聘用合同后，经理人一律只保留工程、经济、会计、政工等相应系列职称岗位和劳动合同所规定的普通员工身份，"岗变薪变、易岗易薪"。这种身份市场化的安排，与传统干部安排和调整机制相比，具有很强的激励效果和约束力。

**管理契约化**

新兴际华通过《年度经营业绩考核责任书》《业绩考核办法》《薪酬管理办法》等三个契约实现了"管理契约化"。其中明确规定了拟聘任岗位年度及任期目标、任务、奖惩等条款。对于由董事会选聘的高级管理人员，坚持激励与约束、权利与义务相统一，坚持责任与职位、薪酬与业绩相一致，突出发展质量和效益导向，年度业绩和薪酬考核实行"利润确定总薪酬、关键指标严否决"。

这些契约的建立，实现了董事会和经理人对于目标的共同确认、对于薪酬回报的考核和兑现承诺的共识。

作为首位职业经理人，新兴际华总裁杨彬先生曾在就职一年时总结自己感受到的契约机制。他说道："高举党管之'纲'，是'市聘'经理人的心理契约；坚守法治之'约'，是'市聘'经理人的管理契约；善谋经营之'绩'，是'市聘'经理人的治理契约。"

心理契约、管理契约、治理契约这三个层次的总结，是对国企经理人机制中的契约影响十分深刻的表述。

新兴际华的市场化选聘经理人，已经成为值得在国企推广应用的模式，无论是这家公司的六点模式总结，还是其身份市场化、管理契约化的特色，都闪烁出国企管理的智慧。不过，每家企业背景和文化特征不同，具体实施职业经理人制度时，还要以我为主、一企一策。

## 87. 国企职业经理人选拔有哪些有效做法?

"选"的概念很容易理解,就是选择、选拔、选用。不同于一般的招聘选人,国企职业经理人选用,涉及的管理范围更大、管理流程更复杂。

◎ **国企什么样的岗位可以选职业经理人**

根据国资委的最新改革精神,"将在央企二级企业和地方国企扩大试点,逐步增加国企高管的市场化选聘比例"。这项原则基本框定了职业经理人选择的基本级别边界。不过,仔细考虑这项原则,还是感觉有操作难度。国资委提出职业经理人试点不在央企一级企业领导岗位扩大,我们推理基于的考虑是干部管理权限问题:很多中央企业领导岗位本身对应行政级别,并由中共中央组织部提名和管理,从央企二级企业开始进行,从干部管理方面是能够理顺的。然而,对于地方国企来讲,同样的问题依然存在,省级和副省级城市国资委管理的一级企业集团领导岗位,多数也需要本地党委组织部提名和任用,国资委是无权随意拿出岗位进行职业经理人改革的,所以,也只能从其可以管理的二级企业进行扩大和落实。也就是说,可以从中央或者地方国企的二级集团负责岗位,尽可能多地推动职业经理人机制落地。

◎ **如何产生国企职业经理人的候选人**

市场化选聘的原则,使得国企职业经理人通常采用公开向全社会招聘的方法,并在招聘公告中指明需要候选人满足的条件。规定的硬件包括:政治条件(这是前提和基础);年龄(不能太大,一般要离法定退休年龄十年以上）；工作经历（总体工作不少于十年，类似岗位不少于三年）；教育水平和身体条件（基本需要大学教育起点和满足工作要求的身体状况）。

国企职业经理人选聘，还需要涉及的问题是，如何将党组织推荐和公开招聘结合起来。我们认为，党组织推荐人选也应该纳入招聘报名的环节，最终在通过诸多比拼审核后，党组织行使考察和推荐的权力。

◎ 如何设计国企职业经理人的选拔流程

选拔的国企职业经理人岗位，一般都具备较强的市场吸引力，无论是在内部还是外部，都会引来很多关注和报名，这就使得这个招募选拔的过程敏感度高、影响力大，所以如何保证选拔的公开、公平和公正就十分重要了。因而，设计和执行好国企职业经理人的选拔环节，科学地、高效地实现对人才的鉴别，找到合适的岗位人选，就显得格外关键。这个选拔过程如何设计才是科学合理的呢？

通过知本咨询多年帮助大型国企集团开展招聘和竞聘组织的经验来看，我们认为通常包括如下几个步骤（见图 8-1、图 8-2）。

首先是申请和资格预审的环节。在这个环节中，通过对于报名人员硬件条件的比对分析，选拔合格的人员并及时通知本人。

其次是进行综合性的笔试测评。目前可以开展的测试有很多类，包括知识类、素质类、逻辑类、能力类、心理行为类等，能够客观量化评价候选人的相关水平。

最后是进行专家面试和领导小组面试。通过面试可以深入地交流思想，观察和分析候选人的人岗匹配程度，并由组织领导人进行直接判断。

笔试测评和面试测评是市场化招聘职业经理人的核心环节，可采用的方法有很多，基于的目标都是按企业要求量化，以准确地给候选人排队。

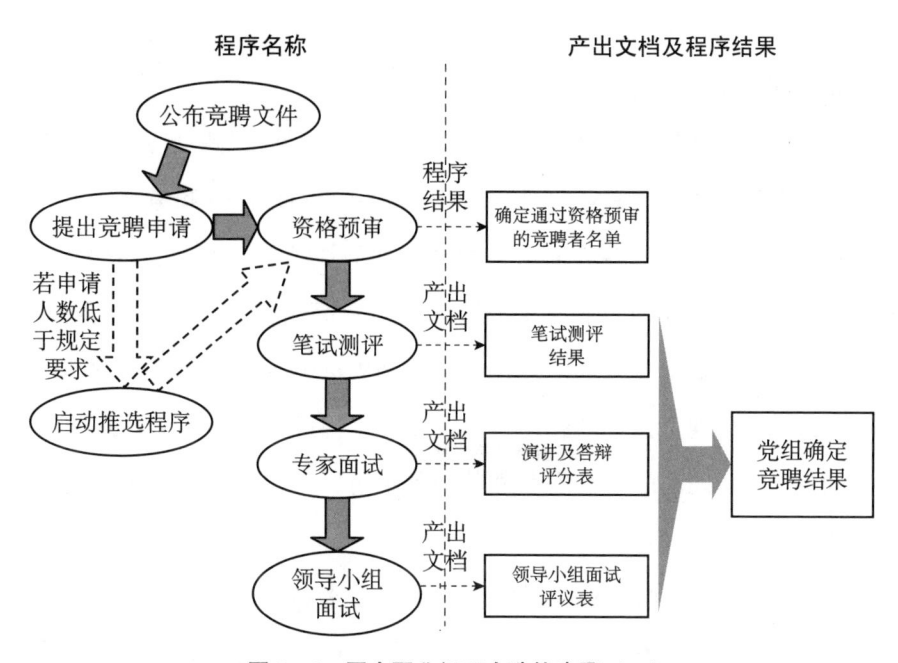

图 8-1 国企职业经理人选拔步骤（一）

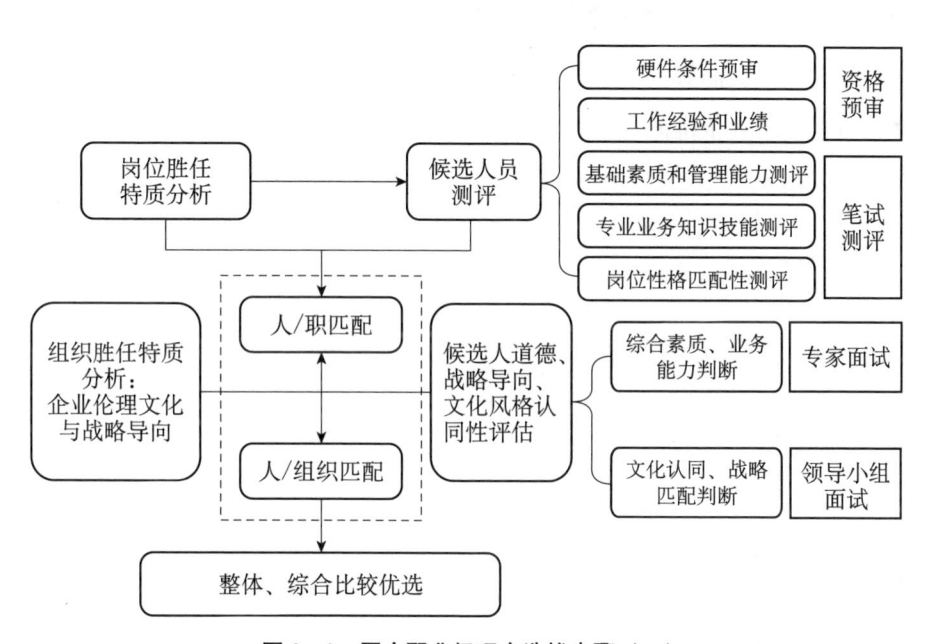

图 8-2 国企职业经理人选拔步骤（二）

要注意的是，选拔的最终结果，需要党委或者党组进行确认，严格践行党管干部的原则。

再以新兴际华集团选聘总经理为例，前集团董事长刘明忠介绍："集团公司董事会组织建立了总经理选聘的组织体系、测评体系和考察体系，注重了多角度、多层次、多方面人员构成。如面谈评委由新兴际华董事会、党委主要负责人，董事会提名委员会成员，董事会其他专门委员会主任，其他中央企业主要负责人，中介机构专家和国资委企业领导人员管理部门负责人组成，体现了公平、公正；委托中介机构进行命题，面谈从政治素质、动机与岗位匹配度、战略思维与国际视野、经营与管理能力、创新与学习能力五个维度进行。"

国企职业经理人选拔这一关，涉及诸多技术和管理问题，需要内外结合、上下结合，才能科学、平稳。大中型国企的高级管理岗位，对人的要求是复合的，同时做到科学性和艺术性地识别并不容易，好在还有考核、奖罚等市场化机制在后面，即便选得暂时不合适，也没那么可怕，这可能就是市场化的真正价值。

## 88. 国企职业经理人需要什么样的契约？

"选、用、退、流"四个字的第二个字，是关于国企职业经理人使用问题。如果用一个生命周期曲线来表现这四个字代表的职业经理人完整管理周期，使用这个环节应该占去多半个时间段，是职业经理人制度发挥最大效用的阶段。国企职业经理人不同于刚毕业的大学生，所聘用岗位是企业生存发展的关键，所以，如何让有潜力的人才最大限度地发挥能力，激发其最大的动力，同时匹配有效的监督，使其产生强有力的竞争和危机感，在激励和约束两个方向同时发力，这些管理机制的设计和执行就显得格外重要。那么，国企职业经理人如何用到位？如何干出彩？大家公认的职业经理人契约应该怎么建立？我们讨论一下这些问题。

### ◎ 职业经理人契约：我不是雷锋

从国内到国外，全球的职业经理人制度都和"契约"密不可分，这也是职业经理人之所以"职业"的重要基础。我们必须区分职业经理人和企业家的异同，也要明确职业经理人与企业股东或者老板的定位差异，在此之后才会更加清楚契约的核心作用。

从西方现代公司治理的发展脉络来看，职业经理人阶层是与公司所有权和经营权充分分离，在现代企业建立委托—代理关系的过程中兴起并成长起来的。职业经理人的使命是什么？就是完成股东和董事会交给的战略性目标，代理股东实现公司的价值增长。同时，作为交换和对价，公司通过董事会给予经理层市场公认的价值回报。这样的模式，充分体现了职业经理人这种稀缺的高级人力资源的市场供给和需求作用，用一项自由市场的交易实现了职业经理人阶层和企业股东价值共同最大化。

职业经理人的市场化交易，没有契约是不可能的。这个契约在表面上，既包括了企业股东对业绩目标的要求，也包括了职业经理人对市场回报的要求，双方最终达成一致，并且通过合同形式确定下来。更加重要的是，这个职业经理人契约不是纸面上的，而是对企业和职业经理人心理状态和日常行为的约束，必须形成心理约定，成为受到敬畏的阶段性原则指南。这个契约就是职业经理人制度的"基本法"，没有特殊情况是不能随意更改的。

优秀的职业经理人的一部分成长为企业家，"以企为家"，转换角色，用企业家精神来推动各项工作，与企业结成"命运共同体"。但是，我们设计职业经理人制度，不能指望建立在担当、创新、奉献等企业家精神基础上。职业经理人阶层和企业的关系是"事业共同体"，决定这个共同体的，是双方的共同契约规定，而非精神或者道德力量。

所以，我们认为，在对契约精神进行理解时，要足够科学和冷静，"职业经理人不是雷锋"。

## ◎ 国企职业经理人需要什么样的契约

国企职业经理人需要建立什么样的契约？我们认为，有四种类型的契约。

身份契约。国企职业经理人制度从干部制度中衍生而来，多数职业经理人都从原先的干部队伍中选拔产生，这就必须首先解决从干部到职业经理人的身份转换问题。"脱掉马甲"才能真正走进市场，用市场化的机制来激励和约束。所以，国企职业经理人需要通过重新签订劳动合同，转变干部身份，成为真正的市场化人才。这种身份契约的建立，是国企职业经理人的基础。

岗位契约。国企职业经理人多数采用岗位聘用的方式，那么就需要就本岗位的要求、岗位责任和权利、岗位任职时间等问题与职业经理人签订聘任合同。聘用的开始，就是向职业经理人充分授权，推动他们依责展开工作。所以，岗位契约就是让职业经理人对于自己的业务空间和权责空间充分认识，国企董事会和职业经理人就权限边界充分达成一致。

业绩契约。国企职业经理人的任用，需要配合业绩目标的制定和认同。形成业绩契约的过程，是职业经理层和企业取得目标共识的过程，也是讨论达成目标的激励模式和水平、不能达成目标的考核与淘汰过程。所以，一项业绩契约通常包括任期的业绩目标要求，以及与之对应的薪酬和激励标准。

心理契约。有了前述三个契约，实际上完成了国企干部向西方市场经理人转变的基本过程，但是并没有充分体现中国企业特别是国企的相关要求和特点。我们认为，国企职业经理人不但是市场化的高级管理者，而且是具有中国式拼搏精神的奋斗型经理人，这样的经理人，首先能够在价值观上和企业充分保持一致，能够充分坚守党的原则和各项优秀干部标准，可以体现奋斗的精神和担当的精神，从而可以在思想上与企业建立心理契约。从具体落地上说，心理契约的建立，国有企业要与职业经理人签订《高级干部职业操守承诺》，明确必须遵守的各项原则，作为指导和鞭策的基本准绳。

契约精神是现代社会持续发展的基石。职业经理人制度构建在契约之上，成败均在于此。我们讨论了西方的职业经理人契约，又延展说明中国环境背景的特殊性，最终给出了国企职业经理人契约的四大组成部分。国企职业经理人的任用，从这四大契约开始，再到这四大契约结束，就能够形成一个完整的闭环。

## 89. 国企职业经理人实践中的三种误区是什么？

职业经理人，无论在组织内外，都被看作"高、大、上"的一小批。如果这个一小批高级经营管理者不能很好地融入国有企业组织和文化当中去，就经常出现三种情况。

◎ 职业经理人的误区

花瓶效应

职业经理人有时候会被搞成"花瓶"，或者仅供欣赏的摆设。

在多数情况下，国有企业引进职业经理人，从初衷上来说，是不会想引进"花瓶"的，都是希望职业经理人能够成为解决企业问题的核心力量。那为什么这些经理人会不由自主地变成"花瓶"或者"类花瓶"呢？

岗位的选择是第一个问题。根据近些年来对国有企业选聘职业经理人案例的跟踪，我们看到不少招聘岗位是"副总经理"一类职位或者"财务负责人"等负责企业某一项业务的高级岗位。这种岗位看似专业，但大量的工作都上受"一把手"管理，左右受领导班子牵制，难以有独立和完整的工作边界，职业经理人在此空间内发挥能量的自主性不够。

授权是第二个问题。国有企业一般都是庞大的管理系统。职业经理人即使签订了岗位契约，其所能做的事情也取决于是否有充分和有效的授权机制相配套。如果授权的制度没有完全到位，决策的流程依然没有改变，在很多集体决策的领域内，职业经理人虽然可能有自己的意见和见解，但不一定可以照此实施和落实。

从岗位到授权,这两种原因综合发挥作用,就使得职业经理人的边际效能快速递减,最终成为大家眼中的"花瓶"。

**独苗效应**

很多人都期待,职业经理人成为国企组织中的"鲶鱼",可以通过自身持续不断的努力,带动国企的机制和管理发生神奇的裂变。

这很理想化,但离现实挺远。

几个职业经理人,作为国企庞大干部队伍体系中的一小撮外来物种,真能够改变整个组织的活力和效能吗?鲶鱼刚开始的时候游动比较快,但是如果一直如此游下去,出现体能、适应等各种新问题,持久性很难保证。

一家国有企业,引进了少数几个不同背景的职业经理人,其中还有内部原先干部"脱马甲"后成为新职业经理人的。这些很少量的新物种,如何管理组织中的其他非职业化的下属?如何面对其他还有国企级别、国企干部身份的同事呢?

滴水不成海,独木难成林。如果职业经理人只能成为企业组织中与众不同的少数,那么这种改革的效应能否持久,我们需要打个问号。

**近视效应**

职业经理人制度建立在契约的基础上。这个契约,约定了在一段有限的时间内,比如三年,职业经理人需要达到的绩效目标要求,以及对应的市场化薪酬、绩效激励。当然,还有在做不到的情况下,如何扣减报酬和解除合同的约定。

这就是责权利相一致的契约,没有问题。

问题出现在时间上。这是一个有明确时间限定的合同,职业经理人的职业生命、职业回报都和这个时间内的业绩绑定，所以职业经理人会特别关注这个时间内的业绩和财务数字，而对更长期的企业发展问题缺少关注。

举个例子，有些国企职业经理人在聘期内对于短期财务回报高的项目和经营特别感兴趣，即使这样会透支长期的资源和能力；有些国企职业经理人在聘期内对于公司战略发展必需的产业拓展项目和长期投资没有兴趣，因为这不是他业绩期间能够带来回报的工作。无论哪一种情况发生，都会对国企的长期发展带来不利影响。

花瓶效应、独苗效应、近视效应是国企推进职业经理人制度容易出现的三个误区，那我们怎么样优化制度才能解决这些问题呢？

## ◎ 从职业经理人到岗位职业化

我们认为，国有企业的职业经理人制度，不能照搬照抄西方企业的制度，而应该根据国情、企情进行升级。具体来说，就是要在国企推动"岗位职业化"的组织和人力资源机制建设。

岗位职业化包括四方面的含义：层层职业化、组织奋斗化、激励长期化、心理认同化。

### 层层职业化

我们曾经说过，国企人力资源管理中有一个共性的毛病，就是"人分三六九等"，"干同样的活拿不到同样的钱"，由"身份、级别、编制"等指标带来的组织问题很多。如果职业经理人制度的实施不能解决这一问题，或者由于职业经理人岗位的出现又产生了一类新身份，那么国企组织活力的长期保持是有问题的。

所以，国企的职业经理人制度长期得以推行，首先要解决从上到下各个级别干部岗位的职业化问题。这里要层层职业化,并不是说请全体干部都和职业经理人一样通过市场招聘,而是说需要在国企内部建立起所有级别岗位都和职业经理人岗位一样的身份和责权利关系。

**组织奋斗化**

我们认为,国企职业经理人制度如果只是建立在"契约"的水平和标准上,而不是建立在"组织奋斗"的理念上,它所产生的效能和产出会大打折扣。

中国人和中国组织的竞争力,一直是靠理想目标引导、机制配套产生的。华为迅速发展成为世界领先的企业集团,靠的是华为提出的"奋斗者精神",以及"绝不让雷锋吃亏"的激励体系。国有企业的成长和发展,更需要着眼于长期的奋斗者和奋斗型领导干部。国企职业经理人更加不能只局限在简单的聘用合同上。

组织奋斗化,我们要推动国企内部的各级别干部都成为企业发展的"奋斗者",而不仅仅是依靠合同的"打工者",所以建议国企职业经理人制度进行升级,将业绩合同改为"奋斗者承诺",寻找真正为理想和事业去拼搏和奋斗、付出的高级人员。

**激励长期化**

职业经理人的激励,通常包括年度激励、任期激励这两种形式。在国外,也有不少企业将职业经理人的业绩实现与股票期权相挂钩。目前,我们看到国企职业经理人薪酬的基本模式是年薪和任期收入两大部分。

这一现行激励结构,除了需要更多考虑到职业经理人员的市场化薪酬之外,我们认为应该更系统地配套长期激励的内容。

首先,国企职业经理人的年度薪酬水平不能完全参考市场。这是因为从实践来看,由于行业的特征、企业的熟悉程度、人才市场化程度等原因,最终受到聘用的职业经理人员多数是本企业、本集团、本系统内原先的国企干部，属于"脱马甲"的新经理人。

同时，我们认为，要更加突出任期和长期激励部分在国企职业经理人制度中的位置和比例。简单地说，是"年度不能畸高，任期不能平均，长期不能可有可无"。

从创新的角度来说，国有企业可以建立针对有长期价值贡献的高级职业经理人员长期激励基金，模仿商业保险的运作方式，为职业经理人的长期价值进行机制设计。

**心理认同化**

没有认同的职业经理人，即使再有能力，也注定干不长。

国企的职业经理人，心理认同包括几个层次的含义：

一是文化认同。职业经理人和企业其他干部员工要能够融合在一起，都需要对这个国企的文化传统有基本统一的认识，并建立共识。

二是机制认同。国企有特定的决策机制，有党的领导机制，有历史形成的管理机制，这些机制都有必要和职业经理人制度相协调统一，解决好职业经理人如何参与党的活动、如何参与决策、如何推动本职工作等新问题。

三是角色认同。国企职业经理人与外企、民企同行都有不同，但是为企业贡献价值的基本出发点是一样的。国企职业经理人要更多地与企业建立"心理契约"，从行动上做出更大的努力。

"花瓶、独苗、近视"等现象，反映了在国企推进职业经理人制度所遇到的新情况。层层职业化、组织奋斗化、激励长期化、心理认同化，是我们就国企职业经理人制度建设提出的四点基本建议。国企改革和"双百工程"正在推进中，希望这些建议能有所帮助。

## 90. 契约化经理人与职业经理人有哪些差别?

《"双百企业"推行经理层成员任期制和契约化管理操作指引》和《"双百企业"推行职业经理人制度操作指引》,提到"双百企业",或者进一步放大到整个国有企业群体,四大条件成熟的可以直接推进职业经理人制度,其他企业需要推进任期制和契约化管理,这是国企市场化干部改革的两大模式。

作为职业经理人或者契约化经理人的人士,责、权、利有什么不同?相关的管理有哪些共同点和差异点呢?

◎ 从国企干部到职业经理人之路

深入理解职业经理人和契约化经理人,还是要回到国企干部体制改革的整体脉络上来。我们需要知道,从一个国企传统的干部身份过渡到职业经理人,不是跳跃性的,而是一个数轴上的连续过程;这几个概念也不是割裂的,而是在一个变化的、成长的、渐进的过程中逐步实现的。我们来看一下知本咨询总结的国企干部市场化演进过程(见图8-3)。

图8-3 国企干部市场化演进过程

图 8-3 很简单，能够引导我们全面审视国企干部向职业经理人发展的基本过程。也就是说，随着一家国企的市场化程度持续提升和发展，这家企业所适应的干部管理方式，就可以持续从传统国企干部模式进行变化，首先是进化到契约化经理人的阶段，然后伴随市场化程度持续提高，最终完成职业经理人的市场化管理。

通过这个图，我们知道，要根据国企市场化发展的道路和发展阶段来决定选择不同干部市场化模式。同时要注意的是，这个图中的进程是连续的，而国企的市场化演进是一步一步的，那么所有的模式只能是一个大概圈定，而不是只有这两到三种选择：不是 A，就是 B，或者只剩下一个 C，这样的认识有误区！

有没有可能在目前的契约化经理人和职业经理人之间选择一种方法和模式，或者叫作"准职业经理人"模式，把两种模式结合起来？当然是可以也是可能的。

能不能今年先进行契约化经理人推进，等一两年企业综合市场化程度提升了，再改变为职业经理人模式呢？当然可以也是可能的。

◎ 契约化经理人与职业经理人有三大不同

契约化经理人与职业经理人有三个关键的不同点，就像三个行星轨道不同一样：身份不同、薪酬不同、管理方式不同。

**身份不同**

契约化经理人是在原有劳动合同基础上，重新与公司董事会签订了岗位的任期聘用协议以及考核责任目标合同，与董事会形成了针对岗位和工作的刚性绑定兑现逻辑，完不成合同目标，就要下台，甚至撤销党内职务。

但是，经理人的劳动合同还在，他仍是企业的员工，经理人的人事档案仍由企业进行管理，他还是企业人才中的一员，只不过暂时没领导岗位了而已。简单地说，"下来了，但没出去！"

职业经理人是真正实现了市场化进退的经理人。这些人员的党组织关系在企业，但是人事档案离开公司，放到人才市场；同时在聘为企业高级管理人员时，除了岗位聘用协议和考核目标协议外，还要重新签订同期间的劳动合同。如果由于各种原因解聘或者终止合同，那么劳动合同也终止了，职业经理人就不再是企业成员，而回到人才市场当中去。换句话说，如果一家国企推进职业经理人制度，要求所有经理人岗位都纳入，那么现职岗位的干部，或者有意向竞聘的其他企业成员，要做的事情是先提出辞职（或者在竞聘成功后办理辞职手续），把人事关系转到人才市场去，彻底转变身份，重新签订劳动合同，并且准备承担一旦没法续聘就必须离开企业的所有成本。职业经理人的身份，简单地说，"下来了，也出去了"。

**薪酬不同**

责、权、利永远对等。从政策可以看出，身份不同，产生的风险也不同，职业经理人的市场风险和对赌风险更大，所以，在本次政策改革中，就两者的薪酬激励规定也不同。

对于契约化经理人，规定是"合理拉开经理层成员薪酬差距"；对于职业经理人，规定是"按照'业绩与薪酬双对标'原则，根据行业特点、企业发展战略目标、经营业绩、市场同类可比人员薪酬水平等因素，由董事会与职业经理人协商确定"。

职业经理人的薪酬，一要和市场同类人员薪酬水平对标，二要和岗位业绩完成情况对标，给予的报酬参考市场标准，并且通过协议工资的方式来讨论和确定。"市场水平""协商确定"是其主题词。

契约化经理人的薪酬水平，政策规定里没有谈及，只是提到拉开收入差距。这就说明，契约化经理人的薪酬水平，原则上仍需要参照整个国有集团公司和单体企业的历史薪酬水平和相对结构关系，不能人为、主观、脱离环境去与市场对标。同时，在此基础上，可以通过不同岗位的职责差异和业绩差异，进行经理层薪酬的区别和拉开，打破一碗水端平的大锅饭倾向。所以我们认为，契约化经理人的薪酬特点，可以用"结合历史、打破平均"主题词来总结。

**管理方式不同**

国企的经理层干部，涉及干部管理权限和国企干部管理程序的管理方式问题。从本次政策规定来看，契约化经理人和职业经理人是不同的。

对于契约化经理人而言，岗位的任用仍由上级单位党组织确定，领导班子成员并没有要求必须发生变化，也不必再搞竞聘或者推荐程序，需要补充的是如何明确任期，如何明确考核奖惩。在这个过程当中，除了上级党委领导外，本企业党委仍要发挥作用，"负责研究讨论相关工作方案和考核结果应用等重大事项"。综合来看，契约化经理人的干部管理方式和程序并没有发生重要变化。

对于职业经理人来说，由于已经完成了身份转换，成为市场人，所以管理的方式就不同了。《"双百企业"推行职业经理人制度操作指引》明确，"'双百企业'董事会依法选聘和管理职业经理人，负责组织制定相关工作方案和管理制度、履行决策审批程序、组织开展选聘、参与考察、决定聘任或解聘、开展考核、兑现薪酬等"。

董事会是职业经理人的管理主体，这一点与契约化经理人不同。同时，

"符合条件的职业经理人,可以按照有关规定进入'双百企业'党组织领导班子"。这里有关规定是指党内关于党委会成员由党员代表大会选举产生等制度规定。这些规定告诉我们,职业经理人根据合同契约受到聘用国企董事会的直接管理,同时,如果是党员,也要吸纳进党组织,并且满足相关条件的可以选举为党委领导成员,这是一主一辅的关系。

身份不同、薪酬不同、管理方式不同,这是契约化经理人和职业经理人的三个基本制度区别。在实践过程当中,每家企业情况差异很大,还需要各位细细设计、有所创新。

## 91. "三项制度"是什么制度？

劳动制度、人事制度、分配制度这三个词合在一起，叫作三项制度。这三个方面在国企人力资源管理中扮演着三足鼎立、互为因果的核心角色，所以不可缺少其中任何一个端点。

劳动制度解决的是"劳动对象"的问题，也就是对于需要人力资源的工作任务本身进行的规范。劳动制度就是要一家企业根据战略和发展目标、企业的业务特点等等输入变量，得出需要一种什么样的合理组织结构，需要多少人来完成这样的工作任务，这些人客观上需要什么样的任职条件。所以，劳动制度研究的是保持组织管理高效、科学的学问。

所谓"人员能进能出"，基本方式就是根据战略和组织的要求，制定科学的岗位，需要的时候找人，不需要的时候减员。

人事制度解决的是"劳动主体"的问题，是对用人管理进行制度规范。人事制度涉及三个方面：怎么样选择合适的人来完成工作，怎么样来考核判断工作完成情况的好坏，怎么样来处理干得好和干得差的干部、员工。

"干部能上能下"，就是要通过人事制度设计，来保证业绩优秀人才得到提拔，业绩垫底的员工按照规则进行淘汰、降级。

分配制度解决的是"劳动价值"的问题，是对人工成本进行的规范。分配、分配，一方面是分，另一方面是配。分就是要有效区分，根据岗位层次、专业区别、能力高低、业绩表现等要素把不同的企业人员区分归队；配就是要合理配置，把有限的钱和福利项目按照合适的方案，配置给不同的人员。这样，让价值创造的过程，最终在价值分配的结果中得到合理体现。

"待遇能高能低",核心是通过分配制度,实现企业内部和价值贡献相一致的差异化、动态化分配,同时也能和社会公认的价值贡献保持一致。

三项制度改革就是要把上面劳动对象、劳动主体、劳动价值三个要点结合起来,共同把企业人力资源的投入产出做到最优,进而推动组织的发展。这是一个从组织整体出发的"效率型改革",而不是从个体员工出发搞的"福利型改革",指挥棒握在企业领导人手里。

那么,这样的三项制度改革,哪些方面是必须改的呢?请参看图8-4。

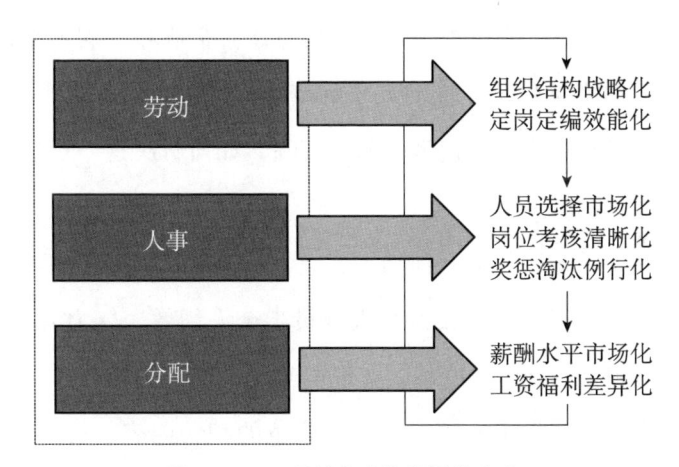

图8-4 三项制度改革的具体内容

劳动 → 组织结构战略化 定岗定编效能化

人事 → 人员选择市场化 岗位考核清晰化 奖惩淘汰例行化

分配 → 薪酬水平市场化 工资福利差异化

总体而言,我们说三项制度改革,涉及"管理七化"的问题。

组织结构战略化。这是劳动制度的切入点,从企业战略角度进行分析,看看市场竞争力要求什么样的公司组织结构设计,应该如何去优化。

定岗定编效能化。这是劳动制度的落脚点,从组织整体结构设计,到确定岗位规模、数量以及任职资格要求。这种科学的定岗定编如果和目前企业的用工情况不符合,应该如何调整?

人员选择市场化。这是把好用人进口的问题。企业选择合适的人员来使用和聘用,可以有多种方式,但是市场竞争是最具效率的途径。国企人事制度改革的重要方面，就是强化市场机制和竞争机制在选人上的作用。

岗位考核清晰化。这是管好用人存量的问题。岗位考核是以绩效结果为导向，还是以过程难易为导向，还是以价值文化为导向，这些问题都需要进行清晰界定，不能左顾右盼，更不能朝令夕改。

奖惩淘汰例行化。这是管好用人出口的问题。奖勤罚懒、奖优罚劣，这些基本规则的道理大家都明白，关键是在惩罚、淘汰方面，是不是下得去手，能不能持续进行，这是问题的核心。

薪酬水平市场化。在分配上，首先要与社会企业和平均水平进行比较，充分体现人才的市场价值，推动人才的市场流动。当然，国企的薪酬水平和市场比较，经常是中高层偏低，基层偏高。如何解决这一价值结构问题，是必须重点考虑的。

工资福利差异化。分配上推动差异化，首先是按照岗位价值贡献的差异，将薪酬福利进行区分；其次是根据员工个人绩效、能力表现进行动态管理；最后是根据企业绩效好坏，实现员工收入和企业联动。

以上就是我们通常所说的三项制度改革的相关内容，可以看出，这个问题理论上并不复杂，没有超出现代人力资源管理的任何常规范畴，但是，结合中国国企的历史和文化特点，加之特定的环境背景，国有企业践行三项制度改革的难题却不小，各家企业落地情况千差万别。

## 92. 为什么二十年来三项制度改革一直是一道难题？

国有企业有一个老大难问题，那就是"人员能进不能出，干部能上不能下，待遇能高不能低"。

说这是个老问题，是因为提出要解决这个普遍性问题已经有二三十年了。从政策上关注此事，我们要追踪到2001年，当时的国家经贸委、人事部、劳动和社会保障部发出了全国性的文件《关于深化国有企业内部人事、劳动、分配制度改革的意见》，就是要解决这个国企老毛病。

说这是个老大难问题，更是因为直到2019年的国企改革"双百工程""五突破一加强"核心任务，仍把内部的市场化机制建设以及有效健全的激励约束机制，摆在五大突破任务的第二项和第四项。

可见，过去的近二十年，在"人员能进不能出，干部能上不能下，待遇能高不能低"问题上，仍然没有找到卓有成效的解决方案，或者说，没有长治久安的治病良方。

中国这么大，国有企业经历二十年，还是对这个老大难问题没有好办法吗？原因是什么呢？

我们认为有四大原因（见图8-5）：国有企业三项制度改革推进出现反复和不彻底的现象，首先是在政策环境方面，国有企业由于其特殊性，承担了很多保持平稳发展的职能和要求。相关的政策，从社会安定角度规定了更多地保障员工权益和劳动合同，更多地履行国企社会责任，而没有过多地从国企组织角度看如何提升效率和效能。

图 8-5　三项制度改革的制约因素

其次是企业文化不配套。一种市场化的、绩效导向的企业文化，和一家命令性的、人情关系导向的企业，在涉及三项制度改革方面，会出现完全不同的推动效果。过去多年来，国有企业内部营造市场、竞争的文化理念，一些企业做得并不到位。

再次是历史包袱问题。中央企业多则上百万名职工，少则数千名职工。地方很多国有企业，由于从计划经济转轨过来，家属区、学校等管理责任问题还没有完全解决。富余人员如何安排？如果按照科学的方法，就是推向社会，但这显然是有问题的。

最后是管理配套问题。三项制度改革将涉及企业其他内外部机制改革的帮助，比如外部用人市场的完善、法人治理结构的优化等。这些配套问题如果不解决，三项制度改革的成功将打上问号。

以上这四个制约三项制度改革的因素，在目前新一轮国企改革浪潮中已经有很大的改观。我们认为，对于不同的企业来说，都有独立推进三项制度改革的新空间。

不过，对于能不能顺利完工，能不能有效落地，有几句话送给大家：改革时期比求稳阶段好搞，新建企业比老龄公司好搞，市场基因比封闭传统好搞，系统设计比单兵突进好搞。

我们就三项制度改革问题先起个头，重点是给大家分享一些概念和理论问题。我们下面继续深入，看看新时代的三项制度应该赋予什么样的新基因。

## 93. 三项制度改革的核心内容和要点有哪些?

很多企业都在思考:"如何把新时代的三项制度改革做出新意来?"三项制度改革已提出二十多年,至今还要继续改,说明国企这个"能上不能下,能进不能出,能多不能少"的痼疾不好治。

进入"90"后、"00"后员工新时代,如果还是用二十年前的老思路、老方案来应对今日的组织和人才改革,药性、药理都会紊乱了。所以,我们要思考,新时代的三项制度改革如何改出新意,体现时代特色、人才特色?

### ◎ 劳动改革:寻找四大价值汇聚点

价值驱动的劳动改革,要体现哪些价值?又如何体现呢?我们认为,核心是四大价值。

在劳动改革领域,核心使命是根据企业发展战略,制定科学的组织结构和业务流程,再细化为具有竞争力的岗位设置和编制规模,然后匹配内外兼顾的岗位价值评估,同时建立和优化不同类型员工的职业发展通道(见图 8-6)。

图 8-6 劳动改革的核心价值

这些内容，不是一个新课题。自从科学管理产生和发展以来，国内外的组织设计都在持续探索这些问题的解决方案。

改革的难点在于，每个企业都有自己的组织结构和岗位设置，但产生的组织效果却大相径庭，这是为什么呢？如何把一种低绩效的组织模式，改革变成一种更有绩效的组织模式呢？

核心就在于，是不是从"价值"这个角度去思考和建构企业的改革方案。

国企劳动领域的改革，就在于把战略价值、市场价值、岗位价值、员工价值四个价值要素有效结合和汇集，寻找最优结合点。

战略价值的意义在于，组织结构要能够充分地响应战略需要。在某些时候，组织要牵引战略的落地。

市场价值的意义在于，企业的岗位设计、组织规模，要不断拿到市场上去横向对比，看看人均产出、人均效能、单位资源利用效果的位置，从而对准标杆，精准定位。

岗位价值的意义在于，企业内部建立起对应所有岗位的价值坐标体系，无论和岗位责任、岗位任职条件、岗位层级，还是和岗位序列，都能有机地串联或者并联到一起，不会内部紊乱，解决了一个人的问题，带出来更多人的新问题。

员工价值的意义在于，每个人都有自己的发展目标和定位，在不同的通道上前进，体现人生奋斗的意义。

我们都说，企业的能量释放是组织能量和员工个人能量共同作用的结果。劳动改革的四大价值，就是在这两个维度之间找到最佳的平衡点。

## ◎ 人事改革：五方面推进竞争基因沉淀

国有企业人事制度改革最大的难题在哪里？我们认为，很多方面受到了计划性体制和习惯的困扰，比如任命制带来干部意识和身份意识。解决这类问题，最好、最直接的方法就是在不同层面引入竞争基因，推动企业和市场比较、组织和同行对标、干部和业绩挂钩、员工和标杆比较。有了竞争性因素参与，干部和人事制度就好似源头活水来。

竞争要在五个方面体现，如图 8-7 所示。

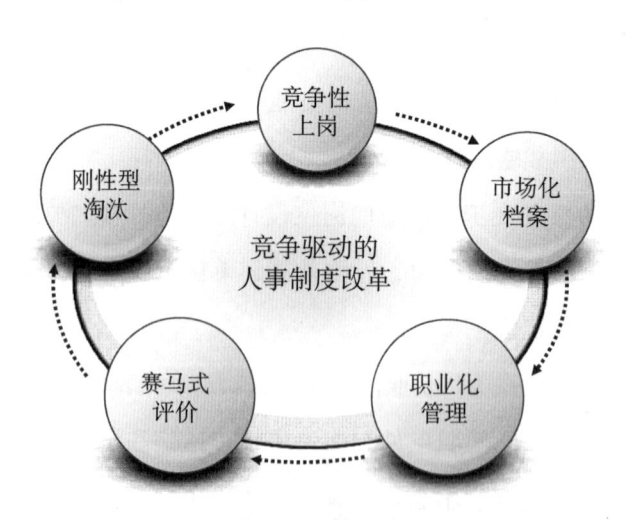

**图 8-7 国有企业竞争体现在五个方面**

竞争性上岗。对于很多国企而言，在从外部选调干部或者招聘大学生等方面，竞争性选拔的使用是普遍的，而且人才选拔方法也很多。但是，在内部干部流动、岗位晋升等维度上，竞争性就有限，或者基本消失了。这就导致一个问题：一个员工的职业生涯，最开始的时候有竞争、有活力，年纪越大，岗位越高，竞争越少，职业的懈怠和枯竭感越明显，这显然是不符合人才发展规律的。因而，竞争性上岗，对于中高级岗位以及企业内部选拔，都显得更为重要。

市场化档案。人事档案放在哪里，和国企干部员工心态有十分重要的关联。党管干部体制下组织部门对于档案的管理，如何与在外部人才机构管理的档案相衔接？这是在本轮国企改革中需要优先考虑和解决的问题。我们认为，真正的人事制度改革，应该将企业档案管理市场化，从而彻底打破不同人不同身份的区别。

职业化管理。职业化分为两种，一种是通常所谓的职业经理人，他们处在金字塔塔尖；另一种是对于企业岗位的职业化，要求所有身处金字塔的人员都要有职业化的管理配套、职业化的进入和退出。从我们之前的分析可以看出，一家国有企业选聘有限几个职业经理人，希望产生鲶鱼效应，但经常会由于各种配套不完善，效果有限。因而，我们提倡的职业化管理，是指企业岗位的职业化，要对全体岗位进行市场化、期限化、目标量化。

赛马式评价。千里马常有，而伯乐不常有。企业内部的优秀干部是靠战斗训练出来的，不是靠指定培养出来的。竞争基因反映在企业团队领导人和组织方式上，就是要大力推进"归零赛马"，让业绩和比赛结果说话。国企人事制度改革，就是要建立和优化不同层级的赛马工程，选择马队，开辟跑道，记录业绩，比较结果，重用优胜者，带动中间者，自动淘汰落后者，市场化处理排队末尾的领导干部。

刚性型淘汰。淘汰机制大家都关心，但是国有企业能够真正践行的却很少。企业历史、企业文化、合同任期等等周边限制因素不少，也进一步影响淘汰机制的使用。不过，没有淘汰，就没有出口，能进能出的关键问题就没法解决。所以，有效的人事制度改革，需要刚性淘汰制度配套。如果靠企业内部人事部门，没法承受这样的改革压力，那就需要外部力量、股东力量一起参与，保证组织的常变常新。

## ◎ 分配改革：市场驱动的共创共享

分配制度改革是每次国企改革的重中之重，涉及广泛，影响深远。新时代的分配制度改革，要做好哪些市场化的努力呢？我们从三个方面进行一番考量（见图 8-8）。

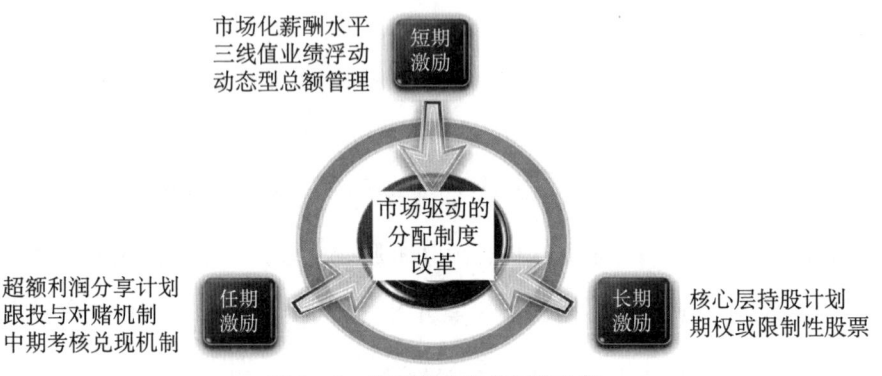

图 8-8　分配制度的市场化改革

本轮分配制度改革，拥有很多新的政策空间。在工资总额管理、长期激励等方面，相关部门已经授予国有企业众多新的工具。

在短期激励方面，企业的薪酬系统和水平可以充分参照市场进行调整和优化。同时，我们提倡将保底值、平均值和标杆值三条线明确划定，作为企业薪酬浮动兑付的基本参照系。企业工资总额的管理，按照最新管理政策，实施与企业效益和人均效益双挂钩的动态调整机制。

在任期激励方面，也就是 1 年到 3 年的范围内，可以采用的市场化激励方案有推进超额利润分享计划、推进跟投与对赌机制、推进中期考核兑现机制，这些都是推进干部与经理层任期制的有效激励手段。

在长期激励方面，对于非上市公司，符合政策的企业可以采用核心层持股计划；对于上市公司，可以使用限制性股票或者期权计划来推动长期激励的落实。

## 94. 有效推动三项制度改革的方法和步骤是什么？

劳动、人事、分配制度的改革，在不同的时代有不同的内涵。在新时代国企混改的大背景下，在政策的支持和推动下，很多国有企业集团都开始着手推动本单位的"三项制度改革"，具体实施时候，却发现更多挑战摆在面前。

这项改革虽说只有三个关键词六个汉字，但是越简单就越是复杂。如何找到本企业的三项制度改革切入点？如何判定三项制度和本企业发展战略、管理体系、人力资源的关系？又如何制定一套既可收可放、积极进取、风险可控，又成效显著、治病拔根的三项制度改革策略和步骤？这些顶层思考如果没有得到回答，三项制度改革有可能热热闹闹开局、冷冷清清收场。我们一起来探讨一下。

企业的管理体系就像一座房子，既有基础的部分，也有装修的领域，先后顺序、轻重缓急都是不能搞错的。三项制度改革也是如此。在劳动、用工、分配制度改革的整体架构中，知本咨询有一个形象的总结，那就是，这三项改革工程就像一座房子的梁、板、柱一样，相互支撑、彼此连接，只有把作用、顺序搞清，搞起改革的基建工程才能不走弯路。

"组织是柱"没有一种科学的、先进的组织结构，没有精干高效的岗位体系，再好的人力资源制度都像用感冒药治疗肺炎，没有好的效果。

"机制是梁"。三项制度改革是一项以建立市场化机制为主要目的的改革。这里面的机制改革是核心的部分，它以企业组织结构系统为基础，通过各种政策性规定,形成企业横向联系的神经和肌肉,这就像是房子的梁一样,把各个支柱穿起来,让企业可以承受整体的外部压力,使得管理基本成为一个整体。

"文化是板"。国企三项制度改革中摆在第三位,但是也最不能忽视的,就是企业的文化重塑,让文化的力量来感召、推动改革的持续向前。

具体推进三项制度改革,在梁、板、柱理论的基础上,需要根据企业实际情况合理科学设计。知本咨询有个在实践中总结的"七步法"经验,介绍给大家参考。

改革第一步:解决股权多元和治理问题。先要整体思考企业的股权结构和战略匹配,通过股权多元化来推动现代公司治理体系的完善(见图8-9)。

图8-9 国有企业股权多元化

改革第二步:解决组织竞争力、效率和创新问题。通过组织结构对标和战略思考，优化组织体系，提升组织的效能和效率。其中，可以充分利用盈利中心、赛马机制与组织赋能等新时代的管理原则，为组织体系的升级做出努力（见图 8-10）。

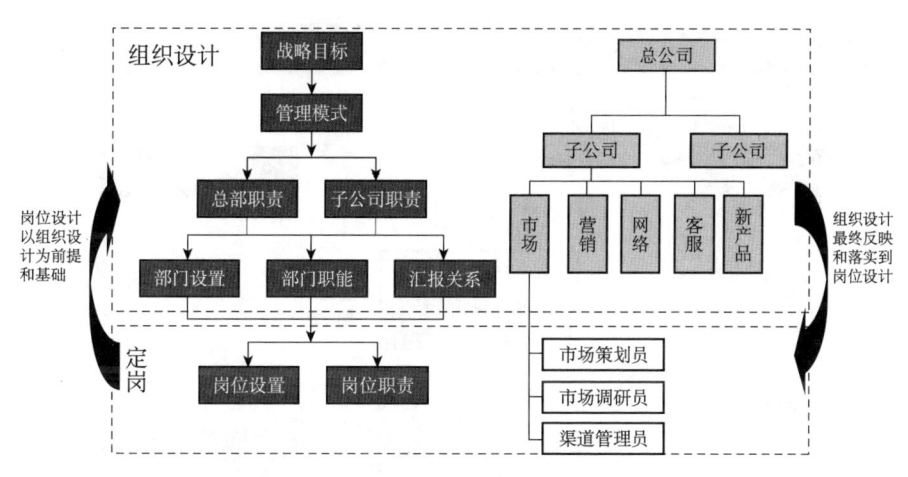

图 8-10　国有企业组织设计与岗位设计

改革第三步：解决员工职业化问题。我们提倡在国企改革中的岗位职业化，就是每个层次、每个岗位员工都要用市场化、契约化等方式进行管理（见图 8-11）。

图 8-11　国有企业岗位职业化

改革第四步：解决组织和人才体系系统化问题。根据我们的人力资源管理"7+1"模型，要系统分析和设计三项制度改革与企业整体人力资源管理系统的关系，互联互通，全面优化（见图 8-12）。

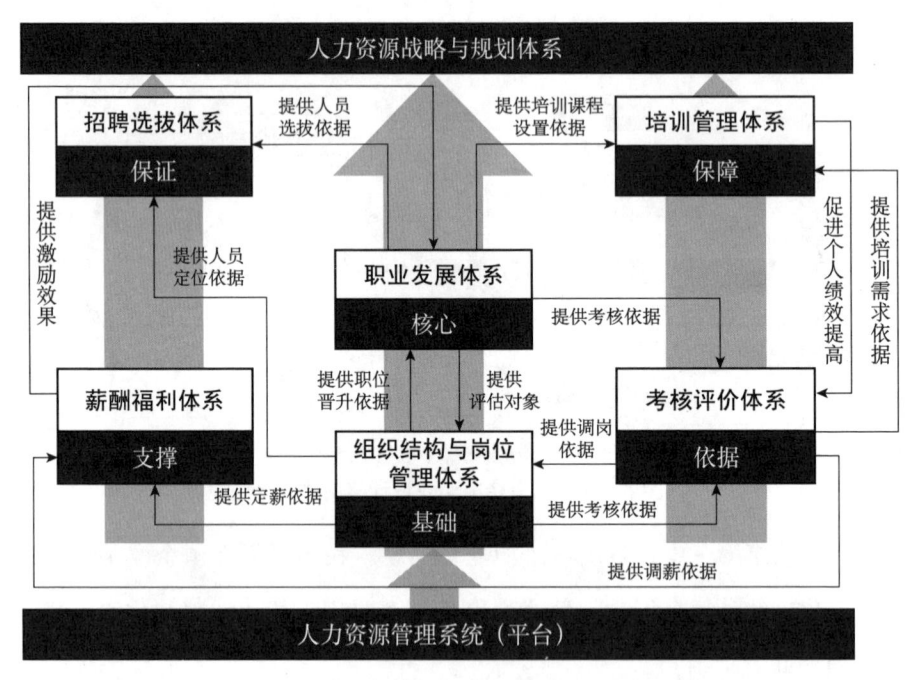

图 8-12　国有企业人力资源战略与规划体系

改革第五步：解决薪酬体系整体优化问题。分配机制改革涉及企业的薪酬体系设计和优化问题。我们要采取战略性薪酬系统的思路，对企业的薪酬进行整体分析，在四大维度推动薪酬设计和实施（见图 8-13）。

改革第六步：解决员工长期激励问题。从经营、收益、投资、所有的四权分离角度，推动国企长期激励体系建设，为企业建立事业共同体和命运共同体进行体系设计。长期激励不能是福利项目，必须发挥它应有的作用（见图 8-14）。

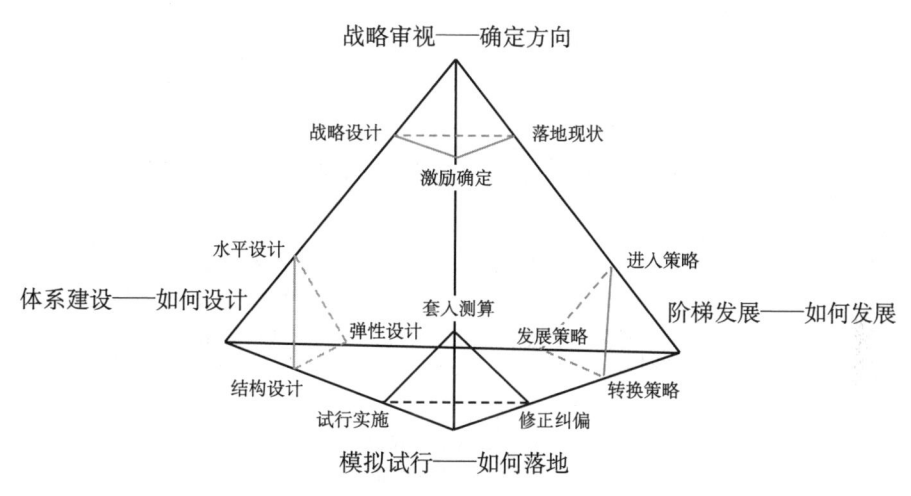

图 8-13 国有企业薪酬设计四大维度

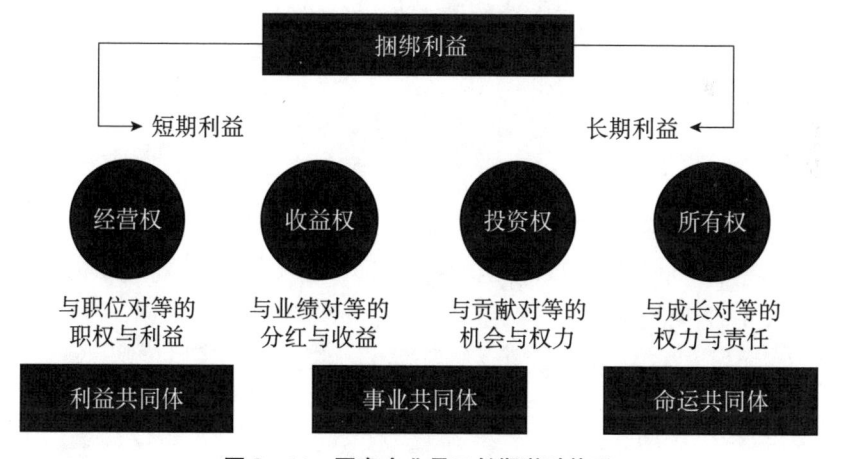

图 8-14 国有企业员工长期激励体系

改革第七步：解决新国企文化建设问题。回到三项制度改革的本质上，我们要通过新国企文化建设，打造奋斗精神和创新精神，来为三项制度改革的长期效力发挥创造条件（见图 8-15）。

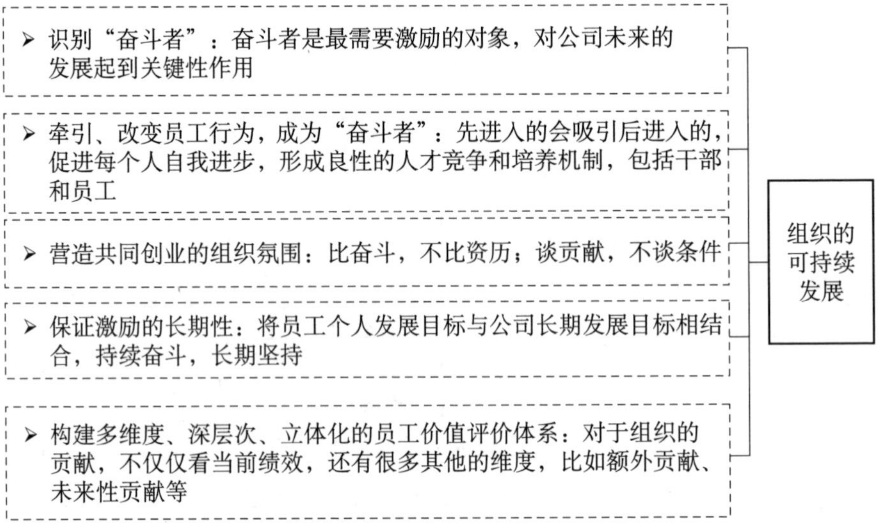

- 识别"奋斗者":奋斗者是最需要激励的对象,对公司未来的发展起到关键性作用
- 牵引、改变员工行为,成为"奋斗者":先进入的会吸引后进入的,促进每个人自我进步,形成良性的人才竞争和培养机制,包括干部和员工
- 营造共同创业的组织氛围:比奋斗,不比资历;谈贡献,不谈条件
- 保证激励的长期性:将员工个人发展目标与公司长期发展目标相结合,持续奋斗,长期坚持
- 构建多维度、深层次、立体化的员工价值评价体系:对于组织的贡献,不仅仅看当前绩效,还有很多其他的维度,比如额外贡献、未来性贡献等

→ 组织的可持续发展

图 8-15 国有企业文化建设

## 95. 市场化机制改革中的"对赌机制"如何落地？

生活里，我们不希望培养赌性，更不希望变成赌徒。但是，在企业事业发展里，面临很多需要努力争取才能赢的情形，这时最大限度地推动国企改革发展，基本目标之一是释放企业活力，提升市场化竞争力。如何能够实现呢？我想，将对赌机制恰当应用，可以起到应有的效果。

对赌机制是激励和约束相结合的机制，所以在国企改革中，对赌可以和薪酬、绩效、晋升、淘汰等重要的管理机制配套使用，大大增强改革的效用。我们列出三个重要的应用场景（见图8-16）。

图8-16 对赌机制的应用场景

◎ 新业务发展中的跟投对赌

每家国企都面临发展新业务、投资新项目、开拓新市场等"新"任务。

通常，国企都是通过反复论证、可行性研究报告等进行决策，但是信息永远不对称，新业务团队的努力程度也很难管理，这就造成一些投资项目前期看似很好，但是结果让人失望。

现在，我们可以利用跟投对赌机制来解决这一问题。可通过核心决策团队、管理团队、技术团队自己出资与企业一同投入的形式，实现利益绑定、风险共担。

跟投对赌，包括海康威视等一些优秀国企已有不错实践，前期我们在混改风云公众号里也有不少分析，在此不再展开。

## ◎ 业绩达成中的抵押对赌

国企有完成业绩考核目标的任务，每一家公司都要为业绩进行努力。通常的考核与激励模式是这么规定的：如果经营团队达成了目标，就拿奖金，完不成的话，就少拿或者不拿奖金。这种模式有激励约束作用，但是经常出现"脚踩西瓜皮，滑哪儿算哪儿"的问题。

企业业绩目标达成方面，如果匹配对赌机制，效果就会好不少。基本机制设计思想包括几个部分：

设置抵押物。也就是说，需要设定一种企业和业务团队都认可的价值机制。可以是业务团队拿出一部分资本，单独交给企业作为抵押金，也可以是业务团队拿出其他类似的价值载体作为抵押物。

设置对赌规则。虽然有抵押物，但是在对赌机制里，企业也必须承担对赌的责任。对于业绩目标实现的团队，企业可以规定除了可以加倍或者增值拿回原有的抵押资本，还能够享受业绩目标实现后带来的超额收益奖金分配。当然，如果业绩目标没有实现，企业可以全部扣除团队的抵押资本。

设计对赌管理方法。企业实践中，不是一赌就灵。需要为对赌机制配套管理方法。比如，进行抵押对赌的业务团队，要有内部竞争机制、赛马机制、相马机制和持续跟踪监督机制等。

◎ 职能管理中的"帽""票"对赌

如果说新业务发展中的跟投对赌是对增量管理的机制，业绩达成中的抵押对赌是对存量业务的管理机制，那么企业管理中还剩职能管理这部分工作，那以它能不能进行对赌机制的设计呢？

答案是：可以的。

职能管理的工作，由于没有直接的业绩目标，所以难以衡量业绩完成率，在这个时候，需要调整对赌的投入，将管理者的"帽子""票子"拿出来和企业进行对赌。

"帽子"，就是管理者的职位。"票子"，就是管理者的奖金和收入。把"帽子"拿出来对赌，就是企业各个职能部门的管理者把自己的岗位、级别和本部门管理目标的达成情况相挂钩，与企业签订对赌约束的考核责任状，明确规定：管理目标完成了，企业给予什么样的奖励；如果没完成，那就自动离岗、离职。

同理，管理者还要把自己的预期收入拿出来展开对赌。在此机制下，企业与管理者签订对赌考核约定，规定完成目标后的收入增长比例，同时规定不能完成目标后收入扣减比例，从而把激励和约束同时落实到位。

总结一下，我们以上讨论的是国企改革中的市场化机制创新问题。"对赌机制"作为一种激励约束对等的管理方法，能够在国企新业务发展、现有业务达成目标以及管理职能领域，都发挥出重要的作用。

"跟投对赌""抵押对赌""帽票对赌"，实际上涵盖了一家国有企业管理的方方面面，如果全面落地，可以说能够达到"人人对赌，事事对赌"的效果。

对赌机制的使用领域和程度，也要一企一策，各有不同。其核心都是找到激励和约束的平衡点，充分调动人的能力，最终推动国有企业实现转型和发展。

各位从事国有企业改革和管理的朋友，试试吧。

## 96. 市场化机制改革中如何推进"赛马机制"创新？

将军是打出来的。

状元是考出来的。

企业是比出来的。

人生处处充满比赛，市场比较的结果能真正证明每个人的价值。

所以，比赛是种很好的机制，能够自然而然地区分优劣、识别绩效、检验千里马的脚力。如果在国企改革中运用得当，比赛对于提升组织的管理效率和冲锋精神都会挺有帮助。

关于赛马机制的管理评论，这些年已经很多了，大家可以随意参考。有点欠缺的是，对于"如何在一家具体的国有企业，有系统地落地实施这种兼具竞争、激励和约束的管理机制？操作方法是什么？"这些实践问题，还没有一个方法论上的答案。

赛马机制的设计和实施方法有八大关键点。

### ◎ 马队

赛马，首先需要有选手。体育场上赛的是单匹的马，比的是个体。企业管理中要比的是业绩，所以选手是团队，我们称之为"马队"。

马队的头，也就是企业比赛团队的负责人、领头人，叫作"马队长"。团队的其他成员，都是队员，形成"马群"。

企业里如何寻找"马队"和"马队长"呢？简单来说，就是找到和确认那些业绩清晰可见、职能边界清晰的组织、单位、部门，同时，最好是它们之间可以进行横向成绩比较，便于比赛的顺利进行。

比方说，在我们都熟知的永辉超市，马队就是根据销售收入差异，把不同的店面划分为 A、B、C 等几类，店长成为马队长。永辉超市的赛马机制就是在可比店面类型中进行区长与区长比赛、店长与店长比赛、小店与小店比赛。

我们确定马队和马队长，就是要形成"干部领跑、全员赛马"的基本局面，让每个企业员工都参与到竞争和比赛中来。

◎ 赛道

有了马队，就需要赛道来配合。这是因为不同性质的马队需要的竞争规则是不同的，赛道的宽度和长度自然要区别开。

龟兔赛跑，可以是一个好故事，但企业内部赛马机制就不能把两类完全不同的下属单元安排在一起竞赛。

赛道的管理，要先做好对宽度的设定。这就取决于企业内部按照不同的业务类别、组织规模、发育情况等参考指标，对马队进行分类排列，既做到横向可比，又能保证每类赛道里都有不少于 6 匹战马可以比赛。否则，要么赛不起来，要么比着没劲。

赛道的管理，再要做好对长度的设定。就像 100 米短跑选手和万米中长跑选手，他们的能力是不在一个距离里丈量的。企业内部，有的组织业绩需要即时反映和比较，比如市场销售和订单；有的组织业绩需要多年积累和沉淀，比如研发和创新。那么，这些马队的比赛时间和业绩衡量尺度，就需要进行调整。

◎ 赛制

赛制和赛道有一定的关系，这个环节是要明确在一年之内如何循环往复地开展比赛，让各个马队都有章可循。

很多朋友熟悉网球、高尔夫等职业运动，也有朋友关注美国职业篮球联赛的赛制。这些比赛都是在一年内的、大量反复进行的单项比赛基础上，通过全年的积分总和来确定运动员或者球队的排名和冠军归属。

把这些赛制规则引入企业的赛马，就很有意思。我们可以按照"月度小赛、年度总决赛"的双循环比赛逻辑，在每段较短的时间内产生小冠军，年度产生总冠军，让企业马队都有机会在不同的时间、以不同的方式崭露头角，充分激发战斗热情。

◎ 赛规

那么，用怎么样的规则来确定企业赛马的冠军，又如何来识别最后一名呢？这是整体赛马机制的重点。

赛规，实际是一套衡量指标体系，能够确保在每一次单项比赛中，各个马队都能得到公平的成绩。

体育赛马规则简单，那就是"速度"，用时间来衡量。企业业务特点不同，指标体系的搭建侧重点就不会完全一样，甚至有天壤之别。一家零售型的企业，对店面进行赛马，比赛成绩的评定可能涉及销售额、收款、商品库存、坪效等几个维度；一家制造性企业，对车间进行赛马，比赛成绩的评定依据就可能改为产量、品质、消耗等指标。

企业主要根据自身特点定义评价指标，但宜少不宜多，宜简不宜繁。方便比较，也方便马队参照核心指标调整绩效行动。下面是公开引用的永辉超市小店赛马评价指标，大家可以自行参考。

◎ 赛绩

赛马机制的特点是公开透明，让观众和比赛的参与者都能及时看到每场比赛的结果。企业赛马管理，要体现三项成绩规则：

公开。所有的考核衡量指标，每个参与团队的成绩，都向企业成员透明披露，及时反馈，并且要随时接受查询、质疑。正是因为赛马关系到每个马队的面子、票子、位子，所以公开透明、公平合理的赛马成绩对于每个成员都重要。

排队。关键是赛。比赛有胜负，成绩有高低。竞争性激励，首先体现在排名、排位和排队上。企业要定期、及时披露每一次比赛的结果，并且按成绩高低确定马队的排名，看看谁是冠军、哪些马队表现出色，形成一种"看板效应"，让大家自己去评价，"不用扬鞭自奋蹄"。

归零。什么是归零呢？是说每一个年度的赛马周期结束后，上一年的成绩无论有多好或者有多差，在完成考核后自动清零，不再计入下一年的基数。为什么如此？就是要防止"马太效应"，确保每一年度的比赛都能够在公平的起点上开始，既不能让优胜者躺在之前的业绩基础上，也不能让暂时落后者根本没有机会超越。这样的比赛才有意思，才能持久。

## ◎ 重奖

既然是比赛，对于胜利的和领先的选手，一定要有足够强的吸引力，以引导大家奋力向前。

在体育比赛中，会设置不同级别的奖金，冠军的奖励会足够大，除此之外，由于有媒体参与，比赛对运动员个人名誉上的影响也很大。

企业赛马也是同理，需要为跑赢的冠军队伍准备有足够吸引力、足够多的奖励，同时，也需要利用企业文化、宣传力量，在公司内部形成学习标杆，创造比学赶超的氛围。通过各种仪式，让竞争优胜成为人人看重、个个向往的工作方式。

## ◎ 淘汰

有奖励，就一定有淘汰。通过赛马，选拔和识别出优秀的马队和干部，这是一个方面；另一方面，这种机制更为重要的作用在于，如果持续在赛马过程中表现不良，进展缓慢，或者持续垫底，那就必须"淘汰"。

这是竞争的结果，国有企业的改革要出长效，激励优胜不算太难，但是能不能按照赛马的结果，刚性淘汰不达标的马队？如此一来，不同企业区别就很大了。

末位淘汰制度由来已久，很多企业执行不好的原因，一是评价体系有很多主观因素，导致衡量不科学，大家感觉不公平；二是企业的文化氛围没有形成能者上、庸者下的广泛共识。现在，我们有了赛马机制，可以通过比赛解决这两个问题，打破能上不能下的旧习。

## ◎ 裁判

最后一个，是关于如何公正、公平地进行赛马评价。如何当好裁判呢？

赛马很严肃，所以裁判就不能太随意。这里包含两层意思。

首先是成绩衡量的方式，能客观就不要主观，能用第三方指标评价就不用上级主观评价。赛马的评价指标，要选择那些可以直接从客观世界获得并且得到大家认同的数据，同时，比较的是核心指标，而不要面面俱到。

其次是裁判要有广泛的代表性，可邀请马队成员、职工代表一起参加，共同评价。同时，要有质询和投诉机制，保证赛马过程出现异议时，可以得到有效评判。

## 97. 市场化机制改革中的奋斗者机制如何实施？

华为自1987年成立，逐步发展为跨国领导型企业，在技术、市场、业务方面超越全球很多百年历史行业巨头，靠的是"以客户为中心，以奋斗者为本"。

华为千千万万"奋斗者"认同公司文化，甘愿加班、出差、承压，暂时放弃个人舒适，全身心投入组织和工作的"狼群"。他们所表现出的奋斗者精神，是华为前进的动力和基石。

那么，国有企业需不需要奋斗者？国企能不能有奋斗者机制？国企怎么能把华为的奋斗者精神引入自己的文化和干部队伍里呢？

我们的回答是，"可以！前提是真学、真懂、真干、真坚持！"

因为，奋斗者本身没有所有制标签，也没行业属性，不分企业大小，它是对人性的召唤和管理。奋斗者机制成就华为，同样可以成就广大优秀国有企业！

◎ **国企需要经理人，更呼唤奋斗者**

先说必要性。

我们经常把一家企业里的干部员工划分为三类人：投资和奋斗的人、交易和买卖的人、负面和偷懒的人。

这是从价值观的角度对企业的扫描结果。这三类人的动机和表现各异。有人不计个人得失努力拼搏，有人斤斤计较、给一分钱干一分活，有人天天找空子、钻缝隙、对付凑合。

企业人才机制要做什么才能从整个组织上提升竞争力？

我们认为需要大力激发"奋斗的人",有效管理"交易的人",坚决去除"偷懒的人"。

在国企改革中,更是要寻找和激励那些努力奋斗的干部员工,让他们形成足够强的能量,形成良性的文化氛围,改善企业的"奋斗气场"。

从这一点来说,奋斗者和职业经理人既有联系,也有不同。

这次国企改革的实践中推进的职业经理人机制建设,是期望用市场化激励、契约化管理、职业化进退的模式,改变国企用人"能上不能下、能进不能出"的症结问题,这种模式的基础是"契约",是"职责"。对于迫切需要用人机制改革的国企来说,职业经理人机制是一种激励约束对等的有效方法。

职业经理人的契约能解决职责约定和目标确定问题,让职业经理人"种瓜得瓜",但是没有完全解决为了更高的、更难的、更长远的目标而拼搏的问题,所以有的时候,会产生"超过目标悠着点、经营决策看眼前不想长久、时时考虑个人投入产出"等"职业经理人病"。

这个问题如何解决?就是要用奋斗者精神来武装职业经理人,让奋斗者充实职业经理人队伍,让奋斗文化充满企业空间!

国企需要经理人,更呼唤奋斗者!

◎ **谁是奋斗者?如何成为奋斗者?**

如何能找到国有企业内部的奋斗者们?我们需要做个画像。

奋斗者是一群拼搏、奋斗的人,他们具有某些共同的优秀行为,比方说以下四点:

- 他们是客户导向、持续奋斗、开放共享和持续创新等方面的典范。
- 他们有敢于担当、勇于创新,主动学习、主动工作、主动思考的习惯。

- 他们自觉自愿利用休息休假时间以保障工作任务完成，不计较劳动报酬、个人得失。
- 他们认同公司文化，支持公司对工作岗位的调整与安排。

每个企业都需要建立自己的奋斗者行为标准，用以衡量奋斗者，也用以指明每个员工的努力方向。

奋斗者的行为标准充分说明：奋斗者不论级别，奋斗者不论岗位，每个员工都可以成为奋斗者！

如何成为奋斗者呢？优秀企业的实践告诉我们，奋斗者不是组织指定的，也不是领导看好的，而是自己主动申请，并经企业考察审批的。

奋斗者首先需要主动申请，提出奋斗者申请并签署承诺书，这是奋斗者管理的起点。这个申请，首先是主动表明自己的态度，并且自愿向奋斗者行为规范看齐；其次是承诺，严格按照奋斗者的要求由企业评价自己的未来发展。

奋斗者的行为是完全自主自愿的行为，不会掺杂任何被动、要求的过程，目的就是让员工能够从自我出发，把自己的行动和企业价值观统一在一起，从而释放积极向上的人性潜能，控制消极和复杂的人性弱点。

## ◎ 怎么样让奋斗者成为榜样？

华为有句话，叫作"决不能让雷锋吃亏！"

奋斗者是企业发展的基石。申请成为奋斗者的员工和干部，都用拼搏奋斗精神来指导自己的行为，企业同样用超额的回报和激励来反馈奋斗者。

让奋斗者成为榜样，首先要明确规定奋斗者区别于普通干部员工所享有的权利，比如：

- 要获得企业内外部荣誉，必须是奋斗者。
- 要进入企业后备人才队伍，必须是奋斗者。
- 要成为企业开展员工持股等长期激励计划的对象，必须是奋斗者。
- 要获得重要的事业发展和岗位提升机会，必须是奋斗者。

奋斗者在企业内部是大家学习的标杆，也是企业重点激励的对象。在获得激励的同时，他们的一点一滴都可以记录下来，形成奋斗者行为档案。优秀的奋斗行为要总结出来，同样，如果出现与奋斗者要求有重大偏差的情况，那就需要及时进行警示。

我们想要总结的是，在国企改革的实践中对激励约束机制进行全面深化，不仅要在有形的持股、分红、跟投等正向激励措施的应用方面，还需要在文化、心态、标杆等无形的精神力量方面下更大的力气。奋斗者机制从企业树立奋斗标准和要求开始，到员工自我定位和承诺，再到奋斗者行为的强化，最后落地到奋斗者的激励和榜样作用，这一简单的四步法，弘扬文化正能量，抑制心理负杂音，将会帮助更多的国企在改革中充实动力，抵达彼岸。

## 98. 市场化机制改革中如何利用"企业基本法"?

华为公司已经成为中国优秀企业的杰出代表,这家公司带给世界的不仅有先进的技术产品、层出不穷的创新实践,还有一份闪烁光芒的管理文件——《华为基本法》。华为公司获得巨大成就虽然有非常多的原因,但是《华为基本法》所起到的引领性、基础性、思想性作用,是其中非常重要的部分。

国有企业通过混改形成了崭新的股东结构,面向新的战略目标,如何才能既让市场化机制绽放色彩,又让所有股东看到一家持续发展、蒸蒸日上的新企业呢?我们认为,参照《华为基本法》制定混改企业的基本法,是一种有效的管理方法。

◎ 何为"基本法"?

各家公司都对基本法有个理解,有的感觉基本法是一个类似企业文化纲领的东西,有的认为基本法是企业家思想哲学的总结,有的说这是企业一种政策归纳。一部真正有价值的企业基本法和一部形式模仿的企业基本法之间,最基本的差异是什么呢?

我们说,企业基本法的制定并不是为了总结价值观,而是要探求在企业保持基业长青道路上必须回答的三个基本成长命题的答案(见图 8-17)。首先,回顾企业过去成功靠什么。其次,通过自我深刻反省,来明确企业在哪些方面需要变革和突破。最后,全面思索探求企业未来成功需要什么。对这三个问题思考并回答清楚,就形成了企业对于过去、现实和未来的核心判断,进而明确了企业的成长方向,长期坚持,就能帮助企业走向新的成功。

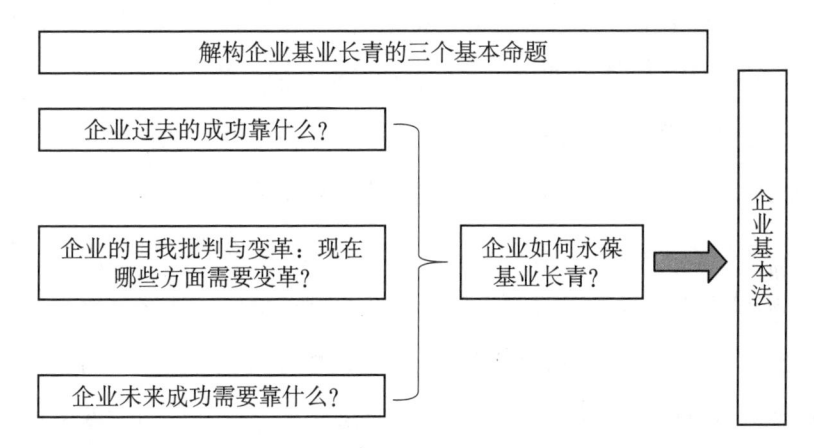

图 8-17 企业基业长青的三个基本命题

基本法不在于文字多少，不在于概念时髦与否，不在于格式完整与否，核心的是在起草过程中，完成企业组织对上面三个问题的核心思考，并能够系统性梳理成发展思想，同时在企业内外形成广泛的共识。

如果以"找到企业成长与长青的灵魂"来说明企业基本法，可能相对接近。企业无论如何发展，都需要灵魂支撑、灵魂引领、灵魂散发光热。一家企业从小到大，从几个人发展为成千上万人，目标多元了，时不时就可能丢掉过去的灵魂，也有可能找不到未来的通路。企业基本法就是企业成长中的魂，是企业独特的基因和血液，吸纳着新的营养和空气，形成一种力量和磁场，帮助企业走向新的高度。

◎ "基本法"要找到的"灵魂"有哪些？

基本法要就企业成长的三个核心问题寻找答案。对一家企业来说，这个答案包括哪些部分？基本法要找到的企业成长灵魂有哪些？

基本法首先要找到企业的战略之魂。基本法必须对企业未来成长的终极目标进行思考,"从未来角度看现在",洞察到未来的趋势和企业成长的追求。《华为基本法》第一条就讲得很清楚,"华为的追求是在电子信息领域实现顾客的梦想,并依靠点点滴滴、锲而不舍的艰苦追求,使我们成为世界级领先企业。为了使华为成为世界一流的设备供应商,我们将永不进入信息服务业。通过无依赖的市场压力传递,使内部机制永远处于激活状态"。

基本法要找到企业的市场之魂。企业基本法应该帮助组织明确一个基本点,那就是要通过未来的改进持久为客户创造价值,从这一点来说,基本法是"从客户角度看企业",从客户价值角度分析企业如何进行研发、如何进行生产和服务、如何进行营销,从而保证客户在公司的发展中持续带来价值。《华为基本法》第二十六条写道:"顾客价值观的演变趋势引导着我们的产品方向。我们的产品开发遵循在自主开发的基础上广泛开放合作的原则。在选择研究开发项目时,敢于打破常规,走别人没有走过的路。我们要善于利用有节制的混沌状态,寻求对未知领域研究的突破;要完善竞争性的理性选择程序,确保开发过程的成功。我们保证按销售额的10%拨付研发经费,有必要且可能时还将加大拨付的比例。"

基本法要找到企业的组织之魂。那么多失败企业教训说明,中国企业不是被竞争者打败,而是死在自己手里。这里最大的死因源自企业组织在成长过程中产生的失控、变形、撕裂、内耗、出血等症状。因而,保障基业长青的基本法,必须找到可以护佑企业发展的组织之魂。"从局外角度看局内",通过明确组织升级转型必须解决的问题,有效安排未来在组织边界、组织效率、组织能力上与公司相匹配的模式和路径,这就是组织之魂。《华为基本法》用了很大的篇幅来说明华为的组织原则,就是希望明确这一点。

基本法要找到企业的文化之魂。企业文化是企业竞争力的来源之一,文化的核心是价值观。人管人靠亲情，人通过人管人靠文化。在一个企业扩大的过程中，有效的文化引领可以为企业保驾护航。通过基本法，要梳理出一家企业的核心价值观，"从心灵角度看躯体"，通过价值观实现对组织成员的吸引和凝聚。《华为基本法》第五条说明，"华为主张在顾客、员工与合作者之间结成利益共同体。努力探索按生产要素分配的内部动力机制。我们决不让雷锋吃亏，奉献者定当得到合理的回报"。这一条1996年确认的基本价值导向，把今日流行的所谓"共同体"概念提前贯彻了20多年。而"不让雷锋吃亏"精神，在今天依然值得更多企业学习。这就是华为的文化之魂。

最后，基本法要找到企业的用人之魂。基本法中要明确一家公司是如何实现价值创造、价值评价和价值分配的，用明确的干部政策、激励政策、用人原则、人才标准来给公司中每个成员一个清晰和准确的信号，约束个体目标，实现组织整体价值最大化。企业用人之魂，要能够束缚人性中阴暗的局部，释放人性中积极正面的能量，从这一点来说，用人之魂，解决的是"从人性角度看政策"的基本问题。《华为基本法》中这个部分有大量的内容，这些内容也是形成华为"狼性文化"特点的基础。

好了，我们总结一下。如果可以有效回答什么是基本法、基本法能做什么、基本法的内容应该是什么这三大问题，中国企业就有可能真正学习到《华为基本法》的精髓，推动自身成长。

从未来角度看现在，找到战略之魂；

从客户角度看企业，找到市场之魂；

从局外角度看局内，找到组织之魂；

从心灵角度看躯体，找到文化之魂；

从人性角度看政策，找到用人之魂。

## 99. 市场化机制改革中如何运用好"契约化管理"?

政策是用来实操的,改革是用来见效的。契约化管理问题不是一个形式问题,更需要深层次的机制改革配套。契约化管理在一家国企里如何落地,都需要我们尽快从实践当中梳理经验,找到契约化管理的核心要义。

### ◎ 契约化管理的"形"和"神"

契约化管理有"形似"和"神似"两种境界。契约化管理的"形",按照政策规定,包括以下几部分:明确权责,也就是给参与其中的国企高级管理岗位明确责任和权利;签订契约,要通过上级单位或者企业董事会给高管们逐一签订考核目标协议;结果兑现,任期结束时,根据考核目标协议执行情况,进行薪酬兑现,或者解聘退出。

如果我们把上面这三条管理方式单独拿出来,让很多国企都来照照镜子,他们不少人会觉得,"我们早就是这么做的了呀,每个下属企业领导班子都有任务分工,每年都签订年度经营目标责任书,奖金和干部考核也持续在进行着呢……"

既然是这样,契约化管理的新意在哪里?实质在何处呢?

这就是契约化管理"精气神"的问题,我们认为这才是本轮契约化管理的核心要义所在!

契约化管理的神,从知本咨询角度来看,包括以下几条:

● 重新就位。企业领导团队不能"就汤下面",而需要让这些领导岗位人员起立,重新找位子、找差距、定目标。起立不一定能坐下,也不一定能坐在原有位置上。要通过重新就位,实现心理上历史归零,完成再次奋斗准备。

- 充分授权。要相信契约，相信干部，给予执行合同所必需的发挥空间和执行权力，减少国企系统内部的行政干预和不增值管控，可以让经理们安心、放手去经营、管理。
- 标定航向。制定一个需要努力奋斗才能完成的业绩目标，并且匹配差异化、有竞争力的薪酬激励和事业激励承诺，既有压力，也有动力。
- 刚性兑现。说了奖惩就要算数，签了契约就必须执行！一是兑现奖励和薪酬，二是兑现解聘与退出。契约如果变成一纸空文，变相作废，整个契约管理将全面崩塌。

契约化管理既要有满足政策要求的外在"骨架"，更要有推动企业领导层和全员观念变化的内在"灵魂"，做到形神合一，方能取得管理的不同疗效！上面这四点，就是支撑契约化外在形式的核心要义、关键内核。

◎ 契约化管理的核心要义

在过去的一些年度里，契约化管理不只是一个概念，已经成为不少大中型国企完成市场化改革的重要抓手，起到了提神醒脑、推动成长的核心作用。我们结合上面所说的四点契约化管理灵魂的核心要义，给各位做个介绍。

### 精干组织，优化职能，重新就位

实现契约化管理的前置条件，是一家企业集团对执行契约化管理的下属企业组织或者业务单元进行战略上的详细思考，保证企业组织设置科学精干、业绩衡量清晰、责权利能够完整识别。在此基础上，建议对于目前的企业领导岗位进行上岗竞争，让每一个领导人员都有危机感，这也叫作

"新旧划断,历史归零,从头开始"。

上海电气环保集团是上海电气集团的全资企业,也是全国"双百行动"国企改革试点的上海市七家企业之一。2018年,这家企业改变传统的组织架构,在五个业务端口成立固废、水处理、新能源、海外和工业五个事业部,模拟公司化运行,权力大幅下放,分列考核、分灶吃饭,考核激励并重。五个事业部的总经理全部经过企业内外选聘上岗,一位外部引进,四位是上海电气集团内的年轻人才,均得到重用。

山西阳煤集团是省属大型国企集团,从2017年下半年开始,这家企业开始在集团内部全面推行契约化管理,明确实施"123456"工程,简单来说就是:践行一种精神,解决两个导向问题,用好三条途径,构建"四句话"管控模式,建立"五个一"管控体系,用好"六个抓手"。在其规定中,授权集团确定的下属企业"一把手",自主提名组建本单位高管人员队伍,履行程序后聘任或解聘,报集团公司组织部门备案。

**充分授权,建立清单,放管结合**

在清晰组织、重新就位的基础上,契约化管理第二个核心步骤,是推动充分的授权放权,厘清权责,为经理人履职创造条件。

上海电气环保集团认为,事业部总经理承担相当大的责任和压力,要负责具体的工作开展、组织协调、资源分配等,一定要有对等的授权。所以,上海电气环保集团设计了授权清单,授予各事业部总经理选人用人权、定薪权和项目开发权,对各事业部的权限大幅度放宽。

山西阳煤集团的经验是,在加压的同时充分放权,做到责权利相统一,向基层单位下放八项权利,包括自主拟定经营策略、自主拟定全面预算方案、自主拟定融资计划、自主拟定资产拨备、自主提名组建本单位高管人员队伍、自主制定考核激励方案和员工薪酬分配方案、在集团人事管理规定框架内自主决定劳动用工、自主设定公司内部组织架构等。

这两家公司的经验都说明，实行契约化管理，配套的授权放权措施是保障这种管理有效性的重要条件。

**战略指标，考核导向，鼓励摸高**

契约化管理中，考核指标是契约的中心内容，可以说是核心的核心。指标定低了，改革没有促进作用；指标定高了，改革徒具其表。如何把企业发展战略的考虑、上级单位和公司各方股东的要求融入任期考核和年度考核指标当中去，需要科学设计，让契约化管理的经理人有信心也有能力去努力实现。

上海电气环保集团强调契约化管理考核指标设计要体现"刚性"，与主要经营者签订一年合同，明确了营业收入、净利润、新接订单三个核心指标，并将其他经营质量的要求作为考核中心内容。

山西阳煤集团的契约化管理考核体系设计有更多新意。该企业在深入研究行业规律的基础上，结合企业现状和合理预期，按照"撑竿跳才能达到"和"一企一策、对标对表"的原则，设定否决和辅助两类指标。

否决指标有两项，分别是安全和利润。完成否决指标，煤炭企业兑现薪酬并给予安全重奖，非煤企业兑现薪酬并给予超利润奖励。完不成否决指标，企业负责人免职。

辅助指标包括全员劳动效率、人均工资、单位成本、应收账款、回款质量、掘进进尺、瓦斯抽采进尺、环保、资产收益率、流动性比例、不良贷款率、信访稳定、创新创造等。辅助指标实行百分制考核，严格按照契约约定考核兑现。

**尊重契约，严格标准，刚性兑现**

刚性兑现是本次契约化管理的关键约束机制，是整个体系闭环运行的最后一环，也是关键一步。

上海电气环保集团根据2018年试行契约化管理的考核结果，将五个事业部中没有达到最低目标的一个事业部总经理免职，按照考核要求解除劳动合同，重新公开竞聘主要经营者，其他经营团队成员也将重新聘任。若下一任总经理并无聘任原经营团队打算，那么原来经理层均降至普通员工。同时，在考核重压下，激励大幅度增加，公司负责人表示"可以这么形容，以前做得好和做得不好，可能是90和100的区别，现在是30和120的区别"，"事业部负责人总收入至少是原来收入的2倍。而且每个事业部之间的差距也不断拉大"。

山西阳煤集团认为，实行契约化管理，就是要通过规范契约、履行契约、严格按契约办事，把过去上指下派、行政命令式的管理变成契约化管理、变成依靠法律手段的管理。该集团董事长总结这种方法："完成任务有面子、有票子、有位子，完不成任务丢面子、丢票子、丢位子。签了责任书，就立了军令状！"

到此为止，我们可以对契约化管理这种国企干部管理市场化模式的方法进行总结了：如果期待这种管理方法真正起到作用，发挥效力，需要从四个方面入手，实现其从形似走向神似、从企业的骨骼外表走向企业的灵魂大脑，如此才能实现企业真正的改变。

再简单总结几句，这四个核心要点是：要竞聘、要授权、要摸高、要兑现。

字数不多，实现不易。越简单，越美好，这就是我们企业管理要追求的"神"之境界。

## 100. 如何设计本企业综合机制改革蓝图？

在国企改革当中的机制改革越来越受到关注，这是政策要求，也是企业发展需要。机制改革具有系统性，需要顶层设计，全局思考，而不能打补丁、贴膏药。那么，顶层设计有没有什么可参考的模型或者方法？我们结合"双百工程"政策和实践，给大家做个解释。

◎ 思考改革：效益、效率、效果缺一不可

国企到底要改什么？如何利用"1＋N"的国企改革政策？这几个问题是摆在决策者面前的必答题。

做企业，目标是盈利，但不止于盈利；衡量尺度是价值，但不等于价值。企业是一个综合生命体，我们的改革，归根结底，就是要把这个生命体整合提升得更有价值、更有活力、更有盈利的能力，进而实现国有资本保值增值，实现国有企业活力倍增。

国企改革，要提升效益。改来改去，如果企业绩效没有改变，甚至越改管理成本和消耗越大，那么改革就是无效劳动。企业效益提高，只有两条道路：或者提高收入，或者降低成本。改革方案的思考方向，就是围绕如何增加公司获得客户和提高收入的能力，以及眼睛向内降低成本的潜力来设计具体的政策。

国企改革，要提升效益。国有企业的效率问题一直困扰着很多管理者，"双百"来了，混改来了，现在有机会通过改革系统性地分析和提升企业效率问题。具体而言，一是组织效率，二是运营效率。衡量组织效率的指标通常是人均产出水平，这是全世界企业都可以横向比较的竞争力基础；衡量运营效率的指标更多，投入产出的水平、资本周转的水平都是企业长期生存和发展的关键。"双百企业"改革方案，我们要思考利用现有的政策，帮助企业在组织效率和运营效率方面有所作为。

国企改革，要显现效果。国企改革的结果，要能真正塑造一种员工拼搏进取、企业活力迸发的新型国企文化，就像海康威视、万华化学等国企一样，改出软实力，改出持续发展的动力。

因而，国企改革的思考，不能只局限在如何运用个别政策，还需要实实在在分析企业在效率、效益、效果三个方面的改革空间（见图 8-18），综合运用改革政策红利，推动国企再上一个新台阶。

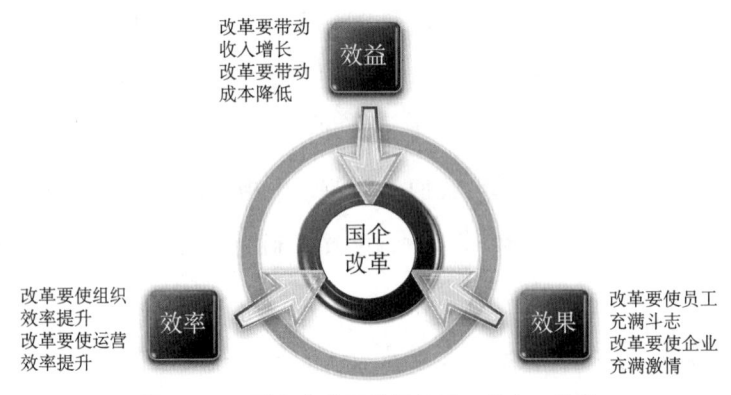

图 8-18 国企改革要兼顾效果、效率、效益

◎ 提升效益的改革方案

回归到操作层面，如何把效率和效益的提升变成改革方案的一部分？这些目标和现有的改革政策有哪些关联呢？

提升企业的效益，可以从增加收入和降低成本两大环节综合考虑（见图 8-19）。如何通过改革来增加收入？从目前国企改革经验来看，有两种方法可选：

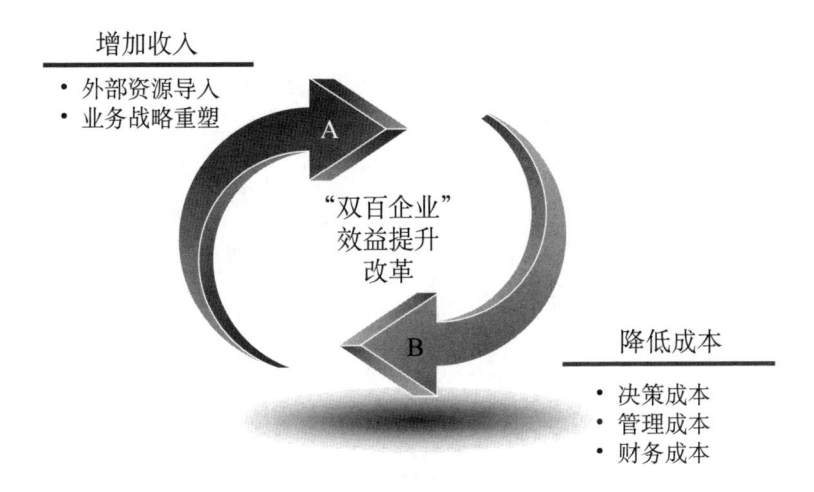

**图 8-19　企业效益提升方式**

第一，通过混合所有制的改革，在股权层面吸引有实力的外部合作伙伴，注入产业链的资源、外部市场的资源，一同将收入提高。中石化加油站系统的改革，引入了大量社会力量，充实了加油站非油品的业务。在2014—2016年石油价格大幅下跌时，外部力量对这家公司起到了重要的助推作用。同样，东方航空的混改，也引进了具有业务资源的合作伙伴，扩展了公司的业务渠道，推动了企业业绩提升。

第二，通过改革推动企业业务再定位、再提升。不少国有企业的业务都是大型企业内部新兴的、辅助的以及市场竞争程度比较强的业务，这样的企业需要通过"双百"综合改革，重新锚定企业的坐标，再次审视企业的长期发展路径，进而找到更有效率的盈利和增长模式，借助内外部资源，实现快速成长。在这个方面，改革的标杆企业中国建材集团，就是通过改革和发展并行的方式，实现在短时间内持续增长的。

企业改革对于帮助企业降低成本，能够起到立竿见影的作用，所以，不能忽视这个方面的改革设计。

通过改革降低决策成本。国有企业的决策成本有时决定一家企业的生死，尤其是在重大的投资项目决策、企业市场经营决策等方面。降低决策成本，某种程度上是扭转国企运转效率低下的关键因素。"双百企业"改革，要在帮助降低决策成本上下功夫，注重授权和董事会治理的关系，注重投资决策的制约，提高经营性决策的效率，让听得见炮火的人来指挥打仗。在这方面，"双百企业"中海油安技服公司已经做出不错的成绩。

通过改革降低管理成本。对于一家大型国有企业来说，管理成本的形成与企业的决策和组织方式直接相关。如果一家企业将很多精力都消耗在层层转发文件、层层落实会议、层层审查把关这样貌似科学制衡、实则无人负责的低效管理循环里，这家企业一定备受管理成本过高问题的侵扰，降低管理成本就显得十分必要。怎么降？中国联通在混改之后，于2018年在全集团范围内推进组织内部改革，从授权放权开始，从总部机构改革开始，让职能部门多余的能量释放出来，让内部市场的价值显现出来，通过一年的努力，较大幅度降低了管理成本。

通过改革降低财务成本。对于一些负债偏高同时经营业绩不甚理想的国有企业来说，改革正优化资本结构、降低财务成本的好机会。具体来说，通过清理历史遗留的问题，可以帮助企业实现轻装上阵，同时，设计创新型的股权结构和资本结构，力争通过外部投资者的加入或者推进债转股来降低负债的水平，提升盈利的可能。"双百企业"中国联通云南分公司采用了"混改＋承包"的模式，将轻重资产分离。从一年多的试运营效果看，改善中国联通云南分公司投资过重、经营亏损的效果比较明显。

◎ 优化效率的改革方案

投入和产出的差，是效益；投入和产出的比，是效率。国企改革，不仅可以在效益一端发力，还需要在优化企业效率上做出贡献。如何通过改革把投入产出的比值提高呢？应着重思考两个效率问题：组织效率提升和运营效率提升（见图 8-20）。

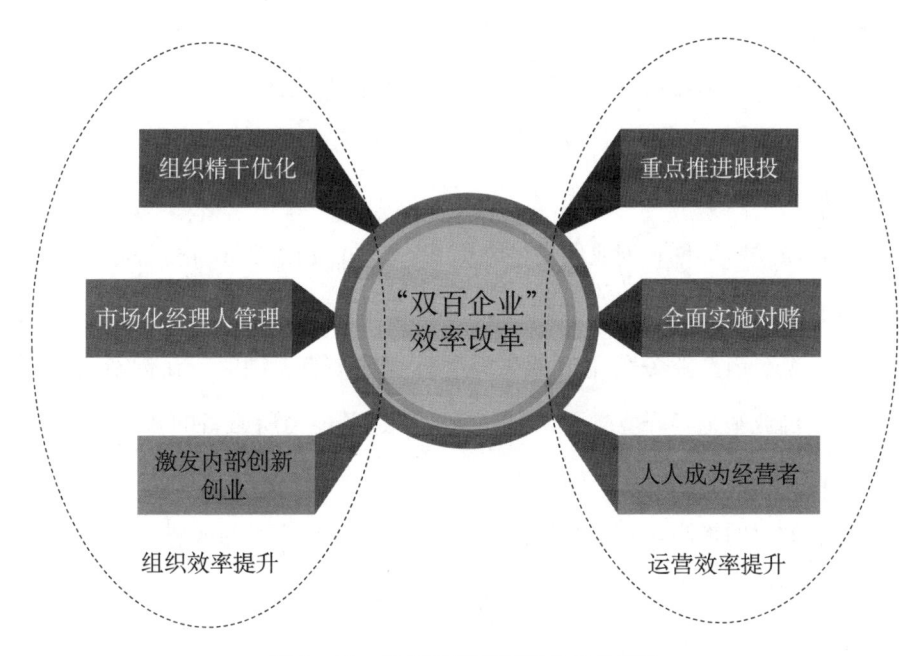

图 8-20　组织效率和运营效率的提升

通过改革方案，可以有效优化企业的组织效率，提高企业组织产出。从目前的政策和实践来看，可以综合采用三个方面的改革设计：

通过组织精干优化提升组织效率。精干优化重点表现在两个方面：一是从人数规模上看，部分国有企业由于各种问题存在人浮于事的现象，矛盾相对突出，对于这样的企业，如何在精干机构、充实一线、转岗分流方面有所作为，考验能力、担当与智慧。二是组织管理的模式需要重新设计，要从纵向计划控制型的模式，转换到市场化端到端服务的模式。2018 年，中国重汽集团经历了大规模的改革，其中很多精力用在进行组织精干化的改革，效果明显。

通过市场化经理人管理提高组织灵活度。职业经理人制度经过几年试点后，形成了一定经验，虽然还有所不足，但是通过执行和扩大来优化是唯一的选择。国企职业经理人队伍的建设，可以帮助企业在一定范围内实现经营决策的市场化，可以在集团总部以下单位系统使用。从2016年开始，新兴际华集团作为国资委职业经理人试点企业，在集团内部各个级别推进改革，取得了明显成效和经验。

通过激发内部创新创业促进组织更新。"双百企业"不能守业，必须创新创业。企业内部的创新创业机制，包括在企业组织层面建立市场化的内部管理体系、内部业务采用市场化机制管理和核算。同时，在创新创业中心、创新创业基金等环境方面，帮助企业打造新能力所必备的政策和机制。这个方面，上汽集团有丰富的经验。

企业效率的提高，除了组织效率之外，另一个重要的改进领域是运营效率。我们认为，在这个部分，也有三件可做之事：

通过重点推进跟投提升研发效率。如何有效地把研发投入转化为企业的战斗成果，是很多国企难以解决的大课题。过去很多年来，跟投模式在高科技、房地产和其他一些项目边界清晰的行业流行起来，如果有选择地运用到国企的应用型研发领域，能够帮助企业提升研发效率。2017年开始，海康威视在创新型业务中推广跟投机制，产生了比较好的效果。

通过全面实施对赌提升营销效率。对赌原本是投资者和被投资企业间的业绩承诺模式，目前一些企业将其应用到营销领域，目标是将销售体系的目标实现和销售队伍的收入直接挂钩，风险收益对等。装备行业知名企业陕鼓集团通过两年的实践，在营销领域实行对赌，推动企业收入实现快速提升。

通过人人成为经营者提升生产服务效率。在信息化、互联网化环境下，大型企业组织机构正在经历历史性的变化，传统的职能性组织正在广泛地被自主独立型小团队所替代。在这样的背景下搞"双百企业"改革，需要从组织模式入手，设计出人人成为经营者的管理机制，自我驱动，自我实现。中国联通混改后，在集团内部进行改革，推出了 1 万多名小 CEO，组建独立经营、独立核算的模拟运营团队，很大程度上提高了联通的运营效率。

终日乾乾，与时偕行。自古推进大大小小组织变革的领导者，都在设计改革方案时小心谨慎，百思千虑。国有企业正在延续着历史的篇章，能否在中国改革发展的关键时期掀起国有企业改革新的浪潮，就看各家企业的改革方案是否蓝图缜密、操盘入微。

图书在版编目（CIP）数据

国企混改实战 100 问/刘斌著. -- 北京：中国人民大学出版社，2020.8
ISBN 978-7-300-28426-2

Ⅰ. ①国… Ⅱ. ①刘… Ⅲ. ①国企改革-中国-问题解答 Ⅳ. ①F279.21-44

中国版本图书馆 CIP 数据核字（2020）第 136601 号

### 国企混改实战 100 问
刘 斌 著
Guoqi Hungai Shizhan 100 Wen

| 出版发行 | 中国人民大学出版社 | | |
|---|---|---|---|
| 社　　址 | 北京中关村大街 31 号 | 邮政编码 | 100080 |
| 电　　话 | 010-62511242（总编室） | 010-62511770（质管部） | |
| | 010-82501766（邮购部） | 010-62514148（门市部） | |
| | 010-62515195（发行公司） | 010-62515275（盗版举报） | |
| 网　　址 | http://www.crup.com.cn | | |
| 经　　销 | 新华书店 | | |
| 印　　刷 | 涿州市星河印刷有限公司 | | |
| 规　　格 | 170mm×230mm　16 开本 | 版　次 | 2020 年 8 月第 1 版 |
| 印　　张 | 29 | 印　次 | 2020 年 8 月第 1 次印刷 |
| 字　　数 | 394 000 | 定　价 | 78.00 元 |

版权所有　侵权必究　印装差错　负责调换